A MITOLOGIA TEMPLÁRIA

Os Conceitos Esotéricos
da Ordem do Templo

Jesús Ávila Granados

A MITOLOGIA TEMPLÁRIA

Os Conceitos Esotéricos da Ordem do Templo

Tradução:
Rosalia Munhoz

MADRAS®

Publicado originalmente em espanhol sob o título *La mitología templaria*, por Ediciones Martíng Roca, S.A.
© 2003, Ediciones Martínez Roca, S.A.
Direitos de edição e tradução para o Brasil.
Tradução autorizada do espanhol.
© 2015, Madras Editora Ltda.

Editor:
Wagner Veneziani Costa

Produção e Capa:
Equipe Técnica Madras

Tradução:
Rosalia Munhoz

Revisão da Tradução:
Fulvio Lubisco

Revisão:
Silvia Massimini Felix
Jerônimo Feitosa
Ana Paula Luccisano

Dados Internacionais de Catalogação na Publicação (CIP)
(Câmara Brasileira do Livro, SP, Brasil)

Granados, Jesús Ávila
Mitologia templária: os conceitos esotéricos da ordem do templo/Jesús Ávila Granados; tradução Rosalia Munhoz. – São Paulo: Madras, 2015.
Título original: La mitología templaria.
Bibliografia

   1. Templários – História I. Título.
   15-02472   CDD-271.7913

ISBN: 978-85-370-0956-7
Índices para catálogo sistemático:
1. Templários: Ordem da Cavalaria: História
271.7913

É proibida a reprodução total ou parcial desta obra, de qualquer forma ou por qualquer meio eletrônico, mecânico, inclusive por meio de processos xerográficos, incluindo ainda o uso da internet, sem a permissão expressa da Madras Editora, na pessoa de seu editor (Lei nº 9.610, de 19/2/1998).

Todos os direitos desta edição, em língua portuguesa, reservados pela

MADRAS EDITORA LTDA.
Rua Paulo Gonçalves, 88 – Santana
CEP: 02403-020 – São Paulo/SP
Caixa Postal: 12183 – CEP: 02013-970
Tel.: (11) 2281-5555 – Fax: (11) 2959-3090
www.madras.com.br

*Aos meus filhos, David e Alejandro,
pelo carinho e entusiasmo que sempre me
deram e transmitiram.*

Índice

Prólogo por *José Gregorio Gonzáles* 15
Introdução 17
1. Os Seljúcidas 23
    Os oguzes 24
    Origem dos seljúcidas 24
    A batalha de Dandanakan 25
    O sultão Alp-Arslan 26
    A batalha de Manziquerta 27
    O nascimento do Estado turco 28
    A Primeira Cruzada e Kilij-Arslan 29
    A Segunda Cruzada e Masud I 29
    Kilij-Arslan II, batalha de Miriokefalon e Terceira Cruzada 30
    Um personagem de lenda 31
2. Desenvolvimento Histórico da Ordem do Templo
   na Península Ibérica 33
3. Nem Todos Foram os Eleitos 41
4. As Chaves Esotéricas dos Templários 45
5. O Hagiológio Templário 53
    São Bartolomeu 54
    São Miguel Arcanjo 58
    São João Batista 62
    São Julião 63
    Um caminho templário sagrado 65

6. A Roda, Símbolo Solar 67
   A roda na simbologia 68
   Ocidente 70
   A Idade Média 71
   A Mandala de San Bartolomé de Ucero 72
      O desfiladeiro do Rio Lobos 72
      A rosácea da quintessência 75

7. O Labirinto Sagrado 77
   Volumes e planos 78
   Ritos da fertilidade 79

8. As Virgens Negras 83

9. A Cruz de Oito Beatitudes 95
   A estranha rosácea de Valderrobres 97

10. O Culto das Águas Subterrâneas 99
    Poder esotérico 100

11. A Árvore Sagrada 103

12. O Diabo Bafomé 109
    Os senhores do mal 113

13. O Mestre Construtor 117
    O Templo de Salomão 118

14. A Alquimia, uma Arte Sagrada Condenada pela Igreja 121
    Entre a história e a lenda 123
    A própria essência de uma arte esotérica 125

15. Os Números Sagrados 149
    O número 3 150
    O número 5 151
    O número 6 153
    O número 7 154
    O número 8 156
    O número 9 157
    O número 10 159
    O número 12 159

Índice

16. As Cores Sagradas 161
    O preto 161
    O branco 162
    O vermelho 163

17. O *Yin-Yang* 167
    Outra realidade 168
    Yin e *Yang* 169

18. O Tau Mítico 173
    O tau egípcio 173
    O alfabeto hebraico 175
    O símbolo cristão 175
    Pelos monumentos 176

19. O Graal 181
    A lenda de São Pantaleão 184

20. Os Cultos Astrais 189

21. Os Símbolos Serpentinos 191
    A vara de Asclépio 191
    Os poderes terrenos 192

22. Os Símbolos Eróticos 197
    Entre Cantábria e Castela e Leão 198

23. Hidras e Outros Seres Fabulosos 203

24. O Ganso 209
    Símbolo de origem ancestral 210
    Um jogo gnóstico 212
    Um Cristo inquietante 214

25. O Mito do Pelicano 217

26. Os Preparativos para a Última Viagem 221
    Capelas funerárias 227

27. Altares Sagrados 231
    Conquezuela 233

28. Veracruzes 235
   A cruz de Caravaca 237
29. Lendas dos Templários 243
   A caverna do monge 243
   O Templário de Castillejo de Robledo 248
   Outros relatos 249
30. A Geografia Esotérica da Espanha Templária 251
31. O Comércio 271
   Os portos Templários hispânicos 273

Glossário de Termos 279

Cronologia 293
   Os grandes pontífices das Cruzadas 303
   Os Grão-Mestres da Ordem do Templo 305

Bibliografia 309
   Endereços de interesse 314

Índice Onomástico 315

NON NOBIS, DOMINE, NON NOBIS, SED DOMINI TUO DA GLORIAM
Não por nós, Senhor, não por nós, mas que a glória seja em Teu Nome.

(lema templário)

"Existem cem Portas, uma delas conduz ao Céu, quem souber encontrá-la, voltará a renascer."

C. Bayard

(Com relação à capela românica de Santa Maria de Eunate, em Navarra, também conhecida como A Porta das Estrelas, é considerada um dos templos mais enigmáticos do Templo na geografia hispânica.)

Agradecimentos

Desejo transmitir meu mais sincero agradecimento às seguintes pessoas, que não vacilaram um instante para facilitar-me todo tipo de informações e seu tempo valioso, sem os quais não me teria sido possível escrever o presente livro:

- **Abad Pérez, Alberto.** Diretor do Patronato de Turismo do Governo de Soria.
- **Alarcón Herrera, Rafael.** Especialista e escritor de temas Templários.
- **Almazán de Gracia, Ángel.** Erudito de temas esotéricos medievais, escritor e editor (Soria).
- **Bioque Aguilar, Bartolomé.** Investigador da história medieval; escritor e palestrante (Barcelona).
- **Callejo Cabo, Jesús.** Jornalista e escritor, especialista na Espanha oculta e misteriosa (Madri).
- **Chapuis.** Investigadora da história do Templo, em Sainte-Eulalie de Cernon (Aveyron, França).
- **Della Torre, Horacio A.** Doutor especialista na história do Templo (Argentina).
- **Esteve Broch, Vicente.** Erudito de Castellón na história do Templo.
- **Esteve i Orozco de Nájar, Agustí.** Documentarista e pesquisador da Idade Média, presidente do Patronato de Sant Galderic (patrono dos camponeses catalães).
- **Fernández Palacios, José.** Erudito de temas medievais (Madri).
- **Ferrer-guñat, Chema.** Pesquisador da história do Templo. Valença.

- **García Jiménez, Jesús.** Presidente da Associación Glorioso Mester de Picardia Viajera (Madri).
- **Gergorio González, José.** Jornalista e escritor canário, autor do Prólogo (Tenerife, Ilhas Canárias).
- **Musquera, Xavier.** Medievalista. Especialista na Espanha templária.
- **Ruiz Barrachina, Emilio.** Escritor e jornalista (Madri).
- **Salasc.** Presidente da Associación de Amigos de la Couvertoirade (Aveyron, França).
- **Segovia Sopo, Rogelio.** Historiador de Jerez de los Caballeros (Badajoz).
- **Sierra, Javier.** Diretor da revista *Más Allá* (Madri).
- **Troncoso Durán, Álvaro.** Erudito de Arcos de la Frontera (Cádiz).
- **Vallès Cama, Vicente.** Diretor da revista *Esotérica* (Barcelona).

Prólogo

Templários, Templários, Templários! A simples menção de seu nome parece despertar em muitas pessoas recordações impossíveis, avivando as chamas de uma imaginação que nos faz ver a esses cavaleiros medievais com um porte majestoso, talvez excessivamente idealizado. Com os Templários acontece o mesmo que com outras coisas na vida, não existe meio-termo. Ou nos sentimos seduzidos por sua rica e intrincada história, ou passamos por esta vida sem saber que, há nove séculos, exatamente em 1118, um grupo reduzido de nove homens iniciou uma aventura que, com o decorrer dos anos, os levou a serem donos de meio mundo. Meu interesse pelos Templários surgiu há muitos anos, e a passagem do tempo não fez mais do que incrementá-lo, a ponto de passar a dedicar boa parte de minha vida a rastrear sua presença na terra em que vivo, as Ilhas Canárias: um período da história desses *sincretizadores* que ainda está para ser escrita. Por isso, quando o autor deste livro me pediu para que escrevesse seu prólogo, aceitei de bom grado, tanto pela amizade nascente que nos une e a honra que ela supõe, como pelo fascínio compartilhado que sentimos pelos Pobres Cavaleiros de Cristo.

Às vezes penso nos Templários e na Ordem do Templo como sendo as tropas especiais da ONU da Antiguidade. Nascidos para proteger e impor a ordem, com presença em muitos países, com código, normas e indumentária próprios, convivendo pacificamente com outras culturas e reportando-se a uma autoridade *universal*. Enfim, como dizia antes, não existe meio-termo e isso pode facilitar, em muitos casos, a idealização de alguns homens que, em pouco tempo, enriqueceram e acumularam tanto poder que colocaram em perigo a *ordem estabelecida*. Sem dúvida, já se escreveu muito sobre os Templários, mas os enigmas que permanecem sem solução sobre esses monges guerreiros mantêm viva a curiosidade de pesquisadores como Jesús Ávila Granados, que quiseram aproximar-se da figura dos Cavaleiros do Templo por meio de sua simbologia, uma das facetas mais obscuras e, talvez, por isso, até mais atraentes desses personagens. É completamente impossível compreender a realidade do Templo sem prestar atenção ao seu lado esotérico, ao ocultismo que os cercou, às crenças que respiraram e aos rituais que realizaram. Porque são precisamente esses os elementos que dão sentido ao conjunto. Uma análise histórica dos Templários que não contemple sua religiosidade e o código simbólico por eles plasmado em boa parte do legado que chegou até os nossos dias está, a meu ver, viciada desde o início, e esse é, precisamente, o erro reiteradamente cometido pelos historiadores fiéis à academia e às boas maneiras.

Com o rigor que o caracteriza, Ávila Granados nos presenteia com uma abordagem ao Templo e aos seus mistérios a partir de sua simbologia, revelando inúmeras chaves que nos ajudarão a entender, como se fosse em uma partida de xadrez, os movimentos que os cavaleiros mais esotéricos do mundo medieval realizaram no tabuleiro da história. E isso também nos ajudará a perceber que o espírito dos Templários e os conhecimentos que adquiriram não sucumbiram diante da abolição e perseguição que a Ordem sofreu no início do século XIV, mas, ao contrário, continuam resistindo à passagem do tempo, à espera de ser descobertos e sentidos pelos Templários de todos os tempos. Talvez a dimensão política do Templo pertença à Idade Média, mas não seu portentoso legado cultural, essa riqueza imaterial e atemporal que o consagrado autor desta obra nos presenteia nas páginas a seguir.

José Gregorio Gonzáles
Jornalista e escritor

Introdução

O livro *A Mitologia Templária – Os Conceitos Esotéricos da Ordem do Templo* tem como foco os elementos mais herméticos relacionados à citada Ordem e ocorridos na Península Ibérica, bem como nos enclaves mais enigmáticos que o Templo manteve na geografia espanhola. As mesmas cores que os Cavaleiros levavam em suas vestimentas, o branco e o vermelho, estão estreitamente relacionadas com *Chessed* e *Guevurá*, quarto e quinto sefirots da tradição judaica, que ocupam os braços direito e esquerdo da árvore cósmica, e representam, ao mesmo tempo, os símbolos da misericórdia, da força, da justiça e do rigor.

Durante dois séculos, exatamente 196 anos (de 1118 a 1314), o mundo medieval do Ocidente e da Terra Santa teve um protagonista privilegiado, ou melhor, um grupo de poder com tanta influência que concentrou em seus Cavaleiros boa parte dos valores de sua época. Esse grupo, solidamente estabelecido na França, consolidado nos Lugares Santos sob o amparo, no início, de Bernardo de Claraval (1090-1153), e espalhado por todo o mundo ocidental, não era outro senão a Ordem do Templo. Essa Ordem, a mais esotérica que já existiu na Idade Média, era formada por Mestres, Cavaleiros, Serventes, Criados e *Magos*. Estes últimos eram os privilegiados que, como hábeis alquimistas, possuíam o segredo da sabedoria mais profunda e constituíam um número bem reduzido de pessoas.

Segundo São Bernardo, as circunstâncias da época – século XII – aconselhavam a "desembainhar a espada dos fiéis contra os inimigos, para derrubar todos aqueles que se levantassem contra Deus, a fim de que as nações não dissessem: Onde está seu Deus?". O fundador da Ordem descreve nos seguintes termos a vida diária dos Cavaleiros, sujeita à rígida disciplina e obediência:

"Vão e vêm de acordo com a vontade daquele que manda; vestem-se com o que lhes dão; não procuram comida nem roupa por outros meios; se abstêm de tudo o que é supérfluo (...) vivem em comum, levam uma vida sóbria (...) sem mulheres nem filhos. Aspiram à perfeição evangélica sem possuir nada de pessoal e aceitam tudo o que lhes é ordenado com toda a submissão."

"Nunca estão ociosos nem vagueiam. Quando não se exercitam, revisam suas armas, costuram suas roupas (...) trabalham para o bem comum (...) Todos ficam ombro a ombro e assim cumprem a Lei de Cristo. Nem uma palavra insolente, nem uma obra inútil, nem riso imoderado, nem o mais leve murmúrio (...) afastados do jogo de xadrez ou de dados. Rejeitam e abominam os bufões, os mágicos e menestreis."

"Cortam o cabelo, mas jamais o cacheiam (...), raramente tomam banho, andam cobertos de pó, negros pelo sol que os abrasa embaixo das malhas."

"Armam-se em seu íntimo com a fé e, externamente, com aço, sem qualquer dourado. Armados e sem enfeites, eles infundem medo e não ganância."

"Montam cavalos fortes e rápidos, não importa o pelo nem os equipamentos, pensam no combate e não no luxo. Anseiam a vitória e não a glória, desejam ser temidos e não admirados."

"Nunca cavalgam em tropel ou desabaladamente, mas cada um em seu lugar, dispostos para a batalha, tudo bem planejado, com cautela e precisão (...), e, embora sejam poucos, eles não se acovardam diante da multidão, porque não confiam em suas próprias forças, mas esperam a vitória do poder do Deus dos Exércitos."

Diante de tudo isso, é fácil imaginar que se produzisse o paradoxo de questionar tratar-se de monges ou soldados. São Bernardo de Claraval aponta a contradição de eles serem "ao mesmo tempo mansos como cordeiros e ferozes como leões. Para falar com propriedade, seria melhor dizer que eles sejam ambas as coisas". Essa luta em duas frentes sugere o combate tanto contra homens de carne e osso quanto contra as forças espirituais do mal; era necessário ser valentes com a espada e destacar-se na luta espiritual, e reconhecer o valor "fácil" daqueles que vivem ou morrem em combate, pois sempre saem ganhando: "Se são ditosos os que morrem no Senhor, não o serão ainda mais os que morrem por Ele? O Cavaleiro é considerado defensor dos cristãos e vingador de Cristo contra os malfeitores. E quando são mortos, sabemos que não pereceram, mas que alcançaram seu objetivo."

Se acrescentarmos essas frases aos pontos da Ordem, nos vem à memória uma frase da época que chegou até os nossos dias: "A Deus orando e com o malho dando!" São Bernardo, como "Cavaleiro da Virgem", designa a Ordem do Templo com o nome de *Militas Dei*, e seus membros como *Minister Christi*. A categoria de Cavaleiro não se adquiria por nascimento, mas apenas por nomeação ou investidura. Entre 1130 e 1136, o pregador da Segunda Cruzada, dedicado à Ordem do Templo, redigiu o *Libro sobre las Glorias de la Nueva Milicia. A Los Caballeros Templarios*. E o dedica a Hugo (Hugues) de Payns, primeiro Grão-Mestre e fundador do Templo. Demonstra ali, com argumentos válidos para o século XII, que esses religiosos podiam matar, caso fosse por Cristo, ao mesmo tempo que praticavam a obediência, a virgindade e a pobreza, pois nada faltava à perfeição evangélica. A literatura monacal da época já abundava de comparações de sua vida regrada com uma luta autêntica: São Bernardo denominava Jerusalém de monastério ou convento, o coração espiritual dos Cavaleiros Templários: "As fortalezas eram defendidas com as armas da oração, ninguém está isento desse serviço militar se, um dia, quiser chegar ao Paraíso."

Mas os Templários espanhóis, ao contrário dos demais Cavaleiros do restante da Europa, ao regressarem da Terra Santa encontraram uma sociedade particularmente rica em cultos diferentes, pois ali conviviam as três religiões monoteístas do Ocidente medieval: o Cristianismo, o Judaísmo e o Islamismo. Isso favoreceu a tolerância adquirida em sua estada no Oriente, tornando fácil compreender que, de alguma forma, serviram de árbitros de equilíbrio nos territórios dos reinos cristãos peninsulares, onde o poder da Igreja era ilimitado. Não foi por acaso que, nas cidades onde havia grupos de judeus, esses se *amparassem* perto das Missões Templárias, em busca de sua proteção, o mesmo acontecendo com as mesquitas mouras e mudéjares. Na localidade de Castellote (Teruel), os Templários, concretamente, utilizaram arquitetos mouros para a construção da igreja que conserva ainda sua magnífica rosácea. Porém, os Templários também ofereceriam seu apoio incondicional aos grandes mestres construtores, como foi o caso da vila galega de Bembrive (Pontevedra), onde o célebre Mestre Rodrigo, no fim do século XII, foi protegido pelo Templo, depois de receber dos Cavaleiros iniciados alguns dos segredos que estes trouxeram da Terra Santa.

Com o passar do tempo, os mais enigmáticos Cavaleiros do mundo medieval, fruto de seus vínculos estreitos com os povos e culturas do Oriente, foram enriquecendo, em todos os sentidos, e atingindo as essências do conhecimento mais profundo, ao mesmo tempo que seu poder material não parava de crescer, gerando grande inveja. Diante de tais riquezas – materiais – não faltaram vozes que reclamavam ao céu a justiça contra esses Cavaleiros que haviam desafiado o Altíssimo; e quatro foram os delitos fundamentais a eles atribuídos: a negação de Cristo, idolatria, apostasia e maus costumes, segundo declarações que os verdugos inquisidores arrancaram de alguns Templários durante as terríveis sessões de tortura que lhes aplicaram. Entre outras acusações, incluía-se a de que todos os Cavaleiros, no momento de se consagrarem como tais, tinham de cuspir no Crucifixo, ao mesmo tempo que negavam a fé no Cristo, enquanto adoravam um ser estranho – o Bafomé – e praticavam a sodomia.

Ao longo das páginas deste livro, o leitor terá a oportunidade de *viajar* pelos territórios mais fascinantes do mundo templário por meio dos conceitos que mais influenciaram ou, melhor, estiveram mais estreitamente vinculados à sua cultura gnóstica; elementos recolhidos do mundo oriental, das culturas do Mediterrâneo e também das tradições celtas. A Ordem do Templo e, certamente, o grupo de escolhidos que formaram parte dos Filhos do Vale continuam despertando um grande interesse sociocultural, pois seus conhecimentos foram tais que superaram as barreiras de uma época em que o saber encontrava-se apenas nas salas dos copistas das bibliotecas monacais. Eles tiveram a coragem de fazer chegar ao povo boa parte desses profundos conhecimentos em forma de chaves que, nestas páginas, serão analisadas, desde os santos mais estreitamente vinculados à Ordem do Templo (São Bartolomeu, São Miguel Arcanjo, São João Batista ou São Julião) até a enigmática Cruz de Caravaca, que chegou a esse povoado histórico murciano levada por um anjo da Terra Santa, por meio de um vendaval que hoje evoca a luz que iluminou o local. Outros dos temas que têm relação estreita com a cultura mais enigmática dos Templários, e que são analisados nas páginas deste livro, são a rosácea cabalística da ermida de San Bartolomé de Ucero (Soria), o labirinto, as virgens negras, a cruz das Oito Beatitudes, o culto às águas subterrâneas, a árvore sagrada, o diabo Bafomé, o Mestre Construtor, a alquimia, os números e as cores sagrados, o *yin-yang*, o tau místico, o Santo Graal, os cultos astrais, os símbolos ofídicos, os símbolos eróticos, hidras e outros seres fantásticos, a pata de ganso, o mito do pelicano, os preparativos para a última viagem, os altares sagrados, as cruzes verdadeiras, a geografia esotérica da Espanha templária, as lendas dos Templários e o comércio. Colocam um ponto final à obra alguns apêndices, que consideramos de grande utilidade para compreender melhor cada conceito, desde o glossário de termos até endereços de interesse, passando por um quadro cronológico em que não se destacam apenas os momentos cruciais relacionados a esses singulares Cavaleiros, mas também, em um quadro próprio, a relação dos pontífices das Cruzadas e também a dos Grão-Mestres.

Contudo, os Templários talvez não tivessem existido, se não tivesse acontecido a revolução cultural na Anatólia causada pela invasão dos seljúcidas, a primeira onda de povos turcos procedentes dos planaltos da Ásia que mudaram os destinos de todos os territórios do Mediterrâneo oriental e, com isso, o da Terra Santa. É lógico, portanto, dedicarmos um capítulo a esse fascinante povo asiático que, direta e indiretamente, também exerceu uma influência notável nos Cavaleiros defensores do Templo de Salomão, tanto no tempo como no espaço, pois não fosse por eles, os seljúcidas, com certeza os Cavaleiros do Templo não teriam entrado em cena na história. Portanto, no capítulo seguinte, rendemos uma homenagem justa à primeira cultura turca que, no fim do século XI, invadiu a península da Anatólia. Um povo que quase sempre foi ignorado pelos historiadores ocidentais, em um menosprezo incorreto por seus valores, pois, como já dissemos antes, não fosse pelos seljúcidas, os Templários, com certeza, não teriam existido. Além do mais, as relações entre ambas as culturas, aparentemente tão distintas, tiveram momentos e motivos de aproximação, como se deduz de grande parte de suas manifestações socioculturais e, sobretudo, espirituais e esotéricas.

1

Os Seljúcidas

> "O estabelecimento dos turcos e, com eles um poder consolidado, deixou um vestígio claro no cenário e no aspecto das Cruzadas; nelas também se acrescenta a influência dos místicos e das confrarias: em Konya, Mevlana Djebal fundou a dos dervixes dançantes, à qual estava destinado um grande futuro."
>
> Jacques Heers

Um dos capítulos mais interessantes e, ao mesmo tempo, obscuros da história do Islã é o dos seljúcidas. O sultanato, surgido perto da monumental cidade de Éfeso, Selçuk, no extremo ocidente da Anatólia – nome grego dado por Constantino, o Grande, a essa península asiática, que se traduz como "a terra onde nasce o sol" –, desmembrou-se em cinco ramificações importantes: os grandes seljúcidas que reinaram no Irã e no Iraque de 1038 a 1118; os seljúcidas do Iraque, que foram derrotados pelos seguidores de Al Khwarizmi e são documentados de 1118 a 1194; os seljúcidas da Síria, de 1078 a 1113, que foram sucedidos por diversos atabegs; os seljúcidas de Kirman, que dominaram essa região do Irã até 1186; e, por fim, os seljúcidas de Rum, que ocuparam todo o planalto da atual Turquia asiática de 1077 a 1307.

São precisamente estes últimos os que mais interessam, pelos vínculos estreitos que, em uma época semelhante de desenvolvimento histórico, viriam a ter com os Templários.

A época seljúcida caracterizou-se pelo fortalecimento do sunismo (partidários da Suna [sunitas] e adeptos de um sistema político-religioso que nega aos descendentes de Ali todo direito ao poder, opostos, portanto, aos xiitas), o que contribuiu, de maneira decisiva, para a difusão das madraças (verdadeiros centros culturais), bem como o ensino de novas formas de arte e arquitetura, como veremos a seguir. Os seljúcidas ocupam, além disso, um período importante da história medieval, já que, com seu estudo, não apenas podemos conhecer melhor o desenvolvimento das cruzadas, mas também uma parte importante da própria essência da Ordem do Templo.

Os oguzes

Os oguzes são os mais célebres e importantes dentre os povos turcos. Quando os seljúcidas entraram em cena na história, os oguzes elevaram-se à mesma posição, introduzindo-se na liderança do mundo turco. Quase todos os turcos que hoje vivem na Turquia, nos Bálcãs, no Iraque, no Irã, no Cáucaso e no Curdistão são oguzes. Os outros turcos, ou seja, os uzbeques, os uigures (uygur), os cossacos, os quirguizes, os tártaros da Crimeia, os de Kazan, os tchecos, os yakuk e outros, não são oguzes, embora falem uma língua semelhante. Atualmente, todos eles, de acordo com o dialeto que falam, estão divididos em três grupos: osmanli (Anatólia, Turquia), azeri e turcomanos.

Os bizantinos chamavam os oguzes de *uz*, os russos os denominavam de *torkt* (plural de *terki* que significa "os que vêm de fora"). No século XI, os oguzes haviam fundado um Estado ao norte do Mar Negro, exatamente no Turquestão russo, estendendo-se até a Grécia, apesar de que não tardariam a se fundir com os demais povos turcos e as populações cristãs. Seu chefe tinha o título de *yabgu*. Seu território abarcava uma ampla faixa de terra entre o Mar Cáspio e o lago ou Mar de Aral, estendendo-se sobre os territórios próximos, incluindo o gélido deserto de Karakum.

Era um povo sedentário, dono de uma cultura elevada. Muitas cidades oguzes foram estudadas ao longo de campanhas recentes de escavações arqueológicas. A extensão dessas cidades e sua alta demografia ficam claras, por exemplo, em Karaspantepe, perto de Iasi, que abarcava uma superfície de 510 mil metros quadrados; ou em Sabran, sobre o curso do Rio Sir Daria, com uma área de 440 mil metros quadrados, toda ela cercada por uma muralha sólida. Na maioria das vezes, essas cidades estendiam-se a uma distância muito próxima umas das outras, prova de sua alta densidade demográfica.

Origem dos seljúcidas

Os oguzes se dividiram em 24 tribos, 12 chamadas Bozok, e 12, Üçok. As tribos descendiam dos seis filhos de Oguz Han: Gün, Ay, Yildiz, Gök, Dag e Denis Han. Cada um deles teve quatro filhos, daí o número de 24 tribos. Os seljúcidas (*Selçuk-Ogullari*) vêm dos Kinik, que eram descendentes da tribo Üçok, enquanto os otomanos (*osmanogullari*), dos Tayi, descendentes diretos da tribo Bozok.

Os seljúcidas reinaram nos territórios dos oguzes a partir do ano 990. Eles tinham o título de *yabgu* e sua geografia cobria uma superfície de 1 milhão de quilômetros quadrados. Essa família, que antes havia possuído o *beylik* da tribo kinik, constitui o núcleo hereditário do Estado seljúcida, cujo chefe tinha o título de *sübasi*. O *sübasi* Durak Bey, morto em 903, foi substituído por Seljuque (Seldjouk) Bey, chefe que empresta o nome à dinastia. Segundo a lenda, Seljuque Bey morreu no ano 1000, com a idade de 115 anos. Em 915, converteu-se ao Islamismo e, assim como o soberano, todo o prestigioso clã kinik.

Em 999, o Estado semanida, de origem iraniana, que dominava a Transoxiana e o Khorasan, foi desmembrado e seu território dividido entre dois impérios turcos, o dos karakhanidas e o dos gaznévidas. Atacando esses grandes Estados turcos, os seljúcidas se prepararam para tomar o sultanato.

Com os gaznévidas, os enfrentamentos foram excessivamente violentos. Os seljúcidas atacaram esse Estado, afligido pela morte do sultão Mahmoud de Ghazna, ocorrida em 1030. Nesse mesmo ano, os dois irmãos mais novos de Seljuque, Chagri (Tchagri) e Tugril (Tougril) Bey, empreendem a conquista de Khorasan. Em 1307, depois de uma luta ferrenha, entram na cidade de Merv, estabelecendo seu Estado sobre bases sólidas. Pouco tempo depois, a torre inexpugnável de Nichapur não demora a ser tomada; ao mesmo tempo, Tugril Bey é proclamado sultão (imperador), em agosto do ano de 1038.

A batalha de Dandanakan

Depois dessa batalha, os gaznévidas abandonam aos seus rivais um país tão vasto e rico como o de Khorasan. O sultão Masud de Gázni, percebendo a ameaça seljúcida, descuida momentaneamente de seus assuntos do Indo e socorre Khorasan com o grosso de seu exército. Aconteceram muitas escaramuças, pois os gaznévidas eram muito mais numerosos. Ao final, uma batalha importantíssima mudaria o curso da história: em 23 de maio de 1040, em Dandanakan, perto de Merv. O exército gaznévida, que enfrentava Chagri e Tugril Bey, supunha ser a máquina de guerra mais formidável do mundo. Suas mudanças de manobras eram verdadeiramente espetaculares. Contudo, os oguzes optaram pela unidade de ação, dentro de uma ordem que os gaznévidas não conseguiram desfazer. O exército seljúcida se impôs e os gaznévidas foram derrotados e humilhados. Dessa forma, os seljúcidas confirmaram sua posse de Khorasan.

A campanha de Dandanakan foi um marco memorável na história turca. Daí em diante, nenhum obstáculo sério se interporá entre os turcos oguzes e o mar. De fato, a união acontece uma geração mais tarde: os gaznévidas abandonarão o Irã aos seljúcidas, retirando-se para o Afeganistão e o Indo. Pouco depois, irão se declarar vassalos dos seljúcidas.

Depois de Dandanakan, o Grande Hakanato turco não foi mais representado pelos karakhanidas, que não tardaram em prestar sua submissão aos seljúcidas. O sultão Tugril Bey foi o primeiro *hakan*, ou emir (1040-1063). Os califas abássidas do Iraque se submeteram aos seljúcidas. Na sexta-feira de 15 de dezembro de 1055, o califa Kaaim fez com que o *khutbé* ("Alcorão" em turco) fosse lido ao sultão Tugril Bey, em Bagdá. Os turcos oguzes haviam tomado posse completa do mundo islâmico. Os seljúcidas não demoraram em encurralar os xiitas no extremo norte ocidental do continente africano. Mais tarde, os califas se converteram em chefes espirituais. A pujança temporal será o tributo dos *hakan* turcos.

Nessa época, um copista árabe, Ibn-Hassul, fez este comentário histórico a respeito desse povo: "A qualidade dos turcos é sua atitude de chegar à liderança e ao controle de uma comunidade. Eles foram criados para dominar e dirigir, para dar ordens e governar. Temos, por exemplo, países como Egito e Iraque, situados bem longe do território turco, com o inconveniente da diferença de língua. Um punhado de seljúcidas, introduzidos nesses países, não encontrou dificuldade para conquistar o poder."

O sultão Alp-Arslan

Tugril Bey foi sucedido por seu sobrinho Alp-Arslan (1063-1072), o qual, depois de uma série de batalhas, pensou em conquistar mais território.

Até então, os turcos muçulmanos não haviam tomado parte de incursões pela Anatólia, que estava em poder dos árabes.

Mais tarde, a partir de 1015, os oguzes começaram a lançar suas próprias incursões nos confins orientais da Anatólia, dirigidas pelo seljúcida Chagri Bey. Em 18 de dezembro de 1049, o seljúcida Kutalmis Bey dispersa o exército bizantino na batalha de Pasin, fazendo 100 mil prisioneiros e conseguindo 15 mil carros cheios de butim. Dessa forma, Chagri Bey e Kutalmis Bey foram os primeiros a abrir as portas da Anatólia. Alp-Arslan, filho do primeiro, e Suleyman-Sah, filho do segundo, avançaram pela rota que seus pais haviam aberto, conquistando cidades importantes no interior da Anatólia. Alp-Arslan tomou violentamente Tiflis e Kars dos georgianos, dando continuidade às suas campanhas nos territórios mais orientais e frios da Anatólia, com o objetivo de conquistar território e, ao mesmo tempo, minar o poderio econômico e militar de Bizâncio. Beqchioglu Afsin Bey, que obedecia cegamente a Suleyman-Sah, dirigia os seljúcidas. Seu quartel-general estava situado nas proximidades do Azerbaijão. Desse modo, os seljúcidas, por meio das constantes incursões, aproximavam-se cada vez mais do Mar Egeu (Ege Denis, em turco), agitando violentamente toda a Anatólia, já tomada pela insegurança.

A batalha de Manziquerta

O enfrentamento supremo não se fez esperar: em 26 de agosto de 1071, diante dos arrojados muros da fortaleza de Manziquerta, na Anatólia Oriental, teria lugar a mudança de rumo da história do Oriente, com notáveis repercussões para o Ocidente, como veremos em seguida.

O imperador Diógenes saiu de Bizâncio para enfrentar os seljúcidas com um exército heterogêneo de mais de 200 mil homens e com o propósito de chegar até o próprio Irã, depois de forçar os seljúcidas aos confins da Ásia Central, de onde tinham vindo. Alp-Arslan, com um exército quatro vezes inferior, mas com unidades seletas de grande preparo militar, percebeu imediatamente as manobras bizantinas que se encontravam a menos de oito quilômetros de distância. Ali, nesse mesmo dia, teve lugar uma das maiores e mais importantes batalhas de todos os tempos. O exército bizantino incluía em suas fileiras mercenários turcos, bem como muçulmanos que ainda não haviam abandonado o xamanismo; estes últimos, quando viram que os seljúcidas falavam sua mesma língua e tinham grande confiança na vitória, apesar da inferioridade numérica, não vacilaram em passar para esse outro lado. E foi assim que Alp-Arslan ampliou sua capacidade estratégica. O exército bizantino acabou sendo aniquilado e o irmão do imperador feito prisioneiro.

Süleyman-Chad (Süleyman-Sah), filho de Kutalmis, penetrou ainda mais na Anatólia e, rapidamente, conquistou a maior parte da península. Em 1073, Artuk Bey vence um segundo exército bizantino nos arredores de Izmit (Nicomédia) e, no ano seguinte, Süleyman-Sah faz o mesmo perto de Antioquia. O irmão do imperador, que havia sido feito prisioneiro em Manziquerta, morreu, enquanto o príncipe bizantino Isaakios Komminos é feito prisioneiro. E Mansur Bey, irmão de Süleyman-Sah, estabelece seu quartel-general em Kütahya.

O nascimento do Estado turco

No ano de 1077, o grande sultão Malik-Shah, que sucedeu a seu pai Alp-Arslan, consegue concluir a obra iniciada por seus antecessores. Depois de ter residido por algum tempo em Iconiun (a atual Konya), em 1080, Süleyman-Sah elege Niceia a sede do trono seljúcida. A nova capital estaria muito próxima de Bizâncio, apenas 70 quilômetros da cidade de Constantinopla.

O seljúcida Jutalmisoglu Nàrcsiruddevle Ebu'l-Fevàrcris Gazi, sultão Süleyman-Sah I, o conquistador da Anatólia, passaria para a história como fundador do Estado turco e seu primeiro monarca.

Em 13 de dezembro de 1084, depois de apoderar-se de Antioquia (hoje Antaya), na época, uma das maiores cidades do mundo, Süleyman-Sah considera-se dono de quase toda a península da Anatólia. Os seljúcidas controlavam a região desde as margens do Mar Negro até o Mediterrâneo, e desde as águas azuladas do Egeu até a costa do Mar de Mármara. Usküdar (a histórica Escutari) também estava nas mãos dos seljúcidas. A partir da costa asiática, a esplêndida Bizâncio (Constantinopla) começava a ser considerada a pérola do mundo, onde se concentravam mais de três quartos das riquezas da terra. Centenas de milhares de oguzes haviam se fixado na Anatólia. No fim do século XI, seu número já superava um par de milhões. Como consequência, os bizantinos tiveram de fugir e acabaram estabelecendo-se nos Bálcãs.

Chaka Bey, o governador de Esmirna (hoje Izmir), sob as ordens de Süleyman-Sah, domina o Mar Egeu com uma frota poderosa composta por

40 navios, procedentes de Alanya, conquistando as ilhas gregas de Chio (Sakiz), Metilene (Midili), Lesbos, Samos (Sisam), Rodes... e prepara-se para tomar Bizâncio. Os seljúcidas que habitavam a parte europeia (Rumelia) haviam chegado às proximidades de Bizâncio. O Império Romano do Oriente morria. Süleyman-Sah morre em 5 de junho de 1086, perto de Alepo, durante uma disputa. A Europa entra em ação, pondo em marcha a Primeira Cruzada.

A Primeira Cruzada e Kilij-Arslan

Com a morte de Süleyman-Sah, seu filho primogênito Kilij-Arslan lhe sucede no poder, passando o sultão Malik-Shah a governar o interior da Anatólia. Com a subida ao trono de Kilij-Arslan, contabiliza-se o segundo monarca seljúcida (turco); enquanto isso, o domínio seljúcida na Anatólia atravessa uma fase sumamente crítica.

Um formidável exército cruzado, composto por mais de 600 mil homens, cruza o interior da Anatólia acompanhado do exército bizantino. Os cruzados não tardam a apoderar-se de Niceia (hoje Izmit). Kilij-Arslan não pôde reunir mais de 150 mil homens e, depois de infligir graves perdas aos cruzados, em 30 de junho de 1097 ele se retira para as planícies da Anatólia Central (Capadócia). Os cruzados que, forçosamente, tinham de atravessar a Anatólia para chegar a Jerusalém, em contínuas escaramuças de desgaste, sofreram mais de 100 mil baixas pelo exército seljúcida, bem comandado pelo mesmo Kilij-Arslan. Em 21 de outubro de 1097, quando os cruzados tomaram Antioquia, eles já haviam perdido mais de meio milhão de homens em toda a Anatólia. Apesar disso, os cruzados prosseguiram em sua marcha para o sul, fundando, na Palestina, um reino latino (franco).

Aproveitando essa luta escarniçada entre seljúcidas e cruzados, Bizâncio reconquista toda a costa do Mar Negro, do Mediterrâneo e do Egeu, encurralando os seljúcidas na Anatólia Central. Kilij-Arslan estabelece a capital do sultanato em Konya, defendendo-a com grande coragem.

A Segunda Cruzada e Masud I

Em julho de 1107, em sua volta da conquista de Mosul, o sultão Kilij-Arslan I perece afogado ao atravessar com seu cavalo o Rio Khabur. Ele é sucedido por seu filho, o sultão Malik-Shah, de 11 anos de idade, que morre de causa desconhecida nove anos depois (1116). O segundo filho de Kilij-Arslan, o sultão Masud, lhe sucede ao trono. Masud I reina durante 39 anos, ou seja, até 1155, e assume a defesa da Anatólia durante a Segunda Cruzada.

A nova cruzada é dirigida pelo imperador alemão Conrado III e o rei da França, Luís VII. Masud derrota o imperador germânico nos vales profundos de Konya, no sopé setentrional do poderoso Taurus. Depois de ter perdido mais de 70 mil homens, Conrado III procurou refúgio em Niceia com os escassos 5 mil soldados que seguiam a pé. Com eles se uniu às forças de Luís VII e ambos entrariam em Jerusalém pela porta de Jaffa. O *gonfanon bausent*, o estandarte templário, ondulava ao vento precedendo a comitiva triunfal; poucos metros atrás, a Auriflama, a santa bandeira francesa.

Kilij-Arslan II, batalha de Miriokefalon e Terceira Cruzada

Com a morte de Masud I, sucede-lhe o filho Kilij-Arslan II. Durante seu reinado de 37 anos (1155-1192), a cultura seljúcida alcançou um período de esplendor. Em setembro de 1176, ele derrotou, em Miriokefalon – às margens do extenso Lago Egridir, entre a Capadócia e Pamukkale –, Manuel I, o quarto descendente da influente dinastia bizantina. O imperador cativo foi libertado depois do pagamento de 100 mil peças de ouro, outras 100 mil de prata e uma grande quantidade de cavalos. Essa nova derrota infligida a Bizâncio, 105 anos depois de Manziquerta, animou os seljúcidas a recuperarem os territórios da Anatólia.

Kilij-Arslan II, excelente soldado, bem como grande homem de Estado e dirigente, assume, depois da morte do sultão Sancar e do desaparecimento dos grandes seljúcidas, a qualidade e título de "mais grande" dos seljúcidas.

De 1189 a 1192, o imperador da Alemanha e os reis da Inglaterra e da França lançam uma nova Cruzada (a terceira) para tomar Jerusalém, que depois da derrota templária em Hattin (1187) havia caído em mãos de Salâhaddin Eyyûbi (Saladino). Os cruzados chegam às planícies de Konya, mas os seljúcidas não apenas resistem como também voltam a infligir danos importantes aos cristãos por meio de ataques-surpresa e emboscadas, submetendo os cruzados a chuvas de flechas que chegavam a escurecer o sol. Enquanto isso, o imperador teutônico, Frederico I Barba-Ruiva, encontra a morte em Cynos (Anatólia), em 1190.

Kilij-Arslan II teve 11 filhos. Com sua morte, dois anos depois, o sultão Giyâseddin Keyhusrev (1192-1196) lhe sucedeu ao trono. Depois dele governaram outros filhos seus: Rükneddin II Süleyman-Sah (1196-1204) e o sultão Izzeddin Kilij-Arslan (1204-1205). Depois, ascende ao trono o sultão Keyhusrev (1204-1205), excelente militar como seu irmão mais velho, Süleyman-Sah. Keyhusrev morre em uma batalha contra os bizantinos. Seu filho, o sultão Izzeddin Keykâvûs (1211-1219), lhe sucede ao trono.

O Estado seljúcida da Anatólia, desde o reinado de Keykavus, havia conseguido o controle de uma grande parte da região. Nesse período, era possível chegar com facilidade às costas dos mares Negro e Mediterrâneo. Sinope, importante praça bizantina que controlava a passagem norte do Bósforo, foi tomada, enquanto ao sul, o reino aiúbida de Alepo, com sua poderosa cidadela, reconheceria a soberania dos sultões seljúcidas. Durante o reinado de Alaeddin Keykubad I (1219-1237) – mais conhecido no Ocidente como Aladino –, sucessor de Keykanus, o Império Seljúcida alcança a Idade de Ouro dessa dinastia islâmica que teve uma relação tão estreita com os Templários.

Um personagem de lenda

O sultão Alaeddin toma Kalonoros e lhe dá seu próprio nome, Alaiye (cidade conhecida atualmente como Alanya), onde estabelece o centro de suas operações militares. Também fixa estaleiros junto aos penhascos da costa, protegidos por um sólido recinto cercado por muralhas e um poderoso torreão de pedra vermelha com formato octogonal.

Aladino voltou a Konya para restabelecer os laços sólidos de vassalagem entre o império grego de Trebizonda (Trabzon) e o reino armênio da Cilícia. O sultão seljúcida enviou à Crimeia um forte exército, chefiado por Chobanoglu Hûsâmeddin Bey. Com a fortificação de Sinope, no Mar Negro, e de Alanya no Mediterrâneo, ele tinha o controle de ambos os mares, enquanto os de Mármara e Egeu continuavam em mãos bizantinas. Depois de Alepo, o reino aiúbida de Damasco não demoraria em reconhecer a soberania do sultão Aladino.

A Anatólia, graças à vasta rede de vias de comunicação abertas pelos seljúcidas em toda a extensão dessa península asiática, se converteria, nos séculos XII e XIII, em um dos territórios mais ricos da época, em todos os sentidos. Pelas rotas lendárias da seda, que voltaram a ser abertas ao comércio, numerosos caravançarás – abrigos para caravanas – foram construídos a fim de garantir um comércio ininterrupto, de leste a oeste e vice-versa, bem como grandiosos e faustosos edifícios, civis e religiosos, alguns dos quais ainda podem ser visitados. A Anatólia alcançou um alto nível de desenvolvimento graças ao sultão Aladino, que passou para a história com os títulos de *Ulug* e *Buyuk* (ambos os vocábulos são sinônimos de grandeza).

Porém, com a morte de Aladino começa a decadência do Império Seljúcida. Seu filho Giyaseddin Keyhusrev II, que lhe sucedeu no trono ainda muito jovem, deu prova de total ineficácia. Em 2 de julho de 1243, na batalha de Kosedagi, a leste da cidade de Sivas, 40 mil mongóis conseguiram vencer um exército seljúcida indisciplinado de 80 mil homens. A sombra de Kublai Khan, sucessor de Gengis Khan, pairava como um sepulcro sobre a Anatólia.

Desse modo, a civilização e o Império Seljúcida decaem irremediavelmente sob a dependência dos mongóis, chamados de ulanos, cujos territórios compreendiam também os países atuais do Irã, Azerbaijão, Geórgia e demais repúblicas do Cáucaso. Keyhusrev II foi sucedido por seu filho primogênito, o sultão Izzeddin Keykavus II; seu reinado durou de 1246 a 1256.

Vários sultões seljúcidas se sucederam sem interrupção, durante a segunda metade do século XIII e começos do seguinte: Rükneddin Kilij-Arslan IV (1257-1266), Giyaseddin Keyhusrev (1266-1281), Osman I (1281-1301) e Masud II (1302-1308). Durante 231 anos, ou seja, de 1077 a 1308, 16 membros da dinastia seljúcida dirigiram os destinos da Anatólia.

Paralelamente, e com uma relação muito estreita com os seljúcidas, os Templários contam com uma história muito semelhante de aparecimento, desenvolvimento e desgraça, como veremos em seguida. Desde sua criação, no marco do Concílio de Troyes, por iniciativa de São Bernardo de Claraval e com o propósito de defender os Lugares Santos, até, finalmente, caírem em desgraça pelas mãos da própria Igreja Católica, em um conjunto de incógnitas e mistérios.

2

Desenvolvimento Histórico da Ordem do Templo na Península Ibérica

> *"O céu dantesco vibra de indignação contra o papa Clemente V, que cedeu à vontade do rei francês e suprimiu, por via administrativa, a Ordem do Templo."*
>
> Friedrich Heer

Rios de tinta foram gastos para escrever sobre a epopeia da Ordem do Templo e, com certeza, muito ainda será escrito a esse respeito, pois a história dos Templários constitui um dos episódios históricos mais arrebatadores dos séculos medievais, tanto do Oriente quanto do Ocidente. Esses Cavaleiros tiveram uma condição dupla, porque embora tenham sido criados no coração da França, por iniciativa de São Bernardo de Claraval – um dos homens mais inteligentes que a Idade Média produziu, protagonista, também, da criação da Ordem de Cister –, também encontraram na Terra Santa o fruto do cultivo de boa parte de seus conhecimentos mais secretos.

Poderíamos dizer que na agitada história dos Templários espanhóis desenrolam-se diferentes etapas, desde seu início até 1314, ano da morte do último Grão-Mestre, Jacques Bernard de Molay. Ao longo desses séculos, foram muitas as vicissitudes que os Cavaleiros do Templo sofreram ou protagonizaram. Em seguida, destacamos, em ordem cronológica, algumas dessas grandes epopeias. É importante lembrar que a entrada dos Templários no contexto histórico dos reinos cristãos da Espanha começa muito antes do que em outros lugares da velha Europa.

Conforme veremos, esse início aconteceu no primeiro terço do século XII, coincidindo com a legalização da Ordem pela Igreja, depois do Concílio de Troyes (em 14 de janeiro de 1129), cujas normas, como já assinalamos anteriormente, foram redigidas sob a supervisão de Bernardo de Claraval. A partir de então, sucederam-se numerosos acontecimentos, alguns dos quais destacaremos na sequência. Dois anos mais tarde, o próprio Bernardo escreve *De Laudae Novae Militiae*.

Um dos mais importantes condes de Barcelona, Ramón Berenguer III, depois de entregar ao Templo a cidadela recém-conquistada de Grayena de La Segarra (Lleida), não hesitou em tornar-se Templário. O *baussant*, bandeira do Templo, cobriu seu túmulo quando de seu falecimento (19 de julho de 1131). No ano seguinte, o conde Ermengol VI de Urgell também demonstrou um interesse especial pelo Templo, confirmado por sua doação da fortaleza de Berberà de la Conca (Tarragona). Até Afonso I, o Batalhador, que faleceu em Sarinhena (1134), deixou escrito em seu testamento que seus bens e territórios conquistados fossem doados ao Templo, causando tamanha indignação no Reino de Aragão que a nobreza conseguiu anular o desejo do monarca. Apesar disso, seis anos depois, o Templo recebeu as primeiras praças no território da Coroa de Aragão, do conde de Barcelona, Ramón Berenguer IV, primeiro monarca catalão-aragonês, depois de seu compromisso de matrimônio, em Barbastro, com Dona Petronila. Depois da conquista da cidade de Coria, em Alta Extremadura (1142), por Afonso VII, o Templo recebe seu emblema definitivo. Em Soria, um dos territórios hispânicos de maior presença templária, a Ordem inicia sua progressão em 1146: Villaseca, ao norte dessa província castelhana, seria sua primeira sede; ali perto encontra-se Ágreda, a vila das três culturas – judaica, cristã e hispano-muçulmana no setor ocidental da Ladeira de Moncayo, a montanha sagrada do sistema ibérico. Apenas dois anos depois, os Templários já haviam terminado a estratégica cidadela de Calatrava la Vieja (Ciudad Real) e instalavam-se e fortaleciam-se na cidade de La Zuda (Tortosa), para controlar o curso do Rio Ebro, enquanto em Portugal eles recebiam os direitos eclesiásticos sobre Santarém. Ao mesmo tempo, Miravet, umas das fortalezas mais impressionantes do curso inferior do Ebro, ao sul de Tarragona (Ribera d'Ebre), era conquistada pelos Templários (1153), coincidindo com o assentamento nesses territórios catalães dos três grandes mosteiros cistercienses (Poblet, Santes Creus e Vallbona dos Monges) e a posterior queda de Siurana, o último reduto islâmico da Catalunha. Não é por acaso, portanto, que as duas ordens – Cistercienses e Templários – surgidas, como já vimos, de um mesmo patrono, seguiram um desenvolvimento paralelo, não somente no tempo, mas também no espaço.

Em 1155, o monarca português Afonso Henriques não vacilou em conceder a Pedro Arnaldo, terceiro Mestre do Templo lusitano, a Carta de Proteção, coincidindo com a volta da Terra Santa de Gualdim Pais, futuro Mestre de Portugal. Três anos depois, é construída a grande abadia cisterciense de Alcobaça, sob a proteção do Templo. E, em 1160, coloca-se a primeira pedra do castelo de Tomar, a obra mais emblemática do Templo no país ibérico vizinho. Menos de uma década depois, outros castelos lusitanos já eram Templários: Ozereze, Cardiga e Almourol. E, em 1170, a espetacular galeria de Tomar é construída.

Nesse mesmo ano, o pontífice Alexandre III, ao ver a influência que o Templo estava alcançando nos territórios peninsulares, assina uma bula na qual estabelece que os Templários e demais ordens militares deviam acatar os direitos que, por mandato eclesiástico, correspondiam aos bispos dos povoados que iam sendo conquistados. No entanto, dois anos mais tarde, os Templários estariam livres de qualquer jurisdição episcopal.

Em 1176, a cidade castelhana de Cuenca é conquistada graças à participação dos Templários. No ano seguinte, Ponferrada, cuja fortaleza abriga o maior pátio de armas do Templo no Ocidente, é doada à Ordem, enquanto Leão conta, a partir do ano seguinte, com um Mestre Provincial: Guido de Garda. E a este deve a assinatura de um documento importante, tanto para os hospitalários como para os santiaguistas, para coordenar o território em geral e, particularmente, o traçado do Caminho de Santiago. A partir de então, a maioria das vilas, aldeias e castelos da *Tierra de Campos* começa a ver ondular o *baussant* templário. Em 1194 acontece o Tratado de Tordehúmos entre os reis de Castela e Leão, pelo qual são permutadas cinco fortalezas de cada reino em sinal de garantia de paz. São os Cavaleiros do Templo que se encarregarão da custódia dos castelos leoneses para Castela. Dois anos mais tarde, em 1196, a Ordem de Mongaudí, que tinha sua sede principal em Monfrague (Cáceres), entrega suas posses de Aragão para a Ordem do Templo.

No ano seguinte, depois de tomar posse do castelo de Cantavieja, a região do Maestrazgo (Castellón e Teruel) chama a atenção dos Templários; não foi pelo fato de tratar-se de um território caracterizado pela fertilidade de seu solo, mas porque os Cavaleiros pretendiam usar essa comarca árida como lugar de refúgio e segurança onde poderiam ocultar os cátaros que começavam a fugir do Languedoc francês, perseguidos pela Igreja por causa de sua heresia. Entretanto, a situação tornou-se mais insustentável a partir de 1209, com a queda, primeiro, de Béziers e, depois, de Carcassonne, Montségur e Quéribus. Além disso, no Maestrazgo castelense, os Templários passariam, efetivamente, a praticar a alquimia na fortaleza de Catí. Em Benasal (Castellón), os Templários explorariam os recursos hidráulicos de sua *Font de Seguries*, famosa por suas águas minerais medicinais. Esse povoado também tem uma lenda relacionada a um membro da família de Galcerán de Pinós, Cavaleiro Templário de Bagà (Barcelona), que, por meio da cruz templária dessa vila do Berguedà, foi milagrosamente libertado dos almóadas; sua torre conhecida como *La Presó* ainda é preservada.

Em 1204, o monarca castelhano Afonso VIII deixa escrito em seu testamento que suas propriedades deveriam ser repartidas entre todas as ordens militares, mas os Templários foram os menos favorecidos. Em 1211, Afonso IX devolve ao Templo os bens que lhe havia sequestrado, além da poderosa cidadela de Ponferrada. E, no ano seguinte, na batalha de Navas de Tolosa, os Templários tiveram a honra de ser a ponta de lança do exército cristão. Em 1214, o futuro monarca catalão-aragonês, Jaime I, o Conquistador, salva milagrosamente sua vida graças à ajuda recebida dos cátaros que o ocultaram dos cruzados em sua cidade natal de Montpellier. Com 6 anos de idade, ele foi levado a Monzón para ser educado pelos Templários, em cuja fortaleza aragonesa permaneceria três anos. Em 1217, o Mestre de Castela e Leão, Pedro de Albito, assume também a responsabilidade pelo reino de Portugal; dois anos mais tarde, ele se compromete com as milícias de Alcántara e Pereiro para recuperar as fortalezas de Santibánhez el Alto e Portezuelo, ao norte da província de Cáceres. Em 1221, os Cavaleiros de Monfrague da Alta Extremadura não hesitam em unir-se à Ordem de Calatrava. E Jaime I, o Conquistador, chega a Ágreda (Soria), acompanhado do Mestre catalão-aragonês Guillén d'Arzyllach, para tomar como esposa Leonor de Castela.

Em 1225, o pontífice Honório III pede ajuda a todas as ordens militares hispânicas e, de modo especial, ao Templo, para que participassem da defesa do castelo de Albuquerque, a noroeste de Badajoz. Dez anos depois, os Templários conquistam a fortaleza estratégica de Montcada, em terras valencianas. E, em 1236, eles obtêm uma comenda em Córdoba, depois da conquista cristã por parte de Fernando III, o Santo. Esse monarca castelhano, que tinha uma grande admiração pela ordem da cruz prateada, não vacilou em conceder-lhe um privilégio geral.

Em 1240, os calatravos pedem ao pontífice Gregório IX que lhes sejam devolvidas as fortalezas de Montalbán, El Carpio e Ronda as quais, segundo eles, haviam sido usurpadas pelos Templários, mas o papa apenas cruzou os braços. No ano seguinte, os Templários colaboram com o monarca Jaime I, o Conquistador, para a retomada de Múrcia, cidade que se entregara a Castela. Em troca, eles recebem de Fernando III, o Santo, os castelos badajocenses de Benquerencia e Castuera. Os Cavaleiros aragoneses do Templo tomam posse de Caravaca e, pelo Tratado de Almizra (1244), eles a cedem aos Templários de Castela, depois da assinatura de seu Mestre, Martín Matínez. No ano seguinte, em Andújar (Jaén), os Templários criam uma guilda. Em 1247, iniciam o longo cerco à cidade de Sevilha, depois de receber boa parte dos territórios extensos e férteis da Baixa Extremadura, com as cidades de Jerez de los Caballeros, Burguillos del Cerro, Alconchel, Fregenal de la Sierra. Em meados do século XIII, a Ordem do Templo conta com mais de 20 mil membros na Península Ibérica.

Em 1253, segundo privilégios outorgados pelo monarca Afonso X, o Sábio, os Mestres do Templo assinam os documentos depois dos bispos. E dois anos depois, segundo bula do pontífice Alejandro IV, os Templários de Castela obtêm a faculdade de serem absolvidos dos casos reservados aos bispos, pelo próprio prior do Templo.

Em 1272, o Mestre do Templo da Coroa catalã-aragonesa, Arnau de Castellnou, por ordem do monarca Jaime I, o Conquistador, intervém no condado de Foix, do outro lado dos Pirineus. Apenas dois anos mais tarde, no Concílio de Lyon, é iniciada a tentativa da unificação de Templários e Hospitalários, proposta que a Igreja rechaçou totalmente e que, sem dúvida, veio a ser objeto da conversação secreta que, 30 anos depois, Jacques B. de Molay, o último Grão-Mestre do Templo, e o místico maiorquino,

Raimundo Lúlio, mantiveram na ilha de Chipre. Em 1277, calatravos e Templários trocam fortalezas na Baixa Extremadura.

Em 1284, depois de sua subida ao trono castelhano, Sancho IV retira dos Mestres Templários todos os privilégios reais. E, cinco anos depois, esse monarca não hesita em ordenar a todas as ordens militares que colaborem na defesa da cidade de Badajoz, sitiada pelos portugueses. Os efetivos concentraram-se em terras do Templo, na Baixa Extremadura. Dez anos depois, os Templários voltam a demonstrar um interesse especial pelo Maestrazgo, trocando a influente cidade de Tortosa, na Catalunha, pelas cidades de Penhiscola, Ares del Maestre, Cuevas de Viromá e Albocácer, todas na atual província de Castellón.

A partir de 1299, o nome do Mestre Templário de Castela, na época Gonzalo Yáñez, não aparece em nenhum documento. A causa, sem dúvida, era o ódio que o rei Fernando IV, o Emprazado, sentia pelo Templo; ele somente o menciona com relação ao seu aprisionamento. Esse rei sofreu um castigo divino, depois do infeliz julgamento que dirigiu na cidade de Martos, com respeito ao assassinato dos irmãos Carvajales, arremessados de um pico e cujos cadáveres foram rolando, dentro de gaiolas de ferro, até a Cruz del Lloro, que ainda é conservada. No início do século XIV, a Ordem do Templo contava, na Espanha, com mais de 30 mil membros. Em 1306, depois da reunião secreta mantida na ilha de Chipre com Raimundo Lúlio, o Grão-Mestre Jacques B. de Molay volta a Paris e, somente um ano depois, começa o aprisionamento dos Cavaleiros na França. Em 1308, depois de uma resistência encarniçada, os Cavaleiros Templários rendem-se em Miravet, como também em muitas outras praças de toda a geografia hispânica, promovendo uma série de investigações dirigidas pela cúpula da Igreja, com os bispos e prelados fustigando as feridas do Templo a fim de extrair confissões e, ao mesmo tempo, apropriar-se de seus bens, que passaram para o confisco real e não para os Hospitalários. No ano seguinte, são as cidadelas templárias de Monzón e Chalamera, em Huesca, que se rendem. Enquanto isso, o pontífice Clemente V não para de enviar cartas aos arcebispos de Santiago e Toledo para que não poupassem esforços na hora de processar os Templários.

O mais surpreendente é que, dois anos depois, no Concílio de Salamanca (1310), convocado com o único fim de acabar com tudo o que estivesse vinculado ao Templo, os Templários de Castela e Portugal saíram ilesos, com algumas de suas praças-fortes – Alcanhices e Alba de Aliste – permanecendo em mãos templárias. O mesmo aconteceu, um ano depois, no Concílio de Tarragona, enquanto o papa arrancava-se os cabelos.

Porém, na França, tudo foi bem diferente; já no Concílio de Viena (1312) decretava-se, com toda a expressividade eclesiástica e sob a tutela do próprio rei francês, a suspensão, sem apelação, da Ordem do Templo, cujos impostos foram transferidos para a Ordem de Santiago, nos reinos hispânicos, enquanto a maior parte dos bens imóveis era usurpada por Fernando IV, o monarca castelhano da maldição de Martos.

Em 1314, depois de sofrer as mais cruéis torturas nas prisões de Domme (Périgord) e Chinon (Turena) – onde alguns dos testemunhos foram gravados com sangue nas pedras frias das masmorras em forma de grafites –, Jacques B. de Molay e muitos de seus Mestres são executados nas fogueiras de Paris. No ano seguinte falecia Raimundo Lúlio, provavelmente pela dor sofrida diante desses terríveis acontecimentos.

Quatro anos mais tarde (1319) surgiam as ordens de Montesa e de Cristo, esta última em Portugal. A de Montesa teve como primeira praça-forte a vila de São Mateus, em El Maestrazgo (Castellón), e sua fortaleza no povoado de Montesa (Valência). Seus cavaleiros eram obrigados a obedecer aos calatravos. Antigos Templários engrossaram ambas as ordens militares, cujos bens, segundo bula do pontífice francês João XXII, passariam, em sua maioria, aos Hospitalários, menos aqueles que haviam sido outorgados às ordens recém-criadas.

Porém, nem todos os cavaleiros tiveram acesso aos saberes mais transcendentes do conhecimento gnóstico. Apenas um grupo seleto dos Templários alcançou a honra de contar com as chaves do sincretismo iniciático, como veremos a seguir.

3

Nem Todos Foram os Eleitos

> *"A doutrina secreta dos Templários era a magia natural ou alquimia, que era reservada aos Grão-Mestres e a alguns privilegiados."*
>
> René Lachaud

Em um capitel da igreja de Saint-Nectaire, em Puy-de-Dôme (Auverne, França), aparece um anjo cavalgando sobre um corcel cansado. Trata-se do anjo exterminador que leva três flechas em sua mão direita, cada uma representando os três pesadelos do mundo ocidental da Alta Idade Média: a fome, a guerra e a mortandade.

De todas as Ordens religioso-militares que formaram a Idade Média no mundo ocidental, apenas os Templários passaram para a lenda, graças, fundamentalmente, a seus profundos conhecimentos esotéricos, que apenas um grupo muito reduzido de membros foi capaz de desenvolver, porque os Templários praticaram em segredo a arte de Hermes. O erudito francês Claude d'Yge os resume muito bem: "Se os Templários criaram uma lenda, essa lenda é o reflexo de seu fantasma, seu contrário analógico. Se acreditarmos ter sido uma 'associação de cambistas e banqueiros' é porque suas riquezas reais procediam de uma fonte bem diferente. Só vagamente sabemos o que eles faziam nas salas superiores de suas fortalezas, mas ignoramos por completo o que faziam nos sótãos e nos túneis onde circulava, ativa e imperceptível, a verdadeira vida da Ordem."

Nove foram, pois, os primeiros Cavaleiros que constituíram o germe da Ordem do Templo – os Pobres Companheiros de Cristo – fundada na cidade de Jerusalém em 1118. Nove Cavaleiros tementes a Deus, que se regiam por duas doutrinas: uma para o número restrito de seus fiéis nobres, e outra, a católico-romana, para o círculo exterior. Tudo era organizado em dois níveis: uma minoria *esotérica* (dirigente), da qual participavam os *Magos* ou os iniciados aos saberes mais profundos do conhecimento, e uma maioria *exotérica*, formada por guerreiros e serviçais.

Os membros, por sua vez, organizavam-se em três classes, em função de seus requisitos e procedências:

- Cavaleiros, de origem nobre, cuja missão era guerrear. Seu traje era branco.
- Serventes, de berço inferior, dedicados ao cuidado de peregrinos e clérigos. Seu traje era negro e levavam nele, tal como os Cavaleiros, uma cruz encarnada (por concessão do papa cisterciense, Eugênio II, em 1145). A forma dessa cruz era, para alguns historiadores, octogonal e, para outros, dupla, semelhante à patriarcal. Segundo outras versões, era a parte inferior desta última. Documentos afirmam que no total eram 15 formas diferentes (cinco cruzes celtas; três, das oito beatitudes e quatro patriarcais ou *lignum crucis*, além da cruz de tau grego e a última utilizada em Portugal pela Ordem de Cristo).
- E, por fim, os Clérigos, que atuavam como capelães.

Entre os primeiros, é preciso destacar a importância que a Cavalaria teve para o Templo. Nesse sentido, devemos lembrar-nos do clima de harmonia que, durante muito tempo, chegou a absorver as três culturas monoteístas da Espanha medieval – judaica, cristã e hispano-muçulmana – que compartilhavam as artes e tradições populares – arquitetura, alquimia, cosmologia, medicina, etc. –, quando Afonso X, o Sábio (1252-1284), o rei castelhano mediador entre Oriente e Ocidente, e os Cavaleiros do Templo estabeleceram algumas pautas de conduta verdadeiramente exemplares e que deveriam continuar até nossos dias. Dentre essas artes, devemos destacar a Cavalaria Islâmica, que foi antecessora da Cavalaria Ocidental. "A observância da lei corânica proporcionava um marco pelo qual o sacrifício, o heroísmo, a nobreza, a abnegação e o hermetismo davam forma a toda uma atividade de fundo espiritual", recorda o erudito Bartolomé Bioque. A arte de cavalgar a galope sem sela é uma estratégia militar que os cristãos aprenderam dos hispano-muçulmanos. Em inúmeras crônicas das três culturas se faz referência a fatos muito concretos. Por exemplo, o destacamento de nazaritas que, chamado pelo monarca catalão-aragonês Pedro III

(1276-1285), foi deslocado de Granada para a cidade de Igualada para ensinar aos cavaleiros cristãos os segredos da arte de cavalgar. Esse encontro aconteceu sob os auspícios dos Templários.

Diante do patriarca de Jerusalém, Gordoud de Piquigny, os Templários fizeram três votos: pobreza, castidade e obediência.

Também adotaram o lema: "Non nobis, Domine, non nobis, sed Nomini tuo da gloriam" (*Não por nós, Senhor, não por nós, mas que a glória seja em Teu Nome*). Entre seus estatutos: "Sempre deverão aceitar o combate contra os hereges, mesmo que estejam em proporção de três para um."

E dentre suas obrigações, entre outras, ditou-se a seguinte: "Comerão carne três vezes por semana. Nos dias em que não a comerem, poderão comer três pratos."

E, no que se refere ao aspecto religioso, a obrigação dos Cavaleiros Templários consistia em comungar três vezes por ano, ouvir a missa três vezes por semana e dar esmolas três vezes por semana.

Para o historiador francês Louis Charpentier, tratava-se da organização mais perfeita que a humanidade pôde conceber: o camponês que alimenta, o artesão que cria a ferramenta, o comerciante que distribui e o guerreiro, guardião dos bens a cuja posse não tem acesso. O especialista Rafael Alarcón os define muito bem: "Os Templários civilizaram o mundo ocidental, convertendo os servos em servidores e os nobres em Cavaleiros."

Em torno de toda essa filosofia de vida, e a partir dos espaços mais profundos do microcosmo templário, gravita uma grande riqueza simbólica que representa a essência cultural de uma sabedoria que aprofunda suas raízes nos credos e filosofias do mundo oriental. Porque aqueles nove Cavaleiros originais, com seus respectivos servidores, enviados em 1118 para a Terra Santa por Bernardo de Claraval, se nutriram das culturas dos monges armênios, dos cabalistas judeus, dos místicos sufis e também dos ismaelitas, aglutinados em torno do Velho da Montanha, o patriarca da Ordem dos Assassinos. Muitas dessas chaves, em forma de símbolos, podem ser interpretadas por meio de alguns códigos secretos, baseados nos saberes recolhidos no mundo oriental. Por outro lado, outros símbolos foram transmitidos à Idade Média pelas culturas clássicas (Grécia e Roma), sem nos esquecermos das fontes empíricas dos mitos celtas, como veremos a seguir.

4

As Chaves Esotéricas dos Templários

> *"No âmago da Ordem do Templo existia um colégio secreto onde se cultivavam ideias isentas da rígida ortodoxia católica."*
> René Lachaud

Nem as ânsias de poder econômico por parte do rei francês Felipe IV, o Belo, nem tampouco as dívidas enormes que este último havia acumulado, financiadas pelo banco templário, foram as únicas causas que trouxeram a perseguição e a destruição da Ordem do Templo. O pontífice Clemente V estava bem informado, por meio de uma enorme rede de espionagem, de que nas entranhas da Ordem praticavam-se rituais que coincidiam diretamente com os antigos mistérios pagãos e os cultos gnósticos.

Por meio dos testemunhos inquisitoriais que a Igreja levou a cabo contra os Templários, pôde-se deduzir que isso era verdade e procuraram logo esconder muito bem as declarações autênticas, substituindo-as por aquelas que mais interessavam às hierarquias do Vaticano, a fim de não dar trégua aos acusados e levá-los, sem apelação, ao patíbulo ou, na maioria dos casos, à fogueira *purificadora*. As práticas demoníacas e a sodomia foram as principais acusações, as mesmas que, um século antes, haviam sido levantadas, com maior eficiência, contra os cátaros do Languedoc.

Porém, como já adiantamos, nem todos os Templários tinham acesso aos níveis mais profundos do conhecimento iniciático. Apenas uma pequena porcentagem desses Cavaleiros, que não estavam integrados necessariamente nas hierarquias externas, ou seja, os Mestres, representava os verdadeiros diretores espirituais do Templo. É a esse grupo privilegiado, conhecido como os Filhos do Vale, que a história atribui o fato de essa Ordem ter sido a mais enigmática do Ocidente medieval e, portanto, essa foi a causa verdadeira de sua dissolução a partir de 1307.

Graças ao seu desenvolvimento inicial na Terra Santa, os Templários tiveram tempo de trocar todo tipo de conhecimento com as demais culturas do Mediterrâneo oriental, especialmente com as várias correntes socioculturais do mundo islâmico. Dentre elas devemos destacar os ismaelitas, que se dividiam em dois ramos: os *assasis* ou *ashassim* (de onde vem a palavra *assassino*), um ramo militar que tinha como chefe supremo espiritual um iluminado, Asan Sabah – mais conhecido como o Velho da Montanha (1090) –, e cujo quartel-general situava-se no castelo de Alamut, na costa mediterrânea da Anatólia; e os *karmatas*, ramo constituído por uma espécie de corporação de artesãos, seguidores da doutrina hermética e neoplatônica. Ambos ofereciam uma organização idêntica ao Templo. Os primeiros cobriam a cabeça com o gorro frígio, de cor vermelha, usado pelos povos da Antiguidade para render culto a Mitra e Cibele, nos mistérios pagãos. A vestimenta, de cor vermelha e branca, também era muito parecida com a dos Templários. Os três grupos tinham plena correspondência na busca do equilíbrio interior, praticavam a alquimia, eram pedreiros hábeis e mestres de obras renomados; destacavam-se seus excelentes trabalhos em pedra, como as abóbodas, as cúpulas, os arcos de meio ponto apontados, que os Templários não hesitaram em incorporar em suas construções. Porém, isso não é tudo: o Templo, graças a seu contato estreito com o mundo oriental, importou da Europa avanços insuspeitados para a época, como a irrigação sistemática dos cultivos por meio de uma rede de canalizações aéreas e subterrâneas, com uma provisão de água potável em cisternas; o cuidado especial com os cavalos de puro sangue, a falcoaria, a caça com cães, o estudo e promoção da heráldica, os torneios de cavalaria, o estudo da astronomia e astrologia, o jogo de xadrez. Melhoraram a qualidade de vida das famílias da Europa medieval, aumentando a variedade de alimentos com o consumo de hortaliças, verduras, azeite de oliva, leite, pescados, mel, açafrão e fruta seca, o que elevou o horizonte de vida dos povos do Ocidente onde os Templários tiveram presença. O aumento da altura dos homens e mulheres pode ser demonstrado pelo comprimento de muitas das sepulturas, algumas das quais comentaremos no texto.

Quanto ao tema econômico, atribui-se também aos Templários a invenção tanto da letra de câmbio como do sistema bancário de investimento e empréstimo. Entretanto, não foram usurários. Facilitavam o dinheiro a uma taxa muito razoável, sem distinção de classes sociais, fossem elas religiosas ou civis, uma vez que também foram depositários dos bens de papas e reis de sua época. A sede do Templo de Paris não demorou em converter-se no centro econômico da velha Europa. Os Templários buscaram o poder absoluto, o material e o espiritual. Quanto ao primeiro, não resta dúvida de que o conseguiram, ao gerar novas formas de comércio e de contratação, fomentando os centros de produção (explorações minerais, bancos de pesca de altura, salinas, etc.), com uma melhoria nas comunicações terrestres e também marítimas, por meio de portos estrategicamente situados (*ver o capítulo 31*).

Contudo, foi no âmbito do poder espiritual que essa classe de privilegiados do Templo alcançou seus níveis mais profundos. Os princípios desses Cavaleiros – os Filhos do Vale – estavam ligados às tradições herméticas mais profundas do Egito Antigo ao afirmarem a unidade de todos os deuses e de todos os mitos.

A doutrina templária baseava-se na intuição, na contemplação – ou meditação – e na ação posterior. A batalha externa era, portanto, uma iniciação à batalha interna: morrer e renascer para um novo espírito iluminado. Conceitos, todos eles, que outros povos do Oriente também conheceram: os guerreiros de Zoroastro, os adeptos de Mitra, os samurais do Japão medieval ou os próprios *ashassins*.

Não devemos esquecer, por outro lado, que as três religiões monoteístas – Judaísmo, Islamismo e Cristianismo – tinham raízes comuns. Por isso, tantos os cabalistas judeus como os sufis islâmicos e os místicos cristãos, assim como os Templários, seguiam pela mesma senda: o caminho espiritual que, na realidade, os Cavaleiros do Templo haviam prometido proteger, com esse grupo de iniciados que trabalhava nos níveis mais profundos e secretos da Ordem, muito além dos caminhos terrestres. Mesmo assim, os Templários mantiveram um contato estreito com os drusos, a tribo síria que professava uma religião baseada em uma mescla de Judaísmo, Islamismo xiita e Cristianismo. Os Filhos do Vale também se inspiraram nos membros da Ordem de Amus, espécie de ermitões que bebiam das fontes gnósticas que perduraram da Alexandria proto-histórica. Essa Ordem considerava-se herdeira dos *Shemsou Hor*, fundadores do Egito Antigo. Não é por acaso, portanto, que os Templários, durante as Cruzadas, em nenhum momento desembainharam suas espadas em terras egípcias, mas o fizeram contra Damasco. O mesmo aconteceu no Ocidente, no Languedoc, quando não lutaram contra os cátaros, a quem consideravam irmãos. O Templo também não interveio na caça às bruxas imposta pela Igreja oficial, na Europa. Isso ficou bem claro nas terras de Navarra, com relação às bruxas da zona de Zagarramurdi, Aralar e demais vales, áreas protegidas pelas comendas de Vera de Bidasoa e por outros enclaves Templários.

De modo semelhante ao dos mistérios pagãos, o grupo gnóstico dos Templários tinha vários graus de iniciação, quatro nesse caso, que correspondiam aos quatro elementos, água, ar (ou espírito), fogo e terra. A cerimônia de entrada na Ordem interior de um neófito era levada a cabo por meio do seguinte ritual: o candidato, depois de passar por um período de provas – que durava de um a três meses e durante os quais devia superar os trabalhos mais repulsivos –, procedia ao início do preparo, sendo fechado durante várias horas em uma cela do convento templário. Durante esse breve período, recebia a visita de três frades que lhe perguntavam três vezes consecutivas se ainda insistia em pedir a entrada na milícia. Se ele confirmasse, não demorava em ser conduzido à capela, onde se prostrava diante de 12 membros superiores do Capítulo. Estes lhe ensinavam os preceitos básicos: rejeitar e abandonar os pecados mundanos, servir a Deus, ser pobre e fazer penitência. Em seguida acontecia o interrogatório, cujo objetivo era conhecer as verdadeiras motivações do aspirante para entrar na Ordem. Para isso faziam com que jurasse diante do Evangelho de João (e não em outro, porque este era o apóstolo considerado pelos Templários como a referência do Cristianismo gnóstico) que não tinha esposa nem prometida, que não era monge ou clérigo e que não tinha compromisso algum com nenhuma outra Ordem. Em seguida, o candidato era obrigado a jurar obediência e respeito à hierarquia, prometia lutar no combate com todas as suas forças – inclusive em situações de inferioridade de um para três inimigos –, não se converter para outra religião e permanecer casto e pobre. Por último, era apresentado o discurso de acolhida e a recepção, durante a qual o irmão que presidia o Capítulo lhe dava as boas-vindas. Era nessa ocasião que o novo Templário colocava-se de pé, recebendo o hálito do Presidente do Capítulo e do Capelão em sua boca aberta. Recordemos que essa cerimônia da boca é a mesma em que, durante a caça às bruxas e magos, decretada pela Inquisição, estes confessaram ter recebido o hálito do próprio Satanás.

Um grupo muito seleto de Templários pertencentes aos Graus mais altos de iniciação à Ordem compunha esse segmento privilegiado de Cavaleiros conhecidos como os Filhos do Vale. Como já dissemos anteriormente, a Ordem do Templo foi gerada nas entranhas da três vezes santa Jerusalém. Todavia, foi realmente à sombra do Egito e dos rescaldos da cultura da cidade de Alexandria, que ainda permaneciam acesos nos séculos XI e XII, que esses Cavaleiros se aprofundaram nos segredos da gnose alexandrina. Tal como aconteceu com a Igreja Bizantina, os Templários beberam nas fontes da gnose sanjoanense, porque São João Evangelista, também uma referência para os Hospitalários, foi o patrono dos Templários que consideravam que Cristo, antes de seu falecimento na cruz, havia nomeado como seu sucessor João e não Pedro – questão que a descoberta dos Evangelhos gnósticos encontrados em Nag Hammadi (1945) acabou confirmando. É preciso lembrar que o sanjoanismo, como característica principal, dava prioridade ao Espírito Santo, à frente do Pai e do Filho. Em vista disso, é fácil compreender por que os Templários jamais veneraram o crucifixo – o mesmo fizeram os cátaros –, mas a cruz, argumentando que o Cristo ocultava e mascarava o símbolo universal que representava os quatro elementos. Daí a importância simbólica da cruz patriarcal, em que não aparece nenhum crucificado, ou de outras cruzes templárias (com pés, tau, etc.), também sem o Cristo. "Talvez por isso que, tanto os Templários quanto os cátaros foram acusados de cuspir no crucifixo, o que parece que os Filhos do Vale faziam", comenta o escritor Emilio Ruiz Barrachina.

O conceito de dois ensinamentos, um exterior e outro interior, formou parte do pensamento profundo da Ordem do Templo. Entretanto, a sabedoria gnóstica do Templo deve ter sido vazada para o nível externo, porque, em meados do século XIII, a Igreja chegou ao seu conhecimento. Como consequência, foram perseguidos e aprisionados muitos de seus Cavaleiros, os quais, depois de horrendas sessões de tortura, terminaram apontando o Mestre Thomas Béraud (1256-1273) como fundador do Templo Interior.

Porém não compartilhamos dessa avaliação, porque consideramos que os Filhos do Vale devem ter se constituído muito antes do mandato desse 19º Grão-Mestre. E nos arriscaríamos até a dizer que essa organização profunda dentro do Templo fosse possivelmente muito mais antiga que a criação da mesma Ordem dos Pobres Cavaleiros de Cristo, "e que os fundadores já conheciam o sangue que devia correr pelas veias do Templo", complementa Ruiz Barrachina. Podemos confirmar essa circunstância pelo interrogatório realizado pelo juiz Raúl Presle à pessoa de Gervasio Beauvais, preceptor da Sede do Templo da cidade francesa de Laon (Champagne), famosa por sua igreja templária octogonal. Na ata foi registrada essa inquietante afirmação: "O acusado estava disposto a mostrar um livrinho que continha os estatutos da Ordem, e que possuía outro ainda mais secreto que, por nada no mundo, estava disposto a mostrar." Portanto, a *regra secreta* dos Filhos do Vale era parte intrínseca daqueles Cavaleiros iniciados e aquele que violasse o segredo expunha-se à morte.

Os Templários também foram acusados de sodomia pela Igreja, em vista dos beijos trocados durante os ritos da iniciação ao Grau superior, ou seja, no momento de ser introduzido no grupo gnóstico seleto dos Filhos do Vale. Esses beijos eram dados pelo iniciado da seguinte forma: o primeiro, na boca do Mestre, da qual emana o sopro do Criador e cujos lábios fechados simbolizam o segredo (em várias igrejas templárias vemos capitéis representando personagens com os lábios cerrados); o segundo, no umbigo, que representa o centro, o equilíbrio; e o terceiro e último no membro viril, base da dualidade humana. É preciso ter em mente que essa cerimônia de iniciação havia sido colocada em prática pelos sacerdotes do templo de Sem, no antigo Egito, a fim de reativar os sentidos do defunto, preparando-o, ao mesmo tempo, para sua última viagem Além da Morte, com todos os seus poderes. Templários e gnósticos dos povos do Oriente morriam igualmente, de modo metafórico, porque acreditavam na reencarnação. Mas o beijo era considerado motivo de pecado pela Igreja e a Inquisição soube manipulá-lo como motivo de condenação. O mesmo acontecia com o beijo no traseiro que as bruxas davam ao Diabo.

Quanto aos signos mais emblemáticos dos Templários – números, cores, estandartes, cruzes, hagiológios, selos, o galo, a serpente, etc. –, todos eram elementos carregados de saberes gnósticos, cujas interpretações os Filhos do Vale conheciam muito bem e que o leitor descobrirá ao longo das páginas deste livro. Porém, o signo mais característico talvez seja o selo, ainda que não houvesse apenas um, mas vários. O mais difundido, sem dúvida, era o que representava dois Cavaleiros sobre um corcel, os quais, muito longe de ter qualquer relação com a homossexualidade (que a Igreja quis lhe atribuir), significavam o bem e o mal, a dualidade, a matéria e o espírito, o *yin* e o *yang* orientais. Esse selo também aparece em lugares diferentes do Languedoc cátaro (Béziers, Carcassonne, etc.), embora o selo mais antigo vinculado ao Templo represente a cúpula do templo de Salomão e não do sepulcro de Cristo. Outro selo significativo era o que tinha a figura de Abraxas, que representa o demiurgo, o conhecimento; a gravura primitiva de Abraxas é atribuída a Basilides, um dos sábios mais conhecidos da gnose, sacerdote do Monte Carmelo (Terra Santa), que predisse ao imperador romano Vespasiano (69-79 d.C.) sua futura grandeza. Trata-se de um corpo humano com cabeça de galo e duas serpentes como pernas, figura estreitamente vinculada aos saberes alquímicos. O galo, com seu canto matutino, impõe a luz do amanhecer solar sobre as trevas da noite (lembremos que o galo sempre foi o símbolo dos construtores da França); por outro lado, a serpente representa o movimento ondulatório original e, ao mesmo tempo, o princípio feminino do Universo. Os Filhos do Vale foram, portanto, os verdadeiros mentores intelectuais dos Templários, o motor da Ordem e, como sempre, o poder na sombra.

Destacamos a seguir a relação de acusações feitas aos Templários pela Igreja Católica, no início do século XIV:

- Cuspir sobre a cruz e negar Cristo.
- Beijos nefandos nas cerimônias.
- Prática de sodomia.
- Adorar um ídolo em formato de cabeça com olhos de fogo.
- Carregar um cordão que havia sido esfregado no ídolo ou com um ídolo dependurado nele.
- O fato de os capelães durante a Eucaristia não consagrarem a hóstia.
- Roubar o Tesouro Real.
- A ingestão das cinzas dos Templários mortos e incinerados.
- Oposição ao batismo e à procriação.
- Os filhos que engendravam com as monjas eram queimados e untavam Bafomé com sua gordura.

- A conversão para o Islamismo.
- Urinar sobre a cruz na Sexta-Feira Santa.
- Assassinar quem não adorasse o ídolo ou que violasse o segredo.

Curiosamente, eram praticamente as mesmas acusações que, um século antes, a Igreja Católica utilizou contra os *hereges* cátaros de Occitânia.

Embora houvesse, na realidade, apenas um santo templário, São Durán (Durando), catalão natural de Puigcerdà (La Cerdanya), os Templários renderam uma homenagem justa a quatro santos que incluíram em seu hagiológio: São Miguel Arcanjo, São João Batista, São Bartolomeu e São Julião. Cada um deles, como veremos a seguir, contou com uma história que o tornou atrativo para o Templo.

5

O Hagiológio Templário

> *"São Durão pode ter sido em sua vida real o Cavaleiro Templário frei Guillem Durán; sua santidade foi registrada pelo padre Doménech, em sua relação de santos catalães escrita no século XVII."*
>
> Juan García Atienza

Embora o Templo estivesse estreitamente vinculado a vários santos – São Bartolomeu, São Miguel, São João Batista, São Julião –, realmente apenas houve um que teria sido Cavaleiro Templário, e esse foi São Durão – ou São Durando. A vida do santo transcorre na comarca catalã de La Cerdanya (Girona/Lleida), território fronteiriço com o Languedoc francês que, durante as Cruzadas contra o catarismo por parte da Igreja (séculos XIII e XIV), converteu-se em zona de passagem e fuga dos cátaros para os Pireneus e o Reino de Aragão. São Durão, que corresponde ao Cavaleiro Templário frei Guillem Durán, foi o autor de uma obra condenada pela Igreja: *Rationale seu Enchyridion Divinorum*. São Durão dedicou todas as suas forças para ajudar os peregrinos e também os pobres cátaros que haviam se salvado das fogueiras e puderam fugir das torturas horrendas. Os cruzados, a mando de Simão de Monfort, com o respaldo da Igreja e do rei da França, estavam semeando o pânico e a morte nos povoados, cidades e aldeias das terras férteis e tranquilas do Languedoc. Esse frade templário, desafiando a Inquisição, facilitou os deslocamentos desses desditados para o interior do Pireneu catalão pela passagem de Llivia – território que, apesar dos avatares históricos, manteve-se hispânico – e pelo *Cami dels bons homes*, uma trilha iniciática que percorre o norte do atual Parque Natural del Cadí-Moixeró, circundando a montanha sagrada do Pedraforca, e abarca povoados tão esotéricos como Saldes, Gósol, Gisclareny. Finalmente, instalava-os em lugares seguros como Castellbó, Bagá... ou levava-os para vilas muito mais longínquas, como Sant Mateu, cidade onde teve sua sede o Mestre da Ordem de Montesa e onde se conhece a história lendária do cátaro Belibaste que, fugindo das cruzadas albigenses, caiu preso, finalmente, pela Inquisição, sendo torturado nas masmorras tétricas que ainda se conservam nessa vila do Maestrazgo castelonense.

A vida piedosa desse Templário foi elevada à categoria de santidade pelo padre Doménech, como está refletida em seu escrito sobre os santos catalães (século XVII). São Durão foi venerado em todos os altares pelos inumeráveis milagres que realizou, tanto em vida como depois de morto. Seus restos descansavam no interior da igreja de San Bartolomé, na cidade de Puigcerdà, até o ano de 1936, data em que a igreja foi destruída durante a guerra civil. Dela não ficaram nem as fundações. Também a igreja paroquial de Santa María, desse povoado, foi vítima da barbárie e teve de ser reconstruída, até o ponto em que hoje o templo está em um lugar e o campanário em outro. E, de São Durão, condenado pela Igreja, nada mais se soube. Também foi apagada do mapa dessa cidade qualquer pequena lembrança dos Cavaleiros Templários, circunstância que obriga a uma reflexão profunda. Não foi por acaso, portanto, que os restos de São Durão tivessem recebido sepultura na igreja de San Bartolomé de Puigcerdà, da qual, como já dissemos, nenhum resto se conservou. Entretanto, a memória daquele santo Cavaleiro Templário continua viva no pensamento das pessoas de toda La Cerdanya.

São Bartolomeu

Porém, sem dúvida, o santo mais relacionado com a Ordem do Templo foi São Bartolomeu (Bartolo, Bertomeu, em catalão). Conhecido também nos Evangelhos com o nome de Natanael (Presente de Deus), Bartolomeu poderia ser traduzido etimologicamente como "Filho de Tomay ou Talmay" que, em aramaico, significa "aquele que abre os sulcos". Em grego, *Bartholomais* deriva da forma aramaica de *Ptolomeu*. *Bar* significa "filho" e *ptolomeo*, "cultivador e lutador". João, o mais gnóstico de todos os evangelistas, relata como Felipe disse a Bartolomeu que havia visto Jesus e convence-o para que vá vê-lo. Quando se lhe aproxima, Jesus diz: "Aí tens um israelita de verdade em quem não existe mentira." Natanael pergunta-lhe: "De onde me conheces?" E ele responde: "Antes de Felipe te chamar, quando estavas embaixo da figueira, eu te vi." Natanael lhe responde: "Rabino, tu és o Filho de Deus, tu és o Rei de Israel" (João 1, 45-51). São Bartolomeu, pai de Tadeu, é a antítese dos demônios.

Ele é testemunha do primeiro milagre de Jesus nas Bodas de Canaã, acompanhando-o até os momentos finais e dramáticos de sua vida, desde a Santa Ceia até a Ascensão aos céus. Mateus, em seu Evangelho (10:3), cita-o como o sexto apóstolo que segue Jesus. Bartolomeu pregou na Índia e na Arábia, e evangelizou na Armênia, onde lhe é rendido culto como segundo patrono dessa terra lendária. Viajou para a Índia a partir da Palestina, onde levou uma cópia hebraica do Evangelho de São Mateus. Dali, seguindo as pegadas de Alexandre Magno, regressou à Pérsia, Mesopotâmia, Arábia e Etiópia. Quando aprisionado pelos romanos, ele foi esfolado vivo (daí a crença do poder de renascer de seu próprio tormento, sem pele: "O manto de veludo ou terceira pele é a autêntica túnica dos reis") e, posteriormente, decapitado pelos verdugos de Astiagés, um rei pagão, no ano 71, na cidade de Albanópolis. O rei estava furioso com o apóstolo pela conversão de sua própria irmã. Ao santo, depois de tormentos terríveis, arrancaram-lhe a pele em tiras enquanto ainda estava vivo e, no entanto, ele seguia imperturbável pregando a fé em Cristo. Por isso São Bartolomeu, representado como um ancião com barba e manto branco instruindo uma criança, sempre se relaciona à imortalidade. Costuma aparecer com uma faca, como elemento de sua tortura, e cercado de seus verdugos. Em muitas ocasiões tem um pequeno dragão a seus pés, em uma vinculação estreita com as forças telúricas da terra (como podemos ver na imagem que o representa na fachada da igreja paroquial de Beceite, Teruell). Como a serpente, que deve sua lendária imortalidade à mudança de pele, São Bartolomeu também é a representação dos imortais. Depois de morto, colocaram seus restos com os de outros quatro mártires em um cofre e o lançaram ao mar, mas, em vez de afundar e desaparecer, o cofre foi navegando até a ilha de Lípari, perto da Sicília, onde alguns cristãos o encontraram e edificaram uma igreja em sua honra. Por tal motivo, como mediador entre as três culturas monoteístas das civilizações do Mediterrâneo oriental, quanto à sua forma de enterro, associa-se a São Bartolomeu a divindade de Osíris, cujo corpo sagrado foi depositado no interior de um cofre com a forma de meia-lua, para uma viagem cíclica para o Além da Morte. Aconteceu o mesmo com Jonas, que viveu três dias no ventre de uma baleia, o mesmo período passado por Jesus que, depois de sua morte no calvário, descansou três dias no sepulcro, antes de ressuscitar. São Bartolomeu, depois de sua decapitação, foi encerrado em um cofre que navegou à deriva pelo mar da existência, alcançando a costa de Thule, a ilha mítica dos celtas. Portava um tesouro espiritual, ao mesmo tempo que transmitia a visão eterna do homem e sua origem, com base em costumes e leis sagradas. "O cofre só podia ser aberto no dia e hora providencialmente fixados pelo que tinha a chave, a clave, que é o conhecimento", comenta Bartolomé Bioque.

Sua comemoração foi fixada para 24 de agosto nas Igrejas Católica e Anglicana, e em 11 de junho (São Barnabé) na Igreja Ortodoxa. Porém, deixemos que seja Juan García Atienza quem nos amplie essa informação:

"Os Templários tiveram São Bartolomeu entre suas dedicações. A regra, em seu artigo LXXIII, inclui sua festa entre as poucas em que os Cavaleiros teriam de guardar jejum e, em muitos dos lugares que ocuparam, rendeu-se culto a ele até muito tempo depois da condenação eclesiástica da Ordem." Além do mais, a festividade de São Bartolomeu – 24 de agosto – era uma jornada de paz. Em nenhum momento os Templários entraram em batalha nesse dia. O apóstolo cristão São Bartolomeu é objeto de reflexão inclusive no interior do *Zohar* – o Livro do Esplendor –, obra fundamental do pensamento judaico.

Não é por acaso que os templos dedicados a esse santo coincidam com enclaves Templários. O mais evidente, sem dúvida, é a igreja esotérica de San Bartolomé, sobra do antigo mosteiro de San Juan Otero, no coração do desfiladeiro do Rio Lobos (Soria), de que falamos em outros capítulos deste livro. No pórtico da igreja gótica que está abaixo de sua invocação na cidade de Logronho – outro enclave vinculado ao Templo, no centro do Caminho de Santiago por terras riojanas –, São Bartolomeu está representado no momento horripilante de seu martírio, quando ele foi esfolado vivo, enquanto o santo continuava pregando a fé em Cristo.

Outros lugares da geografia hispânica que rendem uma homenagem justa a esse santo, igualmente vinculados a enclaves Templários, seriam: La Coronada (Cáceres), perto da fortaleza da Encomienda, Feria, perto de Zafra, e Jerez de los Caballeros (Badajoz), cidade relacionada a uma das tragédias mais estarrecedoras (a Torre Sangrenta) do final do Templo e na qual as festas de São Bartolomeu se tornam um grande espetáculo, especialmente quando se produz a saída do Demônio a partir da torre da igreja homônima. Montehermoso (Cáceres), não longe de Coria, foi lugar de grande influência templária; outros pontos da geografia de Extremadura vinculados a esse santo são Valencia de Alcántara e Villar de Plasencia, ambos na província de Cáceres. Em Andaluzia podem-se assinalar: Alájar (Huelva), perto de Aracena, onde se encontrava uma das missões mais renomadas e influentes dos Templários; nessa mesma província, Villalba del Alcor, cuja igreja paroquial, igualmente templária, está dedicada a São Bartolomeu; Martos (Jaén), onde ainda vaga o drama da condenação dos irmãos Carvajales, por ordem do monarca Fernando IV, o Emprazado. Luque e Cerro de Andrévalo, ambos de Córdoba, e Nerva, na província onubense. Em Aragão destacam-se Borja (Zaragoza) à sombra do Moncayo, dependente da missão templária de Ambel; Calatorao (Zaragoza) a curta distância de La Almunia de Dona Godina, onde os hispano-muçulmanos, primeiro, e os Templários, depois, tiveram respectivamente centro de coleta de impostos e moradia. Villarluengo (Teruel), que foi feudo Templário, Beceite (Teruel), onde o santo aparece dominando a fachada da igreja paroquial acompanhado de um pequeno dragão, que se não fosse pela dentadura pareceria mais um cachorro de companhia. Não longe de lá, também na comarca de Matarranha, está La Fresneda – o freixo era a árvore emblemática dos Templários. Na igreja de San Pedro, el Viejo, da cidade de Huesca, rende-se culto a esse santo em uma modesta capela próxima ao claustro. É preciso assinalar também Oliete (Teruel), Bolea (Huesca), Fraga (Huesca), perto da missão de Chalamera, etc. Em Mallorca, São Bartolomeu goza de grande devoção, como confirmam as numerosas populações que têm suas paróquias dedicadas a esse santo: Montuiri, terra de excelentes azeites de oliva, onde se destaca a *dança del Cossiers* – uma das mais antigas da ilha –, está próxima à montanha sagrada de Randa, de influência templária, documentada depois da conquista de Maiorca por Jaime I. Em outros lugares da ilha, como Sóller, Capdepera, Consell, Marratxí, etc., rende-se uma homenagem justa a esse santo vinculado ao Templo, também na localidade de San Antonio Abad (Ibiza). Em terras valencianas acontece o mesmo: Jijona, Campo de Mirra/Almizra (Alicante), Benicarló (Castellón), Alfarra del Patriarca (Valencia), etc. Castela e Leão... não podia ser menor quanto ao culto a este santo; além de San Bartolomé de Ucero, no desfiladeiro do Rio Lobos (Soria), destacam-se Aldeadávila de la Ribera (Salamanca), Villarramiel (Palencia), San Bartolomé de Pinares (Ávila), Traspaderne (Burgos) e Cepeda (Salamanca). Na Catalunha: Igualada (Barcelona), La Cènia (Terragona), Sitges (Barcelona) e Tordera (Barcelona), entre outras. Em terras castelhano-manchegas: Novahermosa (Toledo), a curta distância do castelo de San Martín de Montalbán, fortaleza do Templo; Tarrazona de la Mancha (Albacete), Alhambra (Ciudad Real), Belmonte (Cuenca), Pozuelo (Albacete) e Anhover del Tajo (Toledo). Pelo principado de Astúrias passava uma ramificação costeira do Caminho de Santiago, controlado pelos frades do Templo. Também está em Astúrias o enclave templário influente do Monsacro, na serra do Aramo (conselhos de Quirós e Teverga); rende-se culto a São Bartolomeu em outros povoados como Barro-Llanes, Nava e Mieres. O mesmo acontece na Galícia vizinha: Puebla de Trives (Ourense), Barreiros (Lugo) e Noya (La Corunha). E em Euskadi: Güeñes e Guernica, ambas na província de Vizcaya. Temos de acrescentar a elas Marcilla, em Navarra. E no arquipélago canário, onde se diz que alguns Templários teriam buscado refúgio depois da condenação da Ordem pela Igreja, destaca-se Buenavista del Monte (Tenerife).

São Miguel Arcanjo

Não se trata de um ser humano, mas de um anjo, igual aos outros dois arcanjos acolhidos pela tradição cristã do mundo mediterrâneo, Gabriel e Rafael. Entretanto, São Miguel se encontra muito acima deles, uma vez que sua incumbência não pode ser mais importante: é portador de mensagens celestiais, levando as ordens divinas para os seres vivos. Por isso, o santo é representado como metade anjo e metade humano, transmitindo com seu aspecto uma essência sobrenatural e um semblante de relaxamento a quem o contempla.

A iconografia cristã representa esse santo sincrético de duas formas muito distintas, mas, ao mesmo tempo, complementares: em uma, com aspecto bem humano, bem angelical, aparece coberto de armadura e lança ou espada, vencendo e humilhando Satanás, que se prostra derrotado a seus pés. Em outra traz uma balança em suas mãos pesando os pecados e virtudes das almas dos mortais, para decidir em seguida se são merecedores da glória do paraíso terreno, ou se serão conduzidos aos horrores do inferno. Deus, pela valentia do anjo, não hesitou em nomeá-lo a Justiça Maior dos céus, ao mesmo tempo que o encarregava da responsabilidade da pesagem dos pecados das almas antes de decidir o destino delas. São Miguel é, portanto, o árbitro entre o Bem e o Mal, porque ao vencer o Diabo se eleva como paladino da Justiça e do Bem. Esse santo cristão alado guarda também uma relação estreita com a tradição judaica, quando recordamos que coincide com Tiferet, o anjo protetor do povo de Israel, chefe das milícias celestiais.

A Igreja fixou duas datas para celebrar sua onomástica: 8 de maio e 29 de setembro, na primavera e no outono, respectivamente; a primeira consagra à Dedicação de São Miguel, enquanto a segunda, sua Aparição, declarada dia de jejum pelos Templários. Também vemos São Miguel relacionado com a custódia dos agricultores, que fixaram seu tempo ótimo de semeadura entre tais datas (maio e setembro).

No extremo nordeste do Albayzín, o subúrbio mais islâmico da cidade de Granada, coroando o místico morro de Aceituno, ergue-se a ermida de São Miguel, o Alto, onde todos os anos, em 29 de setembro, se venera a imagem de São Miguel Arcanjo, escultura singular de Bernardo Mora. O lugar, de onde se contempla a melhor panorâmica do Alhambra e do Generalife, está envolto em uma superstição islâmica, a qual afirma que junto ao *marabut* (eremitério e casa do marabu) que, nesse enclave dominante, tiveram os hispano-muçulmanos de Granada, havia uma oliveira mágica que só florescia na noite de São João, e cuja maturação do fruto também acontecia na noite mais curta do ano; todo um prodígio natural recolhido pelo cronista Abu-Hamid *el Andalusí*, em cujo manuscrito arábico dizia o seguinte: "No monte está a oliveira que, diz o vulgo, brota, floresce e amadurece seus frutos no mesmo dia. Eu a contemplei e se compõe de dois ramos, e a pude ver no Dia de Ancara (festividade de São João), em cuja jornada se reúne muita gente ao seu redor, e nela vi grãos de azeitonas que, ao elevar-se o sol, estavam verdes, ao meio-dia tornaram-se esbranquiçados e no meio da tarde apareceu neles um pouco de vermelhidão, em cujo estado as pessoas os agarraram em disputa, e se os houvessem deixado ficar até a noite, talvez tivessem se tornado negros." Nesse lugar, ainda que longe da geografia templária hispânica, coincidem dois santos vinculados aos Templários: São Miguel Arcanjo e São João Batista. Ambos, em um marco de profunda influência islâmica, como é o da capital do último reino islâmico do mundo ocidental, o Nasrida, cujo primeiro período corresponde no tempo com o dos Templários. Àquela época – fins do século XIII – se remontam as tradições esotéricas da cultura muçulmana que envolvem a magia desse enclave, como a que já citamos anteriormente. São várias as coincidências que não deveriam ser menosprezadas no momento de vinculá-las ao contexto da mitologia do Templo, o que voltaria a entrelaçar os mistérios mais profundos da Ordem com boa parte dos mitos e lendas da civilização hispano-muçulmana.

Os Templários, em virtude do sincretismo desse santo, não titubearam em elegê-lo também como protetor. Na Espanha, são numerosos os territórios do Templo relacionados a São Miguel. O mais conhecido, sem dúvida, é o santuário de San Miguel in Excelsis, na Montanha de Aralar, em Navarra, onde ele é venerado como se fosse uma figura sobre-humana. Aralar, mais que um monte, é uma cordilheira, elevada à categoria de sagrada desde as culturas mais ancestrais da Pré-história. Suas encostas estão cheias de cavernas, onde as bruxas dos séculos modernos buscaram refúgio. O romano Antonino, em seu célebre *Itinerario*, denomina esse lugar de *Ara Coelis*, altar celeste, lugar de avistamento de objetos voadores não identificados, bem como centro de adoração de divindades pagãs e território relacionado com os mitos bascos, como o dragão – *erensugue*, um ser serpentino protetor de almas – e a deusa *Maru*, a dama mestra e construtora.

Na Cantábria, concretamente entre Colindres e Ramales, encontra-se a pequena aldeia de San Miguel de Aras – de *ara*, altar sagrado; e exatamente sobre o altar maior da igreja paroquial ergue-se a imagem de um São Miguel pesador de almas, levando uma balança para pesar as almas dos defuntos. Trata-se, portanto, de sua aceitação mais sincrética, que o relaciona às divindades pagãs Hermes e Thoth dos cultos egípcios ancestrais. Lateralmente ao arcanjo, as imagens de São Roque – o santo protetor contra a peste – e São João Batista – outro santo vinculado ao Templo; ambos em posição em que mostram seu joelho esquerdo nu, em sinal de inequívoca iniciação aos saberes gnósticos.

Na costa galega, a poucos quilômetros ao sul de San Andrés de Teixido (La Corunha), se eleva um eremitério de grande interesse, San Miguel de Breamo, cuja fachada está voltada para o Ocidente, o ponto tenebroso para os celtas. Essa igreja cabalista surpreendente, embora não conte com nenhum documento escrito que a relacione ao Templo, possui inúmeras relações com a Ordem esotérica, como veremos a seguir. A data de sua construção, que aparece gravada em uma lousa do interior, remonta ao ano 1187, alguns meses depois da terrível derrota de Hattin (Casal-Robert). O desastre sofrido pelos Templários na Terra Santa diante do exército de Saladino se atribui a um grave erro do Mestre Gérard de Ridefort, de quem se diz que, após sua captura pelos muçulmanos, chegou a renegar sua fé cristã nas horrendas masmorras de Acre. Não é de estranhar, portanto, que esse humilde templo de Breamo fosse dedicado a São Miguel para que este, como encarregado celestial de fazê-lo, pesasse as almas daqueles frades desditados que morreram em Hattin e, de modo muito especial, a do Mestre, pela decisão adotada após seu aprisionamento, de renunciar à fé cristã, e também por seu erro estratégico ao planejar a batalha. San Miguel de Breamo é uma igreja que transmite recolhimento, inclusive calafrios. Traz mais à lembrança um fragmento de muralha posto em retângulo do que um templo. A porta principal, a oeste, sem colunas e capitéis, é como um orifício feito no muro grosso, como as outras duas entradas estreitas, situadas na empena do cruzeiro. A do meio-dia está recoberta por uma lousa fria, sem nenhum enfeite, e a do norte tem uma cruz gravada, composta por cinco círculos. Trata-se de um signo ocultista e não é o único que o viajante pode apreciar nesse lugar misterioso, como a roságea cabalística em forma de 11 pontas – a ponta que falta para completar o 12 esotérico é um testemunho evocador da figura do Mestre Gérard de Ridefort. Também conta com um labirinto, gravado no interior dos muros obscuros da igreja. San Miguel de Breamo foi um centro tradicional de *feiticeiras* que, durante os séculos modernos, sofreram as perseguições e capturas por parte da Inquisição, muitas delas morrendo abraçadas na fogueira.

No castelo templário de Miravet (Tarragona), coroando uma escarpa fluvial que sobe sobre o curso inferior do Rio Ebro, conserva-se a capela de São Miguel, onde os Cavaleiros do Templo renderam culto ao herdeiro da divindade Hermes, São Miguel Arcanjo. A imagem, lamentavelmente, não se conservou, consequência, sem dúvida, de tantas batalhas que essa fortaleza presenciou; entre elas, a jornada dramática de 28 de dezembro de 1308, festividade dos Santos Inocentes – dia seguinte ao de São João Evangelista –, em que os soldados do vicário de Tortosa, depois de aproximadamente um ano de cerco, conseguiram entrar no castelo e degolar os últimos Templários do reino de Aragão. Foi quando, segundo algumas crônicas, desapareceu a imagem de São Miguel Arcanjo, portador de uma balança, com a qual pesaria as almas dos defuntos para avaliar se seriam merecedoras de subirem ao céu ou, ao contrário, descerem ao inferno. Com toda certeza, as almas corrompidas dos sicários do vicário de Tortosa tiveram esse último destino no Além da Morte como, um século antes, tiveram os cruzados que entraram para saquear Béziers (Occitânia). A capela de San Miguel, em Miravet, que leva diretamente à Plaça de la Sang (Praça do Sangue), em recordação àquele dia horrível, coberta com uma abóboda de pedra com arco de ponta, continua transmitindo o espírito dos Cavaleiros que ali rezaram para seu santo protetor e juiz de almas, em uma atmosfera que, verdadeiramente, captura o ânimo.

São João Batista

Depois da Virgem Maria, São João Batista, sem dúvida, é a figura mais representada pela arte sacra. Filho de Zacarias e Isabel, morreu decapitado, como conta a Bíblia, depois de batizar Jesus com as águas sagradas do Jordão. Goza de projeção universal em todo o âmbito cristão e tem sua festa em 24 de junho, depois do solstício de verão, data que se atribui a seu nascimento, enquanto em 29 de agosto, em que volta a aparecer no hagiológio cristão, comemora-se sua degola. A figura desse santo foi analisada por inúmeros historiadores da arte medieval, entre eles o francês A. Masseron, a quem devemos a seguinte frase: "João perdeu sua cabeça; mas o Cristo, erguido na cruz, se fez maior. Essa declaração anuncia também a duração do dia; quando João nasce (21 de junho), os dias começam a minguar, quando Cristo nasce – ou o Evangelista, poderíamos acrescentar –, começam a crescer." E García Atienza sentencia: "São João Batista é o duplo sagrado dos Joões, a imagem popular e exotérica de um mistério equinocial em que os contrários se igualam."

São João Batista guarda simetria com Jano, o primeiro rei lendário do Lácio, protegido por Saturno, a divindade romana vinculada à paz e aos cultos solares cuja imagem de rosto duplo teria a capacidade de olhar, simultaneamente, o passado e o futuro. Era, portanto, a imagem simbólica do destino. Em meio a ambos os rostos, um terceiro, relacionado ao desconhecido: o presente. Também Jano é considerado o deus guardião das portas do Céu e do Inferno: Janua Coeli e Janua Inferni, que não são outra coisa além dos acessos solsticiais: a porta de verão – vinculada a São João Batista – como antessala da morte do sol, e a segunda – relacionada a São João Evangelista – como a ressurreição cíclica. A festividade do santo mais admirado pelos Templários também está vinculada ao fogo quando, nas noites de São João – 24 de junho – desde os séculos medievais, os camponeses de toda a Europa acendiam fogueiras nas ruas e praças dos povoados, não apenas para comemorar a chegada do verão, mas também para render culto à fertilidade e pedir ao céu que as colheitas fossem abundantes, tradição que se mantém até nossos dias. É importante lembrar que o solstício de verão, no hemisfério norte, acontece em 21 de junho, com o primeiro raio de sol do amanhecer. Essa data era a que correspondia às festividades de São João; contudo, a Igreja mudou-a para o dia 24, para confundir.

Em Brías, no centro meridional da província de Soria, exatamente a 13 quilômetros ao sul de Berlanga de Duero, encontra-se a igreja de Santa Maria del Camino, ou da Calçada. Examinando os arquivos paroquiais, descobrimos que o verdadeiro nome dessa igreja românica, do início do século XIII, era igreja de São João Batista. A Igreja, no século XVII, decidiu mudar o nome da mesma ao erguer uma paróquia de dimensões maiores – quase uma catedral – no centro dessa aldeia modesta dos páramos sorianos. E acontece que uma cruz templária abençoa a igreja deteriorada, em que falta o teto desde a parte superior do telhado em seu arco triunfal. Além disso, no solstício de verão, o primeiro raio da manhã atravessa a seteira da abside e se projeta – paradoxalmente – sobre o capitel que reproduz uma Natividade.

A poucos metros dessa igreja modesta, se encontra um manancial de águas milagrosas, com uma fonte romana. Muitas coincidências...

São Julião

E o quarto santo relacionado aos Templários é São Julião, de quem dispomos de menos referências. Trata-se de São Julião, o Hospitaleiro, cujo culto se estendeu durante os séculos medievais por todo o norte da Península Ibérica, coincidindo com as etapas de peregrinação e sempre ajudando aos romeiros. Esse santo sincrético carrega as seguintes questões iniciáticas implícitas: 1) encarna um personagem que se vê obrigado a separar-se, acidentalmente, de sua família; 2) depois de receber uma ordem divina, deverá matar seus pais; 3) tem de acatar a profecia, de pés juntos, sem duvidar um instante; 4) ao raciocinar sobre o grave alcance do mal cometido, procura a redenção de sua alma; e 5) é libertado do pecado, depois do cumprimento de um autocastigo.

Toda essa ordem de premonições aconteceu como veremos em seguida. Julião, depois de ser informado por um cervo de que algo trágico iria acontecer e de que ele seria o culpado, fugiu, de imediato, para o mais longe possível. Em terras longínquas, conta a lenda, ele se fez militar, casou e progrediu. Depois de muito tempo, após uma campanha, quis voltar à sua terra de origem. Desejava saudar sua família, e a primeira coisa que fez foi entrar em sua casa. Vendo seu leito ocupado por dois vultos, temeu o adultério, não vacilando em desembainhar sua espada e matar aqueles seres, que não eram outros senão seus progenitores, tal como o cervo havia prognosticado, fruto de uma visão divina. Então, cheio da dor mais profunda, como penitente foi em busca da salvação com sua esposa. Instalou-se às margens de um rio caudaloso, onde se dedicou a ajudar os peregrinos a cruzarem a corrente perigosa; e lá ergueu sua cabana e viveu humildemente como um anacoreta, facilitando a passagem de viajantes pela torrente. No ocaso de sua vida, Julião recebeu um peregrino velho e enfermo; tratava-se, na realidade, de um anjo celestial, que foi informar-lhe que seu pecado já havia sido perdoado pelo Altíssimo. Então, sua esposa e ele já estavam prontos para morrer na paz de Deus.

Na história de São Julião coincidem várias chaves do simbolismo esotérico cristão, entre as quais devemos destacar a caça e, sobretudo, a passagem do rio, como via de acesso para alcançar a verdade eterna. A presença de um animal nobre, como o cervo, é prova, aliás, do elemento sobrenatural anunciador de verdades que a mente não pode elucidar sozinha. Torna-se muito estreita a semelhança entre esse santo e o deus celta Lug, uma das primeiras divindades pagãs relacionadas ao Graal esotérico, e também aos *uigures*, povo proto-histórico, ligado ao mar, que chegou à

Península Ibérica procedente dos Alpes italianos, segundo as narrativas lendárias. Algo que os frades cabalistas do Templo, que incluíram São Julião entre suas orações, analisariam. Não é por acaso que nos lugares de culto que se conhecem na geografia hispânica, em que em 12 de fevereiro – dia de sua onomástica – se elevam preces a São Julião, o Hospitaleiro, não só coincidam com territórios Templários importantes, mas também estejam próximos ao mar; como o confirmam os casos de Tuy (Pontevedra), diante do Atlântico, onde, tradicionalmente, se celebra uma romaria ao mítico Monte Aya; em Boborás (Ourense), a igreja de San Julian de Astureses, fundação templária de meados do século XII, onde se conservam numerosos símbolos evocadores do labirinto sagrado; Santullano (Astúrias), diante do Cantábrico; Lloret de Mar (Gironda), diante da Costa Brava; San Julià de Vilatorta (Osona, Barcelona), antigo convento com um castelo em ruínas, igualmente templário. Queremos lembrar um lugar totalmente esotérico, na comarca gerundense do Baix Empordà. Referimo-nos a Els Clots de Sant Julià, lugar energético por excelência, situado na encosta norte de Les Gavarres, a serra sagrada dessa comarca do litoral gerundense. A serra aloja um altar de sacrifícios conhecido como o Trono da Rainha, onde dizem que, embaixo de seu arco, os Templários reuniam-se secretamente. Conserva-se uma cruz pátea, bem como, na parte superior da pedra, as gretas que confirmariam o canal de deságue do sangue de antigos sacrifícios pagãos que deviam ser celebrados ali.

Além desses quatro santos, os Templários sentiram uma predileção especial por outros, ainda que em menor proporção. Entre eles, devemos assinalar Santa Catarina, a santa sábia da tradição alexandrina cujo culto estende-se por boa parte da geografia hispânica. Teríamos de acrescentar também São Pantaleão, São Gil e São Ginês.

Um caminho templário sagrado

Em nossa perambulação constante por toda a geografia hispânica, descobrimos uma zona no interior da Catalunha, onde, em poucos quilômetros de distância, se localizam igrejas românicas dedicadas a esses quatro santos. Trata-se do Collsacabra, um dos espaços naturais mais impressionantes da Espanha, a nordeste da comarca de Osona (Barcelona). Na metade do caminho entre a Plana de Vic e a Garrotxa, a região se caracteriza por suas gargantas e desfiladeiros naturais profundos criados pela ação das correntes de rios, riachos e torrentes. Contam-se mais de 50 cascatas, que se precipitam para o fundo de alturas superiores aos cem metros. Em meio a esse cenário selvagem localizam-se as igrejas de Sant Joan Fàbregues (Rupit), San Miquel de Serarols (Tavertet), Sant Julià de Cabrera (L'Esquirol) e Sant Bartomeu Sesgorgues (Roda de Ter). Além disso, a igreja paroquial de Rupit está dedicada a São Miguel Arcanjo. Esse território, de 142 quilômetros quadrados de superfície, por seu relevo geográfico acidentado esteve um tanto afastado das principais vias de comunicação no interior da Catalunha. Atualmente, a região está atravessada pela C-153 (Vic-Orlot). Durante os séculos medievais, esse isolamento foi um incentivo para os monges Cavaleiros do Templo, para se manterem longe do mundo, em cenários totalmente adequados para a oração. Embora não se conservem testemunhos escritos que confirmem a presença dos Templários nessa região, próxima ao pântano de Sal, em Vic – capital da comarca –, a igreja de Santa Maria é atribuída ao Templo. Estudos posteriores, estamos seguros, acabarão por confirmar que no Collsacabra os Templários dispunham de alguma missão, dada a abundância, como já vimos anteriormente, de igrejas românicas que dedicavam seus altares principais aos quatro santos de devoção do Templo. Além do mais, existe um fator-chave, a abundância de água potável, em rios, lagos, cascatas e bolsões subterrâneos, bem como a riqueza em cavidades naturais, em cavernas de acesso ao conhecimento metafísico. Entre as mais enigmáticas, sem dúvida, estão a de Bauma de les Piques e a Cova del Forat del Vent, ambas no município de Tavertet. Todos esses elementos nos levam a sustentar a teoria de que os Templários estiveram instalados na região.

A roda, um dos descobrimentos mais transcendentais que o homem legou à história da humanidade para o desenvolvimento das culturas, cuja origem remonta ao Neolítico também é, desde os séculos medievais, por seu desenho circular em movimento constante, um dos símbolos mais emblemáticos da comunicação entre os níveis terrestre e celestial. As rosáceas das catedrais góticas são uma prova evidente disso. Porém, os Templários também fizeram uso da roda para transmitir outras mensagens gnósticas, como no caso da mandala esotérica de San Bartolomé de Ucero, no desfiladeiro do Rio Lobos, como veremos a seguir.

6

A Roda, Símbolo Solar

> *"Se a profecia diz que as patas dos cavalos eram retas e seus cascos como os cascos de um boi, ou seja, redondos, é porque todas as coisas terrestres tendem a elevar-se em direção aos céus e, estando os ângulos suavizados, tratam de seguir a forma redonda, que é a mais bela de todas as formas."*
>
> A Visão do Carro Divino (Ezequiel, 1, I)

A invenção da roda perde-se na noite dos tempos; é provável que ela tenha sido o resultado de longas observações e tentativas laboriosas de muitas gerações de homens que adquiriam uma consciência cada vez maior de sua capacidade de construir instrumentos.

A primeira roda que se conhece é a de Ur, a cidade industriosa da civilização mesopotâmica, entre cujas ruínas os arqueólogos encontraram um disco de argila perfurado no centro e salpicado, junto à circunferência central, de múltiplas perfurações de tamanho reduzido. Trata-se de um objeto modesto, construído cerca de 3250 a.C. e utilizado, provavelmente, por algum artesão. O artesanato foi o primeiro a fazer uso da roda: o oleiro a usa para produzir mecanicamente o mesmo recipiente que, antes, feito à mão, obrigava-o a investir muito tempo e esforço, e ainda ficava muito mais espesso na parte superior.

Com o uso de um pino colocado em uma roda em movimento e a ajuda da palma da mão, o artesão era capaz de moldar recipientes bem polidos e perfeitamente simétricos, difundindo assim aquele gosto clássico pelo objeto harmônico, que tem sua raiz estética na perfeição da esfera. Porém, além disso – e isso é o mais importante –, empregará um tempo muito menor ao que necessitava anteriormente para a produção do mesmo objeto.

E, por fim, temos a roda destinada à sua função primordial: sua aplicação ao trenó, o meio de transporte mais antigo. O afortunado encontro de algumas tabuletas de contabilidade, fato ocorrido no templo de Inanna (em Ereque, Baixa Mesopotâmia), permitiu reconstituir, por meio de alguns esboços nelas contidos, a primeira adaptação das rodas ao trenó, enquanto a prova de que se tratava de um trenó encontra-se em outro esboço análogo, traçado em uma seção distinta das mencionadas tabuletas, cuja idade parece remontar a 3200 a.C.

Logo depois de 2000 a.C., o grosseiro trenó primitivo foi evoluindo e, sempre na Mesopotâmia, apareceram os primeiros carros de duas a quatro rodas e com o baú montado nas bordas. Entretanto, tratava-se de um transporte muito rudimentar cuja única função constituía em substituir o cesto e a canastra, favorecendo muito o desenvolvimento dos intercâmbios comerciais, que já aconteciam na época, ainda que de forma muito primitiva e simples.

A invenção da roda e, por consequência, a utilização do carro precedem o início de duas grandes transformações: em primeiro lugar, a domesticação definitiva do cavalo, empregado, anteriormente, por alguns povos da Ásia para puxar trenós, com sua difusão correspondente a partir das estepes da Ásia Central ao Oriente Médio, mais tarde chegando até a Europa. E, em segundo lugar, a criação de vias e calçadas de comunicação. É fácil compreender a enorme transcendência desses acontecimentos que, a partir do século II a.C., caracterizaram a vida do homem e contribuíram em grande medida para o desenvolvimento progressivo das civilizações.

A roda na simbologia

Muitos investigadores, em todas as épocas (desde Nicolau de Cusa até Fulcanelli), concordaram em destacar a importância cósmica da roda na vida das civilizações. Existem, no entanto, inúmeros tipos de rodas às quais as culturas têm rendido homenagem: a Roda da Fortuna (o décimo arcano do tarô, símbolo do instável e do impermanente), a Roda da Lei, a Roda do Zodíaco, etc.

A roda possui a perfeição sugerida pelo círculo, mas com certo grau de imperfeição, pois refere-se ao mundo do futuro, da criação contínua e, portanto, da contingência e do transitório. A roda simboliza os ciclos, as repetições, as renovações. O mundo é como uma roda dentro de uma roda, uma esfera dentro de uma esfera, segundo o pensamento do filósofo alemão Nicolau de Cusa (1401-1464), autor do tratado *De docta ignorancia*.

A roda, como a asa, é um símbolo privilegiado do deslocamento, da superação das condições do lugar e do estado mental que lhe é correlacionado. É um símbolo solar na maior parte das tradições: rodas acesas despencando das alturas do solstício de verão, procissões luminosas em evolução nas montanhas no solstício de inverno, rodas levadas sobre carros por ocasião de festas, rodas esculpidas sobre as portas, rodas da existência, etc. Muitas crenças, fórmulas e práticas associam a roda à estrutura dos mitos solares.

O simbolismo muito ampliado da roda é o resultado, ao mesmo tempo, de sua disposição radial e de seu movimento. A roda revela-se como um símbolo do mundo, sendo o cubo o centro imóvel, o princípio, e o aro é a manifestação que emana dele por um efeito de irradiação. Não é de estranhar, portanto, que se veja em muitas residências medievais, gravada no batente direito da porta de entrada, uma roda de seis ou oito raios. Os raios indicam a relação da circunferência com o centro. A roda mais simples tem quatro raios: é a expansão de acordo com as quatro direções do espaço, mas também o ritmo quaternário da Lua e das estações. A roda de seis raios nos remete, novamente, ao simbolismo solar. Também evoca o cristograma dos primeiros séculos do Cristianismo e pode ser considerada como a projeção horizontal da cruz de seis braços. A roda mais frequente tem sempre oito braços: são as oito direções do espaço, evocadas igualmente pelas oito pétalas da flor de lótus com a qual a roda se identifica. As oito pétalas ou os oito raios simbolizam também a regeneração, a renovação. Não é por acaso que um dos símbolos mais enigmáticos e emblemáticos dos Templários seja a cruz das Oito Beatitudes, porque constitui uma cruz inscrita em um círculo contendo oito raios. A cruz templária avermelhada, que podia ter pés ou ser redonda com florões, é uma variante claríssima da cruz celta, símbolo solar, expressão de fusão e mescla. Seus braços iguais nada têm a ver com a cruz latina do sacrifício.

Por sua semelhança com o círculo, a roda também é um símbolo celeste, relativo à noção de centro. Outro simbolismo muito próximo ao da roda é o da espiral que, com seus movimentos alternados de evolução e involução, corresponde ao *solve et coagula*.

A roda zodiacal aparece também em todos os lugares. Etimologicamente, zodíaco significa "roda da vida". Mais tarde, o zodíaco adquire significado solar, mas primitivamente ele era lunar. Os antigos babilônios o chamavam de Casa da Lua e os primeiros árabes, Cinturão de Ishtar.

Ocidente

Durante os séculos proto-históricos, a civilização celta protagonizou na Europa a maior demonstração de admiração e culto à roda. Esse é um signo muito frequente nas representações celtas. Símbolo cósmico e solar, ao mesmo tempo, Mag Ruith é o mago das rodas, *magus rotarum*. Com a ajuda de rodas, pronuncia seus augúrios druídicos. É também senhor, dono das rodas, neto do rei universal. Na roda de fogo celta, a rotação acontece, alternadamente, em ambos os sentidos, o que nos leva à espiral dupla que aparece na tumba megalítica de Newgrange (Irlanda).

Porém, o simbolismo solar não basta para explicar totalmente a roda que, também e sobretudo, é uma representação do mundo. Contudo, se recordarmos a comparação irlandesa da roda cósmica do mítico druida Mag Ruith (servidor da roda), o qual é um avatar do deus druida Dagda, nos daremos conta de que o deus celta da roda corresponde exatamente ao *chakravarti* hindu.

A roda também é símbolo da mudança e do retorno das formas da existência. A roda do druida Mag Ruith é de madeira de teixo (árvore sagrada e funerária para os celtas), e é uma roda cósmica cuja aparição sobre a terra marcará o início do Apocalipse.

No lado avesso das medalhas romanas é frequente a presença de uma roda, que significa os caminhos públicos, reparados por ordem do príncipe para a comodidade das carruagens. A roda era um dos símbolos de Nêmesis.

A radiação faz com que a roda surja como um símbolo solar. Na verdade, ela está ligada a Apolo, assim como ao raio e à produção do fogo. É representada, na maioria das vezes, nas esculturas galo-romanas em companhia de Júpiter, também chamado de deus da Roda ou Taramis, ou, também, cavaleiro do gigante anguípede. Seus testemunhos são inúmeros e atestam uma enorme difusão popular: cerâmica, bronzes, inclusive amuletos.

Por força dessa representação, a maior parte dos investigadores modernos viu na roda o equivalente ao raio de Júpiter ou, o que vem a ser o mesmo, um símbolo solar.

A Idade Média

A Roda da Fortuna ocidental é comparável ao *Dharmachakra*. A roda é a *rota mundi* dos rosa-cruzes. A roda – escreve Devoucroux – é a imagem da ciência cristã unida à santidade. É o emblema de Santa Catarina, a sábia egípcia, natural de Alexandria, patrona lendária dos filósofos cristãos, uma das santas prediletas da Ordem do Templo.

Fulcanelli, em *O Mistério das Catedrais*,* expressa nestes termos o simbolismo alquímico da roda: "Na Idade Média, a rosácea central dos pórticos chama-se *rota* (roda). A roda é o hieróglifo alquímico do tempo necessário para a cocção da matéria filosofal, ou seja, a própria cocção. O fogo sustentado, constante e igual que o artista mantém noite e dia no decorrer dessa operação chama-se, por essa mesma razão, fogo de roda. Entretanto, além do calor necessário para a liquefação da pedra filosofal, é necessário um segundo agente, chamado fogo secreto ou filosófico. É esse último fogo que, excitado pelo calor vulgar, faz com que a roda gire."

Para Jung e sua escola, as rosáceas das catedrais representam o *self* do homem transposto ao plano cósmico. É a unidade na totalidade. O mesmo autor, considerando a rosácea como uma *mandala*, acrescenta que também podemos considerar como *mandalas* as auréolas de Cristo e dos santos, nos quadros religiosos. Unem-se assim o simbolismo do centro cósmico e do centro místico, ilustrados pelo cubo de roda.

---

*N.E.: Obra publicada no Brasil pela Madras Editora.

A Mandala de San Bartolomé de Ucero

"O coração é, essencialmente, um símbolo do centro, visto tratar-se, a propósito, do centro de um ser ou, analogicamente, do centro de um mundo, ou seja, em outros termos, partindo do ponto de vista 'microcósmico' ou do ponto de vista 'macrocósmico'".

René Guénon
Símbolos Fundamentales de la Ciência Sagrada

Soria é terra de Templários, como o demonstra a abundância de enclaves que confirma a presença dos Cavaleiros nessa província do alto planalto castelhano. Dentre os lugares relacionados ao Templo destacam-se: o antigo monastério de San Polo e o monastério de San Juan de Duero, que pertenceu aos Templários antes de passar para os Hospitalários, ambos na capital. A ermida de San Miguel de La Peña, onde viveu o anacoreta São Satúrio, cujo templo, de estrutura octogonal, também foi templário; Caracena; Aguilera; Castillejo de Robledo; Ágreda; Almazán; San Pedro Manrique; Rioseco de Soria, etc. Porém, o local mais emblemático do Templo em terras sorianas, sem dúvida, foi Ucero.

O desfiladeiro do Rio Lobos

No centro geográfico da província de Soria, exatamente 17 quilômetros ao norte da cidade de El Burgo de Oma, em meio a um cenário de beleza singular, declarada Parque Natural, situada entre falésias estreitas e profundas, e desfiladeiros fluviais abertos pelo curso lento do Rio Lobos, ergue-se a igreja de San Bartolomé, único testemunho do antigo convento Templário de San Juan de Otero. Trata-se de um dos templos mais emblemáticos do Templo, na geografia hispânica. Entre a grande variedade de símbolos, há uma rosácea que, em formato de uma mandala gnóstica, contém dez corações.

A importância desse templo modesto – a respeito do qual, segundo destaca o erudito soriano Ángel Almazán de Gracia, foi empregada mais tinta do que em todos os outros enclaves juntos da Espanha – não está em sua grandiosidade, mas no detalhe, porque, a partir de sua observação fica fácil reunir inúmeros elementos que confirmam sua extraordinária riqueza oculta. Entre os detalhes, podem-se assinalar as gravações esquemáticas, que evocam aquelas existentes nas masmorras do castelo de Coudray, na cidadela de Chinon (Turena), onde foram aprisionados e torturados Jacques B. de Molay e os últimos Mestres do Templo. As mísulas exteriores que circundam o relevo que segue a linha da cornija inferior do beiral voltam a lembrar sua relação templária. Outros elementos, que indicam como os construtores desse templo apostaram nas chaves esotéricas, são os seguintes: os pentágonos estrelados, com uma ponta para baixo; o significado de muitas mísulas – algumas das quais com inquestionáveis vinculações bafométicas –, que nos levam à bebida sagrada, o vinho; os cascos Templários – com estranhos adornos labirínticos; a aparição da figura da dama e do trovador – em clara evocação à ideologia do catarismo, que o Templo respeitou escrupulosamente; uma abundância de marcas de pedreiros, etc.

O interior desse templo singular, concebido por seus construtores seguindo a concepção áurea cabalística (1,618), tampouco está livre dos valores ocultistas ao percebermos que o raio de luz que atravessa a janela pentagonal, do lado meridional, durante o dia do solstício do verão (21 de junho), relacionado a São João Batista, é projetado diretamente sobre a lousa de pedra que serve de altar na capela do Evangelho. O número áureo – a proporção divina – traduzido como 1,6180339 ou, o que é o mesmo, a proporção existente entre o lado do pentágono e a linha que liga os vértices do pentagrama nele inscrito, é o resultado da seguinte operação matemática:

$$\frac{x}{y} = \frac{y}{x+y}; \quad x = 1; \quad y = \frac{1 + \text{raiz quadrada de } 5}{2} = \mathbf{1{,}6180339}$$

Essa proporção áurea é o cânone estético de grandes realizações arquitetônicas e escultóricas, e os Templários souberam recolhê-la da ciência antiga para aplicá-la em muitas de suas realizações, entre as quais essa singular igreja de San Bartolomé. Também a igreja de Santa Maria la Mayor, de Villamuriel de Cerrato (Palencia) que, ao final do século XII, fez parte de um convento de Templários, oferece uma estrutura arquitetônica quase perfeita, baseada na proporção áurea. O equivalente aproximado do número de ouro é a razão entre 3 e 5, consequência e razão de um dinamismo equilibrado que, como dizia o ensaísta francês Paul Valéry (1871-1945), simboliza e se faz sentir até na imortalidade estática das obras de arte. Portanto, a Proporção Divina, como medida generalizada, é o justo equilíbrio entre o saber, o sentir e o poder.

Desde o Egito antigo muitas construções, cujos mestres de obras eram verdadeiros sábios que conheciam muito bem os segredos das proporções, ergueram-se no mundo conhecido. Muitas dessas grandes obras foram, além do mais, concebidas utilizando como conceito básico o número de ouro (1,618...), também chamado de proporção áurea. Os Templários conheciam muito bem a magia desse número, como pode ser comprovado pelo estudo de algumas de suas construções.

E, como se fosse pouco, em 1979, outro erudito da Idade Média hispânica e especialista em Templários, Juan García Atienza, depois de um árduo e meticuloso trabalho de investigação, conseguiu demonstrar, na igreja templária de San Bartolomé de Ucero, a equidistância entre o cabo de Creus (Girona) e Iria Flavia (Padrão), na Galícia, de 527,127 quilômetros. A igreja encontra-se no centro de um território carregado de forças telúricas, a partir do qual é possível traçar um tau perfeito, e em cujo interior estaria encerrado o paralelo 42, bem como o caminho principal de peregrinação para Compostela e inúmeros enclaves esotéricos de primeira magnitude. Com isso, Ucero, como lugar de vital importância para o sigilo templário, converte-se, no espaço, no centro de uma cruz cósmica de 40 graus. Dadas as características singulares de isolamento espacial, esse pode muito bem ter sido eleito como lugar de retiro para meditação e iniciação dos frades Templários. Os numerosos hipogeus e tumbas antropomorfas descobertos nas entranhas das escarpas que o envolvem, atrás do curso sinuoso do rio, assim o confirmam.

Os arredores de San Bartolomé de Ucero, como território carregado de forças esotéricas, também são dignos de menção: o menir de 2,5 metros de altura que emerge do solo a poucos metros e ao sul da igreja; o apiário dos monges, onde, segundo as crônicas medievais, os frades Templários exerciam a arte da apicultura; o próprio Rio Ucero brota a poucos metros do eremitério, depois de haver percorrido um longo trecho embaixo da terra, por meio do qual, segundo os valores ocultistas, transmite a força cósmica e telúrica ao lugar, voltando a recordar a relação estreita do Templo com os enclaves ricos em nascentes de água potável subterrâneas.

As primeiras notícias da existência desse monastério – San Juan de Otero – remontam ao ano 1170, quando fazia parte das possessões doadas aos Templários por Afonso II, o Casto, repovoador de Soria, o primeiro monarca catalão-aragonês.

A rosácea da quintessência

Mandala que, em sânscrito, se traduz como "círculo", é uma estrutura cíclica que está em movimento constante, dentro da qual toda uma série de formas geométricas evoca os planos da construção de templos; trata-se de proporções espirituais da ordem do mundo (cosmogramas). C. G. Jung concebe o simbolismo da mandala como arquétipos inatos da humanidade que, inclusive em pessoas sem formação prévia em história da cultura, podem surgir espontaneamente como símbolos de descenso e interiorização, depois de fases caóticas, para desempenharem a expressão de uma ideia do núcleo psíquico do ser, da reconciliação interior e da totalidade.

Porém, sem dúvida, é na rosácea aberta no lado meridional do frontão do cruzeiro de San Bartolomé onde se encontra a maior concentração de energia esotérica desse templo, abertura que, ao modo de uma verdadeira *mandala*, condensa um dos simbolismos mais essenciais para descobrir o centro de nosso ser natural, ou seja, de nós mesmos. "A contemplação de uma mandala inspira a serenidade, o sentimento de que a vida voltou a encontrar seu sentido e ordem", recorda Ángel Almazán.

> As mandalas costumam ser representadas em formas circulares, com diversas figuras geométricas em seu interior. No caso da igreja em questão, trata-se de dez corações (cinco pequenos e cinco grandes). Com isso, essa rosácea nos levaria a um dos princípios mais esotéricos do templo: a natureza do ser humano ou, o que é o mesmo, o coração, o órgão principal da pessoa que, de acordo com a mandala sagrada, está transmitindo esse vitral circular do frontão do cruzeiro de San Bartolomé.

O labirinto constitui um dos grandes enigmas da cultura medieval que tem suas raízes nas tradições mais ancestrais do Oriente. Por meio de uma série de círculos concêntricos, ou de linhas descontinuadas, o penitente realiza uma viagem iniciática ao interior de seu próprio ser. Os Templários também souberam recolher esse símbolo enigmático, como podemos ver em algumas de suas construções.

7

O Labirinto Sagrado

> *"O labirinto, situado no pavimento das catedrais, era conhecido durante a Idade Média como Caminho de Jerusalém. Peregrinar por suas sinuosidades labirínticas permitia alcançar, finalmente, o centro relacionado à cidade santa que era a imagem, não da Jerusalém Palestina, mas da Jerusalém Celeste, o que nos levaria a relacionar o labirinto com o Recinto Tríplice."*
> Rafael Alarcón Herrera

A palavra *labirinto* vem do grego *labyrinthos* que, segundo a mitologia da Grécia clássica, foi um palácio construído por Dédalo em Cnossos (Grécia) para enclausurar o Minotauro, lugar cheio de reviravoltas e de saída difícil. Porém, as origens do labirinto, como conceito que vai além do material e inclusive do espírito, são muito mais antigas. Em nossa busca por suas raízes chegamos ao Extremo Oriente, onde existe uma lenda viva de emotividade surpreendente e transmitida por gerações. Na Antiguidade, vivia na China um rei chamado Yin, o qual, depois de um longo tempo de espera, teve um filho aos 60 anos de idade. A criatura era toda prodigiosa, porque ao nascer já tinha 28 dentes. Os adivinhos do reino coincidiram em profetizar que seria um homem valoroso e um conquistador temível. O príncipe, a quem chamaram de Yang, teve como mestre o arquiteto Lao, um homem sábio de palavras valiosas. Yang estava com 15 anos quando o rei, seu pai, faleceu. Sua partida para conquistar o mundo não se fez esperar, porque no próprio leito de morte ele despediu-se de seu pai. Os êxitos militares foram espetaculares e os novos territórios estendiam-se por todos os horizontes.

Muitos anos depois, sentindo-se cansado, o arquiteto Lao projetou para o repouso do guerreiro uma cidadela tão esplêndida que evocava uma montanha nevada. Era um lugar de plenitude e beleza. Entretanto, naquele paraíso, Yang, farto dos prazeres da vida mundana, descobriu a tristeza da monotonia e a dor da melancolia. Não teve dúvidas em exigir a presença de seu ministro Lao, a quem se queixou de seu mal-estar profundo. E o sábio manteve seus lábios selados, o que provocou a ira do imperador. Yang, golpeando a mesa com seu punho, gritou: "Eu te ordeno construir o mais formidável labirinto jamais imaginado. Em sete anos quero vê-lo edificado nessa planície, diante de mim, e tratarei logo de conquistá-lo. Se eu descobrir seu centro, você será decapitado. Se me perder nele, reinarás sobre meu império." Ao que o arquiteto respondeu: "Construirei esse labirinto." Porém, o ministro retomou o curso de suas atividades habituais e pareceu esquecer-se da tarefa. No último dia do sétimo ano, Yang voltou a exigir a presença de seu ministro, já ancião, e perguntou-lhe onde estava o tal labirinto, o mais formidável jamais sonhado. Então, Lao estendeu-lhe um livro, dizendo: "Ei-lo aqui. É a história de sua vida. Quando tiver encontrado seu centro, poderá desfechar seu sabre sobre meu pescoço." Foi assim que aquele arquiteto conquistou o império de Yang, mas, evidentemente, recusou o cetro e o poder, pois possuía algo de um valor bem maior: a sabedoria.

Volumes e planos

O labirinto alcançou sua época de maior esplendor durante os séculos proto-históricos, especialmente por toda a extensão da bacia mediterrânea. Os mais antigos de todos têm mais de 5 mil anos, o mesmo período da tumba egípcia do rei Perabsen (3400 a.C.). Um labirinto construído na entrada de um túmulo em Luzanas (Cerdeña) pode talvez remontar até os anos de 2500 ou 2000 a.C. Em ambos os casos, como podemos deduzir, o símbolo do labirinto estava relacionado com a morte e seu desenho parece facilitar o caminho do defunto em sua viagem para o Além. Também foi encontrado o símbolo do labirinto em telhas, vasilhas, tabuletas, moedas e selos, e, inclusive, em desenhos de mosaicos, correspondentes ao período entre 1300 a.C. e 250 d.C., em todos os países que circundam o Mediterrâneo. Vêm-nos à memória o interessante labirinto executado em mosaico no pavimento de uma casa da antiga cidade romana de Thuburgo Majus (Tunísia), que data do século I.

O labirinto pode estar inscrito, em sua totalidade, dentro do círculo, mantida a rigorosa geometria do quadrado, expresso em volume ou esboçado em uma superfície plana. O labirinto, portanto, pertence tanto à arquitetura como à escultura, ao desenho ou à filosofia hermética. De todos os labirintos antigos catalogados, possuímos apenas vagas referências documentais. Os mais famosos da bacia mediterrânea foram cinco: os dos cretenses (Cnossos e Gostyra), o egípcio do Lago Moeris, o grego de Lemnos e o etrusco de Clasium.

Ritos da fertilidade

Certos rituais mostram uma clara relação do labirinto com a morte e o renascimento. A partir de uma origem oriental, o labirinto passou ao Mare Nostrum por meio das lendárias rotas de comunicação e foram os Cavaleiros do Templo que, da Terra Santa, trouxeram para o Ocidente esse signo hermético com toda a sua carga esotérica.

Em alguns países nórdicos, existem vários labirintos onde os jovens deviam ingressar com o propósito de resgatar uma garota que se encontrava presa no centro. Esses labirintos eram chamados às vezes *Jungfraudanser* (Danças da Virgem). Em uma pintura mural gótica da igreja de Sibbo (Finlândia) podemos apreciar um labirinto com uma figura de mulher no centro. Esse tema, o resgate da mulher encerrada em um labirinto, se repete também no mundo mediterrâneo e na Índia distante. E em todas essas regiões é indubitável a estreita relação com os ritos primaveris de fertilidade.

Em algumas regiões, o desenho do labirinto foi utilizado como talismã mágico para a boa sorte, em estreita relação com o olho que aparece na proa de muitas embarcações dos países da costa do Mediterrâneo.

Portanto, a vinculação do homem com a simbologia do labirinto, desde a alvorada da humanidade, foi verdadeiramente estreita. A própria cidade medieval – cidadela –, cuja construção no sudoeste da França coincide no espaço e no tempo com os Templários, constitui um verdadeiro quebra-cabeça, em consequência de um traçado urbano que teria de ser percorrido para alcançar o centro, onde se abria a praça do mercado, rodeada de pórticos e com acessos nas esquinas. As culturas mais ancestrais do Mediterrâneo também estão reunidas, nas origens do labirinto, como espaço sagrado. Em um manuscrito medieval, inclusive, chega-se a relacionar Salomão à construção de um labirinto.

Contudo, os labirintos mais espetaculares não são exatamente os maiores em tamanho físico, mas aqueles que são localizados nos lugares mais estratégicos da história da humanidade. Referimos-nos a Chartres, cujo símbolo mágico do labirinto de sua catedral, joia do gótico, parece presidir o hermetismo telúrico de seu interior. Os iniciados o percorriam com os pés descalços, para tomar maior contato com as forças da terra, seguindo o itinerário tortuoso que, ao modo de peregrinação iniciática, simboliza o longo trajeto para Compostela. Louis Charpentier (Luís, o *Carpinteiro*), pesquisador dos mistérios dessa enigmática catedral francesa, escreveu: "(...) filosoficamente, as correntes telúricas e as de outro tipo só podem penetrar em nós por meio de uma coluna vertebral ereta e vertical. O homem só pode chegar a um estado superior mantendo-se ereto". Na catedral italiana de Lucca (Toscana), podemos apreciar um labirinto interessante de 49 centímetros de diâmetro, esculpido no mármore de um pilar. A inscrição em latim, gravada ao lado, diz o seguinte: "Este é o labirinto que o cretense Dédalo construiu, do qual ninguém conseguiu sair uma vez que tivesse entrado, com excessão de Teseu. E ele também não teria conseguido, se não tivesse contado com o fio que Ariadne lhe entregou por amor." No pavimento da paróquia francesa de São Quintino está desenhado um labirinto complicado que devia ser percorrido pelos peregrinos antes de passar para a nave da igreja. Tal labirinto mede 10,5 metros de diâmetro, tem planta octogonal e, segundo conta a lenda, bem poucos romeiros conseguiam alcançar seu centro.

Em outra cidade francesa, Amiens, precisamente em sua célebre catedral, joia da arte gótica, Fulcanelli viu-se atraído por seu labirinto singular, o qual relacionou com a Grande Obra Alquímica – tema que trataremos nas páginas seguintes. Na grande lousa central havia um bastão de ouro incrustado e um semicírculo do metal dourado, que representava o amanhecer do astro rei. Esse pesquisador o interpretou como o aparecimento do ouro filosofal.

O labirinto medieval é uma reprodução dos antigos, nos quais, como já dissemos, tratava-se de alcançar o centro, onde se celebravam os rituais em honra à Deusa Mãe, propiciando, com isso, não só a prosperidade e fecundidade – por meio do sistema místico de morte e ressurreição – como também alcançar o conhecimento supremo (*gnose*). No centro espacial dos labirintos antigos celebravam-se os cultos à Deusa Mãe, para propiciar as oferendas e os rituais da fecundidade e da prosperidade dos seres vivos, por intermédio do ciclo morte-ressurreição, na constante natural das estações e, ao mesmo tempo, para o renascimento da alma. Nos labirintos das catedrais medievais, no centro espacial, sob a lousa central, colocava-se simbolicamente o sarcófago do grande construtor do templo – o Mestre de Obras – representado por um esqueleto e munido dos instrumentos emblemáticos de sua profissão: esquadro, prumo, compasso; símbolos posteriormente aproveitados pela Maçonaria. Algumas vezes, ocupando os espaços extremos do labirinto, surgem duas figuras que simbolizam os mestres construtores; o Arquiteto Divino prossegue em sua *viagem* para o centro do Alquerque (o Recinto Triplo) para, em seu regresso, transmitir sua sabedoria ao companheiro que o aguarda no outro extremo do labirinto, unindo os dois estágios: o mundo subterrâneo, localizado no subsolo dessa composição geométrica, e a Jerusalém Celeste, o ar e o Cosmos, que gravita na atmosfera. Ambos os níveis estão entrelaçados pela força da Mãe Luz, identificada com a Virgem, que costuma ser uma Virgem Negra. Toda uma filosofia gnóstica que os Templários souberam muito bem assimilar, como expressa, com a maior autoridade, Rafael Alarcón: o jogo consistia em alcançar a mansão da Tríade Divina, no Centro Supremo e invisível, onde ela se manifesta em sua plenitude e unicidade, sendo capaz de transformar aquele que alcança esse lugar.

No interior da ermida iniciática de San Miguel de Breamo, a oeste de La Coruña, diante das águas tenebrosas do Atlântico, os Templários gravaram um labirinto, que possui uma relação estreita com os demais elementos esotéricos que essa capela conserva, onde o arcanjo São Miguel pesaria as almas dos Cavaleiros falecidos que pereceram na batalha sangrenta de Hattin (1187). Não longe dali, no litoral de Pontevedra, se encontram os labirintos enigmáticos de Mogor, cujo significado ainda está para ser desvendado. Labirintos que possuem um paralelismo íntimo com os petróglifos existentes na ilha canária de La Palma. E, sem sair da Galícia, já na província de Ourense, precisamente na igreja templária de San Julian de Astureses, de

Boborás, podem-se admirar numerosas representações de diferentes labirintos: duas circunferências unidas como anéis entrelaçados; uma cruz ou hélice de três pás, inscrita em um círculo; um círculo concêntrico enfeitado com quatro folhas de freixo que emergem dele; cinco círculos dispostos como ouros de um naipe, que lembram os anéis olímpicos; uma estrutura de cinco esferas, com duas concavidades acima, enlaçadas por linhas formando aspas; uma dupla cruz floreada de oito braços, etc. Sem nos esquecermos da interessante rocha da localidade soriana de Narros, na serra mágica de Almuerzo, onde se reproduzem sete círculos concêntricos, evocando os sete céus, as sete cores do arco-íris, os sete planetas, etc.

O mais célebre e lendário de todos os labirintos, o de Cnossos em Creta, descoberto, em 1902, pelo arqueólogo inglês Arthur Evans (1851-1941), era conhecido com o nome de *Absolum*, termo que significa "absoluto", e não é por acaso que, desse modo, os alquimistas designaram a pedra filosofal. Associadas a Ísis, a deusa Mãe da mitologia do Egito Antigo, as imagens de Maria, conhecidas como Virgens Negras, correspondem a cultos muito antigos. Porém, foram os Templários os que as elevaram à sua dimensão sociocultural máxima, quando implantaram seu culto em boa parte do mundo medieval ocidental, desde a Sicília até a Inglaterra, desde a Áustria até as Ilhas Canárias. A geografia espanhola, tanto peninsular como insular, está carregada dessas imagens gnósticas, cujo culto possui uma ligação íntima com as possessões do Templo, como veremos em seguida.

8

As Virgens Negras

"São Bernardo incentivou a peregrinação a Compostela, às vezes chamada Via Láctea, cravada de estrelas, ou seja, de missões dos Templários, albergues beneditinos ou cistercienses e igrejas da Virgem Negra."

Ean Begg
Las Virgens Negras, El Gran Mistério Templário

As origens das Virgens Negras são muito remotas. Para muitos investigadores seria necessário nos aprofundarmos nas raízes do Cristianismo, porque algumas dessas imagens remontam a seus primeiros tempos. A posição sentada, na maioria dos casos, evoca Ísis, esposa de Osíris, a deusa mãe da fecundidade do Egito Antigo, matriz de todas as virgens da cristandade. E o Deus Menino, a Hórus. No panteão egípcio das divindades, Ísis encontra muitas representações diferentes, mas nem todas são alusivas à grande deusa Mãe do universo. Uma delas é Hátor, que se mostra na forma de vaca com uma meia-lua. Este último símbolo foi recolhido pelo Cristianismo, como podemos apreciar em numerosas imagens da Virgem Maria, que aparece com a meia-lua sob seus pés, com as pontas dirigidas para o chão, em testemunho evidente de sua vinculação com os poderes da Terra. Ainda que as primeiras referências que se tenham dessas virgens chegadas à Península Ibérica remontem aos séculos da Alta Idade Média, até o período Templário (séculos XII, XIII e início do XIV), essas imagens singulares e esotéricas não atingem uma dimensão importante, em todos os sentidos, ao passarem a tomar parte de ritos e tradições dos lugares mais sagrados da geografia espanhola. Existe ainda um dado, totalmente confirmado, o fato de a grande maioria dessas esculturas se encontrar localizada nas zonas de presença templária marcante, bem dentro dos territórios de uma missão ou de um castelo controlador das passagens predominantes de peregrinos. A cor negra, além disso, comporta uma relação com a terra fértil – o húmus – fecundadora da vida. Por isso, a Virgem devia ser de cor negra.

Em uma crônica do ano 1255, lemos que São Luís, em sua volta para a França da Sexta Cruzada (1248-1254), deixou no campo de Forez (Aveyron) várias imagens de Nossa Senhora esculpidas em madeira de cor negra extraída de uma árvore atingida por um raio. Ele as havia trazido do Oriente, ou seja, da Terra Santa.

Muitas dessas imagens, como veremos a seguir, no que se refere à geografia hispânica – tanto peninsular como insular – são muito antigas, pois suas referências remontam, em alguns casos, ao início do Cristianismo (séculos III e IV d.C.), e também aos primeiros séculos medievais. Contudo, seu culto se institucionalizou graças aos Templários. Não é por acaso que, como já dissemos anteriormente, as Virgens Negras se localizem em zonas de influência marcante do Templo. Em seguida faremos um percurso pela geografia espanhola, seguindo as pegadas dessas imagens sagradas. Começaremos por Navarra, terra de grande influência templária por causa das peregrinações jacobitas.

Na vila de Estella (Navarra), por exemplo, encontra-se a Real Basílica de Nuestra Señora del Puig, onde se venera uma Virgem Negra que, segundo a tradição, foi encontrada em uma caverna, depois de sua aparição para uns pastores, no ano de 1090. A escultura, em madeira policromada e recoberta de prata, mede 80 centímetros de altura.

Ela apresenta uma virgem sorridente, coroada, que segura um raminho de pilriteiro florido. O Menino está sentado em um tamborete. Peregrinos de todo o mundo ocidental, ao chegarem a Estella, antes de tudo, visitam esse templo e oram diante de sua Virgem Negra, também conhecida como de Rocamadour, em clara referência à homônima existente na vila do Quercy francês, por onde passa o Caminho de Santiago. Na igreja paroquial de Los Arcos, a 19 quilômetros a sudoeste de Estella, rende-se culto à Virgem Morena, além de dois santos venerados pelos Templários, o arcanjo São Miguel e São João Batista. Santa Maria de los Arcos, do início do século XIV, policromada, esculpida em madeira de carvalho – a árvore sagrada dos celtas – está entronizada com o Menino no joelho esquerdo, que segura um livro fechado na mão esquerda e uma maçã na mão direita. Em Sangüesa vemos uma Majestade sentada, que porta o Menino – de rosto mais branco – sentado e amparado com o braço esquerdo, enquanto com a mão direita segura um estranho cetro córneo.

Aragão é um território igualmente interessante para o estudo das Virgens Negras. Em Calatayud (Zaragoza), no antigo santuário da Virgen de la Peña, ou La Morena, se rende culto a uma imagem de madeira policromada. Muito perto se encontram a fortaleza hispano-muçulmana de Kalat-Ayub, erguida sobre as ruínas da cidade romana de Bilbilis, e o templo do Santo Sepulcro, considerado a igreja templária mais importante da Espanha. Também lá está a abadia cisterciense, fundada em 1194 e, nas redondezas, o "Banho de Diana", elementos, todos eles, que nos levam a uma relação lógica e íntima entre Templários, cistercienses, hispano-muçulmanos, judeus e os ritos sagrados da água. Em Daroca, a poucos quilômetros de distância na igreja da abadia de Santa Maria, venera-se a imagem de Nossa Senhora Goda, uma bela escultura de madeira dourada, de expressão severa, que segura o Menino no joelho esquerdo, sem coroa e não totalmente sentada. Data do ano 1300. Em Tarazona, vila de importante substrato hebraico durante os séculos medievais, na catedral se rende homenagem a Nossa Senhora do Rosário, imagem gótica (século XIII) executada em madeira policromada. Na vila de Tauste, venera-se a Virgem Negra de Nossa Senhora de Sancho Abarca, cujo culto tem suas origens no século X, mas não começou a ser fomentado até 1666, por iniciativa do eremita francês Jean de Noballas. Em Veruela, sobre a encosta nordeste do poderoso Moncayo, a montanha sagrada do Sistema Ibérico, na igreja da abadia cisterciense, fundada em 1146, rende-se culto à Virgem Negra de Nossa Senhora de Veruela, pequena escultura em madeira de carvalho de 24 centímetros de altura. E, para finalizar, em Zaragoza encontra-se a Virgem do Pilar, uma virgem de 40 centímetros de altura, em mármore coberto de prata, que preside a capela do altar principal da sede episcopal aragonesa, o primeiro santuário mariano espanhol. Ao pontífice Clemente XII (1730-1740) se deve que o dia 12 de outubro tenha se declarado a comemoração da Espanha e toda a hispanidade.

No Alto Aragão, a província de Huesca, de enorme influência templária, desde o Monzón até os Pirineus, é muito rica em Virgens Negras.

Entre elas podem-se assinalar: a imagem de Nossa Senhora de Salas ou da Huerta, sentada; a de Berbegal, 15 quilômetros a sudoeste de Barbastro, lamentavelmente destruída durante a guerra civil; a do santuário mariano de Torreciudad; a de Lánaja, escultura em madeira, sentada com o Menino sobre o joelho direito; a Virgem de Arraro, em Panzano, entre os rios Formiga e Falcón. A imagem, de 40 centímetros, mostra o Menino que segura um livro fechado em sua mão esquerda. Muito perto há uma caverna-santuário onde se veneram as imagens de Cosme e Damião, os santos médicos de origem islâmica. Em Santa Olaria, a 12 quilômetros de Boltaña, se encontrava a Morena, uma imagem desaparecida da igreja hoje em ruínas. Em Sesa, na ermida do oratório de Nossa Senhora da Jarreteira, se venera a Virgem Negra, esculpida em madeira e coroada com raios solares, que segura o Menino com seu braço esquerdo. Em Sopeira, perto de Aláon e a nordeste da comarca do Ribagorza, desde tempos muito antigos rende-se culto à Nossa Senhora do O ou de Alaón, no monastério de São Pedro, cujo grito irradiante na missa de Nossa Senhora é cantado às Vésperas de 17 a 23 de dezembro, com *O Gloria Domina* como primeiro verso do hino de Laudes.

Em Extremadura, região de forte implantação templária, desde Hervás (vale do Ambroz), ao norte, até Jerez de los Caballeros e Fregenal de la Sierra (Badajoz), ao sul, são inúmeras as Virgens Negras que existem catalogadas; porém, exceto pela Nossa Senhora de Santa Maria de Guadalupe, que preside a câmara do altar principal do Real Monasterio, santuário mudéjar de Guadalupe (Cáceres), patrona de Extremadura e rainha da hispanidade, todas as outras imagens foram branqueadas durante os séculos modernos por exigência da Inquisição.

Em Andaluzia, apesar de sua influência andaluza, também existe o culto da Virgem Negra, que se perpetuou com a passagem do tempo. Em Puerto de Santa Maria (Cádiz), conserva-se a imagem com o rosto negro de Santa Maria dos Milagres, cujas lendas remontam ao ano 990. Contudo, foi na conquista dessa cidade pelo monarca Afonso X, entre 1257 e 1260, quando teve lugar o milagre da aparição da Virgem – segundo lemos nas *Cantigas de Santa Maria*, escritas entre 1268 e 1270 –, produzindo-se a ajuda divina ao rei castelhano, ao aparecer a Virgem no interior de uma cisterna. Essa cena arrebatadora, em que Nossa Senhora dos Milagres anima o sábio monarca para que persista em seu empenho para tomar a praça estratégica de Al-Qanatir (Porto de Santa Maria), está reproduzida em uma imensa pintura a óleo que ocupa a posição central na parte frontal da sala da antiga igreja do monastério de San Miguel (Rua Larga, 27). Nessa batalha, Afonso X contou com a ajuda dos Templários, que, aparentemente, estiveram por trás da aparição dessa Virgem milagrosa. Em Sevilha, concretamente na igreja de São Lourenço, conserva-se uma pintura da Virgem de Rocamadour, com data do início do século XIV, cópia fidedigna de Nossa Senhora de Guadalupe, levada pelos Templários para a capital andaluza. Na cidade jienense de Úbeda, também se diz haver uma cópia da milagrosa Virgem de Guadalupe. Em Chipiona (Cádiz), concretamente no santuário franciscano de la Regla, rende-se culto a Nossa Senhora da Regra, imagem do começo do século XIII, entalhada em madeira. Essa Virgem Negra traz um Menino branco em seus joelhos, e goza de grande devoção porque protagonizou milagres importantes, como a libertação dos presos de Rota. No santuário conserva-se a chave utilizada pela Virgem no milagre e a caverna onde foi enterrada (el Humilladero). Além desse, realizou muitos outros milagres que beneficiaram os marinheiros dessa vila da baía de Cádiz. Não é por acaso que o patrono de Chipiona seja São Miguel, e também se venere Santa Ana, a mãe da Virgem. Terra de cultos ancestrais pagãos, em Cádiz se rendia culto a Hércules e em Sanlúcar de Barrameda a Vênus. E em Jaén, capital, se encontra Nossa Senhora da Capela, imagem negra conhecida popularmente como a rainha do Céu, porque apareceu milagrosamente diante da igreja de São Idelfonso, gerando o toque descontrolado dos campanários nas matinas.

 Em terras castelhano-leonesas, de profunda tradição templária, é natural que também abundem as Virgens Negras, entre as quais destacamos as seguintes: na cidade de Ávila, na igreja de São Pedro, conserva-se uma pintura a óleo de 60 X 45 centímetros de Nossa Senhora de Czestochowa, patrona da Polônia, uma bela imagem de Virgem Negra. Na catedral de Ciudad Rodrigo (Salamanca) conserva-se uma estátua de Nossa Senhora Rocamadour, imagem que está muito vinculada com os peregrinos compostelanos, que eram amparados pelos Templários. Na cidade de Palencia, encontra-se Nossa Senhora do Prado Selvagem ou Santa Maria de Husillos, escultura do final do século XII, de 26 centímetros de altura, que está relacionada a um milagre que teve lugar em 1305, quando o rei Sancho, o

Grande de Navarra, caçava e um javali o conduziu ao interior de uma caverna para encontrar refúgio de uma forte tempestade. No interior daquela cavidade o monarca descobriu as relíquias de Antolín, o santo de Toulouse que, em tempos visigodos, veio para evangelizar essas terras do alto planalto castelhano-hispânico. Conta a lenda que uma força sobrenatural deteve o braço do rei que empunhava a lança, passando em seguida à fundação dessa cidade, ao mesmo tempo que se instaurava o culto à Virgem Negra (*dehesa* pode-se traduzir como "bosque cercado", ou mesmo "proteção", em castelhano antigo), bem como São João Batista, Santa Ana e São Blas. Em Salamanca, concretamente na catedral românica, procedente da igreja de Santa Catalina, venera-se a imagem negra da Virgem da Veja (século XII), esculpida em madeira recoberta com cobre e esmalte no trono, cuja influência dos escultores de Limoges (França) é bem notória. Desde o ano 1150 é a patrona da cidade. E, na cidade de Leão, reverenciam-se duas imagens negras: Nossa Senhora da Regra, cópia fidedigna da Virgem de Guadalupe; e a Virgem do Caminho, patrona da cidade. Porém, sem dúvida, a Virgem Negra mais renomada de Leão e Castela é a virgem morena de Penha de França, patrona de Castela, cujo santuário se ergue sobre a célebre montanha que delimita três localidades – Salamanca, Coria e Ciudad Rodrigo –, cimo elevado à categoria de Monte Sagrado por um bispo francês que consagrou a montanha. A origem dessa Virgem Negra se perde na névoa dos séculos da Alta Idade Média: alguns cavaleiros franceses, que chegaram a essa região para lutar contra os hispano-muçulmanos nos tempos de Carlos Magno, a encontraram por acaso, depois do que venceram uma batalha. Contudo, a imagem desapareceu e, segundo a lenda, todos os que conheciam seu paradeiro faleceram misteriosamente. Em 1434, Simón Vela, um franciscano francês de Paris, encontrou-a no interior de uma caverna, recebendo instruções da Virgem para que fosse levada para o seu santuário de Penha de França.

Na Catalunha, terra de grande tradição templária, as Virgens Negras também são abundantes. Citamos em seguida algumas das mais renomadas: em Baget (Girona), a norte da comarca do Ripollet, venera-se a imagem da Virgem da Saúde (século XII), escultura em madeira, vestida de azul, que mostra o rosto e as mãos de cor cinza. A Virgem está sentada e segura com o braço esquerdo o Menino, que está vestido de verde e tem um livro fechado na mão esquerda. O mesmo acontece com o Menino que a Virgem da Seo, da catedral de Girona, segura, escultura exemplar em madeira sem policromia. Em Olot, capital da comarca de Garrotxa (Girona), venera-se a imagem da Mare de Déu del Turra, no santuário homônimo. Trata-se de uma escultura em madeira, de 60 centímetros de altura (século XII), que mostra uma Virgem e um Menino com expressões muito severas, que lembram muito a Virgem Negra de Ujué (Navarra). A imagem está estreitamente vinculada a um touro que se encontra a seus pés, porque seu descobrimento produziu-se quando esse animal nobre de chifres mugia estranhamente, ao mesmo tempo que mostrava com suas patas dianteiras o lugar onde devia ser escavado para encontrar a Virgem. Na catedral de Solsona (Lleida), venera-se a Mare de Déu del Caustro (século XII), joia da arte escultórica românica, obra de beleza singular que preside o claustro da catedral. Essa Virgem Negra muito milagrosa foi protegida pelo conde de Foix e pelos cátaros, que chegaram a essa cidade catalã em 1210 e ocultaram a imagem dos cruzados no interior de um poço. As tropas francesas, em 1810, durante a Guerra da Independência danificaram o rosto do Menino durante um incêndio, mas depois ele foi bem restaurado. A Virgem do Claustro foi coroada em 1916. Durante a guerra civil foi levada para Vic (Barcelona), para ser protegida, logo sendo restituída a seu lugar do claustro da catedral de Solsona. Em Vilajoans (Alt Empordà), cinco quilômetros a sudoeste de Figueres (Girona), veneram uma virgem gótica em pé, esculpida em mármore, que mostra rosto e mãos de cor negra. A Virgem de Núria é outra das imagens negras mais célebres da Catalunha, a cujo santuário se chega por meio de um teleférico de cremalheira, a partir de Ribas de Freser (Girona). Essa imagem, de 56 centímetros de altura, que aparece sem véu e é de tradição arcaica e rústica, está envolta em uma lenda relacionada a um anacoreta chamado Gil. Este, com outros pastores, ocultou a virgem para protegê-la dos muçulmanos, de modo que a imagem ficou perdida até o ano de 1032, quando um tal Amadeo, moçárabe, recebeu a ordem celestial de ir aos Pirineus para construir um templo para a Virgem em um lugar onde houvesse uma rocha branca circundada por dois rios. Se assim o fizesse, encontraria um grande tesouro. Quando o devoto da Virgem chegou a esse vale, os locais o olharam com o maior estranhamento, mas ele orientou-se por um touro que cavava e mugia na encosta de uma montanha. Este seria – pensou Amadeo – o lugar para escavar. E, com efeito, não tardaria em aparecer uma caverna iluminada por luz celestial, que continha uma cruz, um sino, uma estátua da Virgem e um caldeirão. A Mare de Déu de Núria, proclamada patrona principal da diocese de Urgell, em 1956, foi coroada em 1967. E entre as Virgens Negras da Catalunha não podemos esquecer a Virgem de Montserrat, patrona dessa comunidade, cuja devoção remonta ao ano 932, quando o conde de Barcelona Sunyer confirmou uma doação recebida de seu pai, Guifré II Borrell, no ano 888, depois da descoberta da imagem entre as rochas. Segundo uma lenda, essas rochas de Montserrat se tornaram rombudas depois da Crucifixão de Cristo. O apóstolo São Lucas esculpiu a Virgem com o Menino depois da Crucifixão, transportando-a em seguida de Jerusalém a Barcelona. A imagem foi escondida nas rochas de Montserrat, para protegê-la dos hispano-muçulmanos, e uns pastores, guiados por um coro de anjos, descobriram-na no fim do século VIII. Desde então sabe-se que era negra. Quando o bispo da cidade de Manresa tratou de mudá-la para a catedral da capital do Bages, a imagem negou-se a ser removida. A estátua que podemos admirar hoje remonta ao século XII. Trata-se de uma escultura em madeira policromada, de 96 centímetros de altura, com a Virgem sentada segurando o Menino. A montanha de Montserrat é o ponto energético mais importante da Europa. Foi ali que Napoleão e Hitler foram procurar o Santo Graal e também foi ali que Inácio de Loyola, o fundador da Companhia de Jesus, recebeu sua vocação e abandonou a espada. Richard Wagner inspirou-se nessa montanha sagrada para compor sua mágica obra *Parsifal*. Outros alemães como Schiller e Goethe, igualmente, encontraram as musas da inspiração em Montserrat, cujo monastério beneditino, consagrado pelo abade Oliva (século XI), se eleva sobre os restos de um templo antigo de Vênus. A montanha de Montserrat, o ponto mais esotérico da Catalunha, se ergue sobre um lago subterrâneo, e diz-se que o Santo Graal Templário se encontra em seu interior na quarta dimensão. Somente na província de Girona existem catalogadas 36 estátuas românicas de Virgens Negras. Algumas delas foram destruídas no início da guerra civil, outras estão em museus, como a de Bastanist, de Martinet (La Cerdanya, Girona), que se encontra em um museu de Ciudad Condal. Porém, a maior coleção de Virgens Negras do mundo se pode admirar no Museu de Arte da Catalunha, de Montjuïc.

La Rioja, terra de grande tradição peregrina e, portanto, templária, sobre o curso médio do Ebro, conserva algumas Virgens Negras de forte veneração cristã. Entre elas se destaca Santa Maria a Real de Nájera, imagem do século XII levada pelo próprio São Pedro, segundo a lenda, e descoberta pelo rei Garcia VII, de Navarra, em 1023, ao ficar deslumbrado por uma luz que saía do interior de uma caverna. Também é negra a patrona de La Rioja, Nossa Senhora de Valvanera, a quem se rende homenagem no convento beneditino de Valvanera (vale de Vênus). A escultura, de 80 centímetros de altura, em madeira de cerejeira e policromada, é atribuída a São Lucas e foi levada da Palestina para a Espanha pelo Santo Onésimo e São Dositeo (gnóstico renomado do século II), para ser escondida em seguida no interior do tronco de um carvalho – árvore sagrada para os celtas – por Arturo, eremita dessa montanha. Foi encontrada no século X, protegida por uma colmeia de abelhas. É uma virgem muito milagrosa, cujo culto ainda segue vigente.

Astúrias, origem da nacionalidade hispânica, da monarquia e da cristianização, conta, como é de supor, com um santuário onde se rende culto a uma Virgem Negra. Trata-se de Nossa Senhora de la Cueva (*Covalonga* = Caverna Funda). Mais de 2 milhões de peregrinos vêm a cada ano de todos os pontos da geografia espanhola para venerar essa imagem, patrona do Principado de Astúrias, coroada em 1908. O santuário encontra-se no interior de uma caverna profunda, onde, de cima, a água salta em forma de cascata, o que voltaria a relacionar o território com os ritos pagãos da água e com a mitologia do Templo. E, em Galícia, concretamente na cidade de Compostela, meta final dos peregrinos jacobeus, não poderia faltar o culto a uma Virgem Negra. Trata-se de uma cópia da Moreneta de Montserrat, levada à capital galega por romeiros catalães, em 1971, e, atualmente, ela é encontrada na capela de São Luís. A pouca distância da catedral compostelana, em pleno bairro medieval, encontra-se o monastério de San Pelayo, em cujo pórtico de acesso se ergue uma imagem em estado avançado de gestação, conhecida como Santa Maria Salomé. Essa imagem confirma a dimensão do papel da fertilidade que, para os Templários, transmitiam as Virgens Negras. Além disso, essa cor tem ligação com o *húmus*, a terra escura, a mais fértil, para a lavoura, dos terrenos cultiváveis.

A cidade de Madri – a Marguerit hispano-muçulmana, que veria nascer tantos homens de ciência e cultura durante os séculos da Alta Idade

Média – também conta com uma Virgem Negra: Nossa Senhora de Atocha, copatrona da capital da Espanha. As origens dessa imagem se perdem na noite dos tempos. Está relacionada com São Lucas, seu escultor, patrono dos médicos e artistas e, segundo a lenda, foi trazida da Terra Santa pelos apóstolos Pedro e Santiago. Trata-se de uma escultura de 63 centímetros de altura, datada do final do século XII, encontrada por acaso na colina de San Blas sobre um manto de esparto (*atocha*), daí seu nome. Em grande número são os milagres atribuídos a ela, alguns deles relacionados à conquista cristã de Madri. Desde 1523 o eremitério se converteu em priorado dominicano, e a Virgem em favorita da família real espanhola.

Baleares e, concretamente, Maiorca, também contam com várias Virgens Negras. A mais renomada, sem dúvida, é a Nossa Senhora de Lluc, conhecida popularmente como a Moreneta. Trata-se de uma imagem esculpida em pedra, de 61 centímetros de altura, do século XIII, encontrada por acaso no ano de 1240 por um pastor e eremita no interior de uma gruta da Serra de Tramontana. Essa Virgem Negra, rainha e patrona da ilha de Maiorca, está estreitamente vinculada aos Templários cujo comando se encontrava em Alcudia. Ela é muito milagrosa, de acordo com a quantidade de ex-votos que acumula, e é conhecida como negra desde o século XV. Não muito longe de Lluc, no coração da mágica Serra de Tramontanta, ergue-se o castelo enigmático de Alaró, que coroa um contraforte rochoso alto. Em sua encosta meridional estende-se a vila homônima, que tem correspondência com a mítica Ayort. No interior da igreja paroquial venera-se uma Virgem Negra, de 182 centímetros de altura, talhada em madeira, sem Menino. É a Virgem do Castelo – conhecida popularmente como a Virgem dos Mortos – que se exibe um dia por ano – em 15 de agosto. Durante esse dia passam-se os bebês sobre os pés da imagem, para que sejam protegidos de todas as enfermidades.

O arquipélago canário, apesar da distância da península, também conta com imagens milagrosas de Virgens Negras, não isentas de lendas. Tal é o caso da Candelária, patrona do arquipélago canário, que se encontra na basílica de Nuestra Señora de la Candelaria, a nordeste da ilha de Tenerife. No século XIV, apareceu a estátua sobre a praia de Chemisay, dois pastores guanchos a descobriram e não demoraram em comunicar a descoberta para seu *mencey* (príncipe). Levada para o interior de uma gruta, a imagem converteu-se em objeto de culto pagão, porém, 50 anos depois, já conquistada a ilha pelos espanhóis, um guacho cristão, Antonio de Güimar, moveu a estátua para a gruta de sua vila, conhecida como San Blas, antiga necrópole guanche, ao mesmo tempo que comunicava a todos tratar-se da imagem negra que estavam aguardando. Contudo, existem outras lendas que relacionam essa Virgem Negra com os Cavaleiros de Cristo – nome que receberam os Templários que se organizaram em Portugal –, que submeteram as Ilhas Canárias, em meados do século XV, antes da chegada dos espanhóis. Também se sabe, segundo as lendas, que o céu tenerifenho se acendia com luzes misteriosas sobre o lugar onde se encontrava a Virgem. A imagem, que foi roubada por pescadores de Fuerteventura e colocada em uma igreja, aparecia no dia seguinte sempre virada para a parede, razão de terem compreendido que deviam devolvê-la à sua ilha de origem, Tenerife, onde se conserva, ainda que não seja a original, posto que a Virgem Negra medieval foi arrebatada pelo mar, em 1826, depois de uma tempestade terrível. A atual é uma cópia fidedigna.

Além da mística do tau – a cruz sem cúspide, signo também utilizado pela Ordem de Santo Antón –, os Templários dispunham de uma cruz muito mais enigmática, criptográfica, que escondia um código secreto, com o simbolismo oculto do oito, por meio da Cruz de Oito Beatitudes, como veremos em seguida.

9

A Cruz de Oito Beatitudes

> *"Os Templários, como os cátaros, nunca veneraram o crucifixo, mas, sim, a cruz, pois argumentavam que o Cristo ocultava e mascarava o símbolo universal que representa os quatro elementos do Cosmos: água, ar, fogo e terra."*
>
> Emilio Ruiz Barrachina

Em 1995, ocorreu um descobrimento sensacional que confirmaria algumas das muitas questões que envolvem o esoterismo templário. Foi quando o erudito Soriano Ángel Almazán de Gracia descobriu, na igreja de San Bartolomé, na garganta do Rio Lobos, província de Soria, a Cruz de Oito Beatitudes, esculpida em um capitel, o primeiro, visto à esquerda da fachada bem iluminada pela luz natural. Paradoxalmente, ele havia passado despercebido por muitos eruditos do medievalismo em geral e especialistas do Templo, em particular. Também é conservada uma reprodução da Cruz de Oito Beatitudes no edifício fortificado que a Ordem dispunha na vila de Barbens (El Segrià, Lleida). Segundo as crônicas, o edifício foi construído no ano de 1164. Trata-se, portanto, de uma das primeiras missões do Templo na Catalunha.

A Cruz de Oito Beatitudes constitui um dos códigos secretos mais enigmáticos do Templo, porque encerra um pictograma portador de uma das chaves utilizadas para trocar mensagens confidenciais, ou seja, para dar conta cabal e críptica de suas transações mercantis. As letras desse alfabeto, de estrutura cruciforme de oito pontas, em esquema de cruz grega, estariam representadas da seguinte forma:

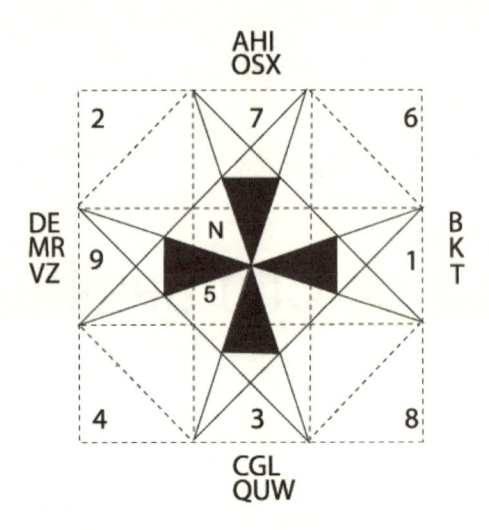

Isso nos dá um total de 21 letras (as cinco vogais e 16 consoantes: B, C, D, G, H, K, L, M, Q, R, S, T, V, W, X e Z), que envolvem, como em uma constelação astral, os nove primeiros números.

A estrutura da cruz inserida dentro do quadrado estabelece, ao mesmo tempo, ângulos e pontos intermediários, que estariam representados por letras, cuja leitura poderia ser feita por meio de um módulo em forma de código secreto que os Cavaleiros eleitos deviam levar dependurado no pescoço. A leitura desses alfabetos secretos, portanto, só estava ao alcance dos iniciados nos conhecimentos mais profundos da Ordem. Lembremo-nos de que as Lojas de construtores medievais utilizaram algo parecido, alguns de tais signos se conservaram gravados nas pedras utilizadas pelas diferentes confrarias de construtores.

Das diferentes cruzes relacionadas aos Templários, sem dúvida, é esta, a Cruz de Oito Beatitudes, a portadora de um abecedário codificado, no qual o simbolismo do oito, número muito apreciado pelo Templo, evidencia uma mensagem criptográfica a que só uma minoria de iniciados da Ordem teria acesso.

Trata-se, ao mesmo tempo, de um estranho tabuleiro formado por quatro painéis que recordam o jogo de três em raio, sobre o qual se estendem os quatro braços da cruz, que terminam em ponta dupla, o que gera o número cabalístico oito. Poderíamos dizer ser toda uma composição geométrica que facilita a meditação, como acontece com as mandalas budistas do Tibete, o que nos leva ao simbolismo místico do recinto triplo e, ao mesmo tempo, à busca do centro, um estranho labirinto formado por quatro triângulos grandes, 16 médios e 32 pequenos, evocando, com isso, as 32 cartas do tarô.

Em outros lugares da Europa, especialmente na França, contemplamos outras formas da Cruz de Oito Beatitudes, concretamente no castelo de Chinon (Turena), onde os Templários realizaram grafites e desenharam com seu próprio sangue nas masmorras lúgubres e úmidas em que foram encarcerados e torturados os últimos Mestres do Templo, em 1308, antes que fossem levados presos para Paris a fim de serem queimados vivos a mando do monarca francês. Ela também é encontrada no pavimento do presbitério da igreja octogonal templária de Laon (Champagne). Trata-se de um quadrado que engloba uma série de losangos e que envolve em seu centro a Cruz de Oito Beatitudes.

Nos templos rupestres da Anatólia (Turquia), construídos sob o solo vulcânico pelas comunidades cristãs que fugiam das primeiras invasões islâmicas (séculos VIII e IX), decorando as paredes interiores das igrejas de Goreme e outros vales do coração da Capadócia, na forma de afrescos pictóricos, vemos muitas cruzes que evocam a Cruz de Oito Beatitudes. Ainda que não possamos confirmar, não seria um disparate se fosse lá, naquela antiga região do Mediterrâneo oriental, onde os Templários se inspiraram para conceber essa cruz, a mais emblemática e esotérica da Ordem do Templo, posto que por aquela imensa planície os Cavaleiros passaram em numerosas ocasiões, em suas lutas contra os seljúcidas ou mesmo em sua busca constante pelo conhecimento iniciático. Não longe da Capadócia se encontra Konya, a cidade sagrada do Islamismo turco, berço de Mevlana, o místico sufi criador da Ordem Dervixe Mevlevi, praticantes da dança esotérica da Sema. Mevlana foi contemporâneo dos Templários e estabeleceu com eles um fio de diálogo secreto entre as religiões de sua época.

A estranha rosácea de Valderrobres

Na igreja paroquial de Valderrobres (Teruel), a janela que ilumina a misteriosa capela de oração do bispo Heredia tem a forma de triângulo. Trata-se de uma rosácea, única na Espanha, formada por 16 pequenos triângulos equiláteros que formam o maior que os envolve. Também aqui vemos inscrito o criptograma da Cruz de Oito Beatitudes, o abecedário codificado do Templo.

Para interpretar algumas das chaves dessa rosácea singular, teremos de recordar a importância dessa figura geométrica esotérica. O triângulo equilátero representa a divindade, a harmonia e a proporção. Dele deriva o *pentagrammon*, símbolo da harmonia universal. Não é por acaso, então, que o olho de Deus pai, o grande arquiteto do universo, apareça como um triângulo equilátero, com a ponta para cima, que corresponde ao elemento terra. Alquimicamente falando, simboliza, além disso, o fogo, o coração e o sexo masculino. O selo de Salomão é formado por dois triângulos invertidos que equivalem à sabedoria humana. Na tradição judaica, o triângulo equilátero representa Deus cujo nome não se pode pronunciar. É conhecida a importância atribuída pela Franco-Maçonaria ao triângulo equilátero, com a ponta para cima, ao qual denomina *delta luminoso* em clara evocação à forma da maiúscula grega.

Portanto, a rosácea do lado nordeste da abside – o que ilumina o setor mais frio do templo – da igreja paroquial de Valderrobres, a capital da comarca turolense do Matarranha, constitui um código ali deixado pelos Templários para transmitir uma série de mensagens secretas por meio da Cruz de Oito Beatitudes. Nessa ocasião, a cruz não está inscrita em um círculo, como a do capitel da igreja de San Bartolomé de Ucero, mas em um triângulo equilátero, e também aparece o cabalístico número sete (16 = 6 + 1 = 7), figura geométrica que transmite, além do mais, todo o poder celestial, ao estar relacionada ao Deus pai gerador da vida. Dá-se a circunstância, além disso, de que a capela elevada que essa estranha rosácea ilumina se comunica com o castelo de Valderrobres por meio de um passadiço aéreo. Recordemos que essa fortaleza não era desse molde, pois ela foi concebida em tempos Templários para proteger uma pedra sagrada que se elevava na parte mais alta da construção, onde deveria estar o pátio das armas, caso fosse uma fortaleza militar.

Embaixo, nas entranhas do castelo de Valderrobres, se estendem numerosas galerias secretas que, segundo confirmam a tradição e algumas lendas, serviram para que os Templários se deslocassem em direção ao leito do Rio Matarraña, a fim de fugir, em caso de assédio. Também, para se abastecerem de água potável, porque a água, o elemento líquido, para os Templários era não apenas uma necessidade vital, mas também um ponto de força, no próprio centro do manancial e ao longo das correntes energéticas irrigadas pela água subterrânea.

10

O Culto das Águas Subterrâneas

> *"A imersão nas águas significa o retorno a um estado pré-formal, com seu duplo significado de morte e dissolução. Na cosmogonia mesopotâmica, o abismo insondável das águas foi considerado como símbolo da pureza, da sensibilidade e da profunda sabedoria impessoal."*
> Mariano José Vasquez Alonso

A água, o elemento líquido, a base primordial da vida na Terra dos seres humanos, dos animais e do mundo vegetal, é definida simbolicamente a partir de três dimensões: *a)* fonte de vida; *b)* meio de purificação; *c)* centro de regeneração. Os Cavaleiros do Templo, que tantos vínculos tiveram com os povos do Mediterrâneo oriental, souberam valorizar, em sua justa medida, a importância da água. Entre muitas outras questões, os Templários viram como, no entorno de um poço ou manancial de águas cristalinas, considerado lugar sagrado, os nômades do deserto se reuniam para trocar seus produtos e manifestar suas alegrias. Em volta dessas fontes nascia o amor e eram combinados os preparativos para os matrimônios. Esses lugares, portanto, eram pontos de paz, amor e luz.

Se a água é garantia da vida, existe outra água com um sentido muito mais profundo, pois trata-se da água que é vinculada à sabedoria. Referimo-nos às águas subterrâneas: "É no coração do sábio que reside a água. Ele é semelhante a um poço e a uma fonte" (Pr 20, 5; E 21,13). "Quanto ao homem privado de sabedoria, seu coração é comparável a um vaso quebrado que deixa escapar o conhecimento" (Ez 21,14).

Para os povos do Oriente Próximo, a água é sinal e símbolo de bênção. Isaías profetizou uma nova era: "Surgirá água no deserto (...) o país da sede se transformará em mananciais" (Is 35, 6-7). E no Apocalipse (7,17) lê-se: "O cordeiro (...) os conduzirá às fontes das águas da vida." Se no Antigo Testamento a água era, primordialmente, o símbolo da vida, no Novo Testamento ela o é do Espírito, pois Jesus revela-se à samaritana como Senhor da água viva quando ele se converte na fonte. Tal como acontece na rocha de Moisés, onde a água surge de seu interior. E, na cruz, a lança faz brotar água e sangue do costado aberto do Senhor. Sua ferida equivale a uma fenda aberta na rocha, por onde emana a vida, a água, a sabedoria. Santo Anastácio o expressa muito bem: "O Pai é a fonte, o Filho se chama o rio, e dizem que nós bebemos do Espírito" (*Ad Serapionem*, 1, 19). A água viva, a água da vida, como símbolo cosmogônico, reveste-se, pois, de um sentido de eternidade, como recorda o apóstolo João (4, 13-14): "Aquele que bebe desta água viva já participa da vida eterna." Para Tertuliano, é o espírito divino que elege a água entre os diversos elementos da natureza, posto que para ela vão suas preferências, como origem e matéria perfeita, fecunda, simples, transparente e purificadora. A partir de tudo isso, é fácil deduzir o sentido sagrado da água, como o elemento capaz de lavar os pecados dos homens.

Poder esotérico

Na Astrologia, a água está associada a três signos magnéticos: Câncer, Escorpião e Peixes, enquanto na Alquimia, o elemento líquido é representado por um triângulo equilátero com o vértice para baixo. Como virtude purificadora, a água exerce um poder esotérico. Os antigos batismos em imersão supunham um símbolo de regeneração e, ao mesmo tempo, uma fonte de renascimento, ao ser binômio de morte e vida. A água batismal, ao restabelecer o ser em um novo estado, conduz explicitamente a um novo nascimento, posto que a imersão compara-se ao enterro de Cristo e sua ressurreição se produz depois de sua descida às entranhas da terra.

Diante disso, é fácil compreender a importância que teve a água, sobretudo a água oculta, viva e cristalina, para os Templários. Foram numerosos os territórios do Templo que se ergueram sobre correntes subterrâneas de água, porque, ao mesmo tempo, tais edificações nutriam-se do sagrado, do puro, do elemento líquido que fluía entre os alicerces, bendizendo a quem ali rezava ou morava. Lugares como San Miguel de los Fresnos, perto de Frenegal de la Sierra (Badajoz), a igreja de San Juan Bautista, de Consuegra (Toledo), e a vila de Beceite, em Matarranha (Teruel); o próprio templo de San Bartolomé de Ucero, no coração da garganta do Rio Lobos (Soria); Caldes d'Estrac (Caldetas) na comarca do Maresme (Barcelona), além de muitos outros, assim o corroboram.

Os Templários, com sua volta ao culto das águas, deram uma volta nas interpretações da Igreja oficial, que considerava a água vinculada aos pagãos, ao herético, porque os cultos ancestrais da humanidade giraram em torno de fontes. Todo lugar de peregrinação comporta um ponto de água e sua nascente, já que a água tem a capacidade de curar, em razão de suas virtudes específicas, e a igreja não tardou em elevar sua voz contra o culto que a humanidade rendia às águas, porque a devoção popular sempre considerou o valor sagrado e curativo delas. "Porém, os desvios pagãos e o retorno das superstições eram sempre ameaçadores: o mágico espreita o sagrado para pervertê-lo na imaginação dos homens", comentam Jean Chevalier e Alain Gheerbrant. Esse foi, portanto, outro dos motivos que a Igreja usou em seu argumento contra os Templários: a retomada do culto pagão às águas. Por outro lado, a água também é objeto de admiração nas páginas do Alcorão, cujo livro sagrado designa em muitas de suas suras a água bendita, a que cai do céu pela chuva, como um dos valores divinos para a humanidade; "os jardins do Paraíso têm riachos e fontes de água viva" (2,25; 88,12), e o Alcorão amplia: "O próprio homem foi criado de uma fonte de água" (86,6). O Templo, que bebeu das fontes da sabedoria do mundo oriental, era bem consciente da dimensão espacial da água para o ser humano, tanto no nível espiritual quanto no nível sociocultural. E assim, o Templo não tardaria em aplicar esses valores em sua volta à Europa. Ao conceber grande parte de seus edifícios, tanto religiosos quanto civis, sobre locais ricos em correntes de águas subterrâneas, essas considerações sagradas estavam sendo deslocadas para uma dimensão espacial, camuflando-as, ao mesmo tempo, ante os olhos da Igreja oficial.

11

A Árvore Sagrada

> *"Para os gregos da Antiguidade, o freixo simbolizava a força. Essa árvore, relacionada também com as civilizações nórdicas, teria a propriedade de afugentar as serpentes."*
>
> Udo Becker

Muito antes de o homem conhecer a arte de construir, o mundo todo foi moradia da Divindade, pois está escrito: "Os céus e a terra estão cheios de sua glória" (Is 63). Porém, como o mundo é amplo demais para ser apreendido eficazmente em um ato ritual, o homem foi capaz de sintetizar todo o universo em um cenário familiar e representativo. Nesse esquema geral e natural o Templo é o cenário elementar, formado pela colina (ou o *tumulus*), onde adorar as divindades masculinas; a gruta, onde render homenagem às divindades femininas; as pedras; a árvore e o manancial; tudo isso cercado por um recinto que anuncia o caráter sagrado do local. Dessa forma chegamos aos bosques sagrados – os *alsos* dos gregos, o *lucus* dos romanos. Quando, mais tarde, surgiu a arquitetura, o templo converteu-se na casa da divindade, enquanto os demais componentes – vegetais e minerais – não tardariam em constituir os próprios elementos do edifício e as árvores se transformariam em seus pilares. A árvore, símbolo perfeito da Vida, plantada no paraíso, cresce em direção ao céu e vivifica todo o universo. É, ao mesmo tempo, o mistério da verticalização, da regeneração constante, porque representa não apenas a expansão da vida na Terra, mas também a vitória sobre a morte, cujo mistério de vida, a realidade sagrada, não pode estar mais bem representado em suas três dimensões cósmicas: *subterrânea* (raízes que se estendem para baixo, buscando a água e o alimento); *terrestre e humana* (tronco, verticalidade pura); e *superior e celeste* (ramos, expansão).

Todas as civilizações renderam culto a uma ou outra árvore que, por suas diferentes qualidades, tenha despertado a admiração dos povos, tanto do Oriente como do Ocidente. Com o freixo (*Fraximus Excelsior, fraxináceas*), além disso, dá-se o fato de ele ter sido venerado tanto pelas culturas mediterrâneas quanto pelas atlânticas. O freixo era considerado a primeira árvore da humanidade, cedendo para a oliveira o primeiro posto na lista de espécies vegetais benéficas ao ser humano. Para os povos germânicos, por exemplo, o freixo *Yggdrassil* era o eixo do mundo, inalterável e sempre verde, ao mesmo tempo que se convertia em um protetor contra os raios. Todo o universo se desdobrava à sombra de seus galhos, dando abrigo a inúmeros animais, porque todos os seres vivos derivavam dessa emblemática árvore. Nas sagas das antigas tradições escandinavas, estreitamente vinculadas aos mitos ancestrais germânicos, o freixo é símbolo da imortalidade e, ao mesmo tempo, nexo entre os três planos do Cosmos. O seguinte poema escandinavo, recolhido por Gérard Champeaux em sua obra *Introducción al Mundo de los Símbolos*, o descreve como símbolo da árvore do paraíso:

> "Esta árvore, sabiamente edificada, que penetra até o seio da terra...
> Sei que existe um freixo chamado Yggdrassil.
> A copa da árvore está banhada em vapores brancos de água
> Donde se desprendem as gotas de orvalho que caem no vale.
> Ela se ergue, eternamente verde, por cima da fonte de Urd.
> É o gigante, deus da fecundidade.
> Yggdrassil treme.
> O freixo ereto.
> O velho tronco geme,
> e o gigante se liberta;
> todos estremecem
> pelos caminhos do inferno."

Descrição que também pode ser estendida para a montanha do mundo onde, em cada nível, vão se desdobrando os pisos míticos desde o céu até o seio da terra. Desde os tempos primordiais, aprofundando-se nas culturas mais ancestrais da Anatólia e Mesopotâmia, o freixo adquire a dimensão da árvore da sabedoria (árvore do conhecimento), identificada com o mundo do qual é a prolongação, ao receber os benefícios do firmamento (copa banhada por vapores brancos de água, pela qual destila o orvalho que fecunda a vida). Ele também é a árvore-fonte cujas águas frescas e cristalinas regam as várzeas do mundo...

Para os gregos da época de Hesíodo (século VIII a.C.), a dureza e flexibilidade de sua madeira ainda simbolizavam a força, a solidez poderosa, ao mesmo tempo que contava com uma propriedade de grande importância: a de afugentar as serpentes venenosas. Segundo as crenças antigas, o freixo espanta as serpentes, ao exercer sobre elas uma espécie de poder mágico. O médico grego Dioscórides (século I d.C.) chegou a dizer que, se uma serpente tivesse que eleger entre passar sobre um ramo de freixo ou pelas chamas de uma fogueira, escolheria sem vacilar este último caminho. Também devemos a ele a seguinte receita: "Um chá de folhas de freixo misturado com um pouco de vinho tem grande eficácia contra o poder do veneno de cobras."

Também, para os romanos e muitos outros povos da Antiguidade, o freixo converteu-se em árvore sagrada, à qual rendem justa homenagem. Não é por acaso, portanto, que para os bascos – que constituem uma das culturas mais antigas do mundo – o freixo – *lizarra* na língua basca – estivesse relacionado ao fogo. É a essa árvore que é rendida uma justa homenagem na noite mágica de São João, quando a árvore se converte no epicentro das tradicionais fogueiras e, nas portas de muitas casas de Euskadi, continuam sendo colocados seus ramos para proteger a todos que ali habitam. O consumo de folhas dessa árvore pelas vacas faz com que elas deem mais leite e de melhor qualidade. Não é estranho, portanto, que, desde os tempos antigos, o freixo tenha estado muito próximo das construções habitadas, para acompanhar os seres humanos, ao mesmo tempo que dava uma dimensão arbórea aos lugares sagrados. Circunstâncias, todas elas, que não passaram despercebidas para os Templários, cujos Cavaleiros souberam muito bem assimilar a sabedoria das civilizações mais antigas, tanto as do mundo oriental como as relacionadas aos celtas. "Não é de estranhar que o freixo tenha sido símbolo da fecundidade tanto na Gran Kabilia e outras regiões do norte da África quanto na Europa", recorda Ignácio Abella. Com efeito, tanto no Magreb como na Europa nórdica o freixo coincide no pensamento dos povos e gentes como símbolo da fecundidade.

A área de distribuição do freixo é muito ampla: desde o norte da África até a Escócia, e desde a Escandinávia até os Urais. Na Península Ibérica, ele domina a metade setentrional, em torno dos 1.500 metros de altitude. Essa árvore singular, que prefere as terras férteis, profundas e calcárias, suporta bem as temperaturas de até −15°C, embora os climas extremos a afetem; resiste bem aos ventos da costa e chega a alcançar os 30 metros de altura, por volta dos 75 anos de idade, quando seu crescimento é interrompido. Floresce na primavera. A poda de seus galhos é feita a cada oito anos, e sua lenha é das melhores, porque queima inclusive quando está verde.

O freixo, por suas múltiplas qualidades saudáveis e protetoras, e também por suas inúmeras referências tanto nas culturas da Europa mediterrânea quanto nas do mundo germânico, foi adotado pelos Templários como sua árvore sagrada e não se furtaram em relacioná-lo a São João Batista. Como consequência, sua presença na geografia hispânica é surpreendente, como pode ser avaliado em tantos territórios do Templo. Algumas dessas árvores são encontradas em lugares muito ao sul, para onde foram levadas pelos Cavaleiros. San Miguel de los Fresnos, no município de Fregenal de la Sierra (Badajoz), um dos baluartes mais importantes da Ordem na Baixa Extremadura, próxima a Jerez de los Caballeros, evoca constantemente essa árvore sagrada. Além disso, descobriu-se que sob os alicerces do conjunto monástico, localizado em um cenário soturno de silêncio e sob uma espessa bruma, correm correntes de água potável, o que volta a nos indicar a importância que os ritos da água purificadora e benfeitora, procedente das entranhas da terra, tiveram para o Templo. Freginals, na comarca catalã de Montsiá (Tarragona), sobre as antigas vias de comunicação entre Tortosa e Morella, Peniscola e Sant Mateo, é um lugar igualmente ligado aos Templários.

Em Teruel, na comarca de Matarranha, encontra-se o povoado de La Fresneda – terra de freixos –, que foi antes uma missão importante dos Templários e, depois, dos calatravos. Nos porões de numerosas vivendas medievais conserva-se a antiga fonte, em forma de poço, de claros vínculos Templários. Em Astúrias, Fresnedo, 14 quilômetros ao sul de Villaviciosa, existe um convento de Templários, próximo a San Salvador de Alesga, que conta com os restos de uma pequena fortaleza do Templo. Ambos os enclaves controlavam o caminho estreito do Puerto de la Ventana, por onde se estende uma antiga estrada romana pavimentada, utilizada durante os séculos medievais pelos peregrinos. Daí a importância dos frades, cuja missão de guardiões do caminho foi-lhes designada pelo monarca Fernando II de León (1157-1188). Fresno de Caracena, o coração das charnecas sorianas, é outro dos povoados que evocam essa árvore mística e sagrada para os Templários. Nessa vila, segundo o *Cantar de Mio Cid*, Rodrigo Díaz de Vivar recebeu o arcanjo São Gabriel em sonho. O povoado encontra-se a meio caminho entre a fortaleza califal de Gormaz e Caracena; esta última é considerada uma das vilas mais esotéricas da geografia templária hispânica. A coluna de justiça de Fresno de Caracena, de pedra avermelhada, é iluminada pelos raios do crepúsculo e coloca uma nota de tragédia no ar ao lembrar o destino dos últimos Cavaleiros daqueles territórios do chapadão castelhano. Porém o enclave mais surpreendente da Espanha mágica, relacionado ao freixo, é, sem dúvida, a Serra de Aralar, em Navarra, em cujo pico (Artxueta, 1.343 metros) ergue-se a igreja de San Miguel in Excelsis – de novo um santo templário. Em Aralar, terra de dólmenes e sendas de iniciação, de visgos e de lendas, o freixo ergue-se orgulhoso como o líder do reino vegetal. Sob seus ramos gravita o Cosmos e transmite uma atmosfera de equilíbrio que, já no século XIII, os Templários souberam muito bem conceber, quando situaram em cima, junto ao altar sagrado de adoração das divindades dos povos da proto-história, uma ermida de oração dedicada ao arcanjo São Miguel. Em torno desse templo plantaram um círculo de freixos, protetores contra os raios e afugentadores de serpentes venenosas. Daí a tradição popular em conceder a essa igreja seu reconhecimento como santuário do freixo. El Fresno (Ávila), Fresnedoso de Ibor (Cáceres) e mais de uma centena de povoados espalhados por toda a geografia espanhola, tanto peninsular como insular, evocam seus vínculos com o Templo em um momento determinado de sua história.

O freixo é a árvore dos nascidos sob o signo de Libra (entre 23 de setembro e 23 de outubro), ao coincidir nesse período – início do outono – a época de amadurecimento de seus frutos e o recolhimento deles para semeadura. As qualidades beneficentes dessa árvore sagrada também chamaram a atenção dos médicos do Renascimento, como o sábio e humanista Andrés Laguna (1499-1560), médico de cabeceira do imperador espanhol Carlos V. E a ele devemos a frase: "Precioso remédio contra o veneno das serpentes inflamadas, tanto é verdade que, em todo o espaço coberto por sua sombra nunca se vê ou viu animal venenoso (...) por onde podemos ver que, geralmente, o freixo floresce antes de as serpentes saírem debaixo da terra e nunca deixa as folhas até que todas voltem às suas cavernas, pois foi assim ordenado pela sábia natureza a nosso favor". Em razão de sua polivalência como árvore protetora, saudável e, além do mais, como espécie alimentícia para o gado, bem como sua grande resistência a qualquer tipo de poda, os freixos foram também usados pelos Templários como muros vegetais – paliçadas – para a defesa e, ao mesmo tempo, adorno vegetal de lugares sagrados. Daí deriva seu nome científico de *fraxinus* (do grego *phraxo*, "cercado").

Sem dúvida, o rosto mais carismático associado ao Templo, conhecido como Bafomé, é um dos temas mais enigmáticos do esoterismo templário. Também em sua etimologia voltamos a nos encontrar com elementos de cultos ancestrais e algumas divindades pagãs.

12

O Diabo Bafomé

"O ídolo era uma cabeça com barba à qual adoravam, cobriam de beijos e chamavam de Salvador."

(Declarações de Raynier de L'Archent, em 1307, diante do inquisidor, depois de receber as torturas mais cruéis.)

O setor dos iniciados Templários chegou a estabelecer estreitos vínculos com as forças do Mal. Por isso, conceberam um rosto que, quando a ele elevassem suas preces, servisse de ponte com o príncipe das trevas: Lúcifer. Esse ídolo não era outro senão o místico Bafomé.

Os Templários estudaram escrupulosamente as Escrituras Sagradas com o único fim de compreender melhor a profundidade de Lúcifer, o anjo caído para a Igreja. Para isso – como recorda Gastón Clerc – aprofundaram-se nos conceitos cabalísticos, priscilianistas, gnósticos e pagãos, fossem de procedência semita ou helenística, chegando à mesma conclusão: a afirmação precisa sobre o mundo das trevas para ansiar com maior ímpeto a luz do Senhor: *ut intellegentes tenebras desideremus lucem domini* ("os que conhecemos ou praticamos nas trevas desejamos a luz do Senhor").

Entre todos os símbolos esotéricos relacionados com o Templo, possivelmente foi Bafomé o que mais produziu quebra-cabeças aos setores mais ortodoxos da Igreja oficial. Trata-se de uma estranha cabeça cortada, elemento que funde suas raízes nos ritos ancestrais proto-históricos, tanto do Oriente como do Ocidente, como o confirmam os cultos à maléfica Medusa, capaz de matar a quem a olhe fixamente nos olhos; a Osíris, no Egito Antigo; ao Odin germânico; ou a Orfeu e Perseu, já na civilização helênica clássica. Um rosto que, surpreendentemente, era capaz de responder a perguntas cabalísticas, em relação ao futuro, baseando-se em um sistema binário formado por duas cifras. Os Templários costumavam levar essa cabeça dependurada ao pescoço em tamanho pequeno, em forma de amuleto protetor, como seus contemporâneos cátaros. Na localidade de Navarra de Arnotegui (Obanos), perto de Eunate, mantém-se um rito ancestral que aprofunda suas raízes à época templária. Trata-se do culto a uma cabeça-relicário, de São Guilherme, a qual, depois de ser passada em procissão na Semana Santa, recebe em seu interior o vinho e a água, líquidos relacionados ao sangue de Cristo e que se convertem em ingrediente para múltiplos remédios.

Diz-se que alguns Cavaleiros, ao serem torturados pela Inquisição, manifestaram que a simples contemplação desse rosto enigmático era tão insuportável que, como o Graal, produzia a morte. Porém, não se tratava de uma morte física, mas de um falecimento iniciático que levaria, se tudo tivesse se desenvolvido de acordo com preceitos estabelecidos pela Ordem, a um renascimento.

Contudo, o problema quanto à interpretação desse rosto também se estende à etimologia dele mesmo. O termo *bafomé* podia guardar um vínculo estreito com "o batismo da inteligência", se fosse confirmada sua relação com os termos gregos afrancesados *baphé e metis*. Outros investigadores, por outro lado, apoiam a vinculação com a palavra *baal-phomet*, termo dos povos do Mediterrâneo oriental relacionado aos ritos dionisíacos, ou de Dionísio, o deus do vinho da civilização grega. E, mais modernamente, existe quem faça derivar *bafomé* das palavras afrancesadas *ubat el fumet* ("boca do pai"), com o que voltaríamos ao rito que os Cavaleiros deviam realizar nas cerimônias de iniciação nos níveis mais secretos. Mais que um ídolo, portanto, o Bafomé, um dos maiores enigmas da mitologia templária, é um rito. Segundo Louis Charpentier, a palavra *bafomé* é o resultado de um acúmulo de símbolos vinculados à alquimia. Trata-se de uma meditação coletiva dirigida a tais símbolos e seu significado. Também se deveria buscar as raízes desse rosto esotérico nas tradições gregas antigas. Para o barão Hammer Piertgstall, orientalista alemão, o termo *baphe*, corruptela de *bafé*, equivale a banho, enquanto *met* derivaria de *meteos*, em clara procedência do espírito heleno, que se traduz por iniciação do espírito. É fácil deduzir que Bafomé suporia um símbolo gnóstico de um "batismo de fogo-

-espírito", por imersão, o que nos levaria às origens do batismo nas culturas do Mediterrâneo oriental. Também se estabelece uma correspondência estreita com a festa templária de Pentecostes, na qual os Cavaleiros celebram o "batismo apostólico pelo Espírito Santo". Portanto, Bafomé transmite um batismo espiritual para os iniciados, mas não com água, e sim com fogo, o banho ígneo que, como sentencia Rafael Alarcón, substitui o batismo com água dos cristãos entre os gnósticos. O próprio trovador alemão Wolfram von Eschembach, em sua obra graálica magistral *Parsifal l*, denomina *batizados* os Cavaleiros custódios do Santo Graal. Existe um denominador comum em todas essas relações; inclusive Gérard de Sède chega a efetuar uma conexão estreita entre Bafomé e a Lua por meio de um simbolismo alquímico implícito, já que nosso planeta se relaciona com a prata, que seria a fase alquimista que sucede à *nigredo* (a *albedo*, o casamento místico do Ego com o Eterno Feminino, a Anima). Com isso, chegamos ao que Fulcanelli e Louis Carpentier assinalam como a dualidade, ou seja, o andrógino, outro símbolo da Pedra Filosofal, e daí ao rosto duplo da divindade Jano, que é claramente bafomética. No coração do vale cântabro de La Liébana, ergue-se o pico de Jano, montanha sagrada para os povos da Antiguidade, em cujo cimo se rendia culto às divindades masculinas; nas cavernas de suas encostas se conservam altares para render homenagem às deusas. Muito perto, encontra-se o santuário de Santo Toríbio, onde se conserva o *lignum crucis*, o maior pedaço de madeira da cruz de Cristo. Toda a região está carregada de energia e forças de poder, motivo de não ser estranho que os Templários tenham tido ali uma presença notável.

O Bafomé templário deve ler-se de trás para a frente, TEM-O-H-P-AB, símbolo das palavras latinas *Templi ommun hominun pacis abbas*, que se traduzem por "O Pai do Templo, Paz universal aos homens".

Deu-se o caso, durante numerosos processos de tortura, de que muitos Cavaleiros Templários chegaram a substituir a figura do Bafomé por um gato. Felino que, igualmente, séculos depois, terminaria sendo beijado durante as soporíferas sessões de autos de fé que a Inquisição levou a cabo com as bruxas. Esse animal sutil, relacionado às sombras da noite e à independência, gozou de uma devoção especial no Egito Antigo. Entretanto, durante os séculos medievais, foi considerado pela Igreja a reencarnação do Diabo. De novo, encontramos aqui uma vinculação estreita entre os

Templários e a bruxaria. É necessário recordar que o Templo se assentou, com pleno conhecimento disso, naqueles enclaves fortemente carregados de forças malignas, segundo a Igreja oficial. Montserrat, por exemplo, qualificado como o lugar de residência da rainha das bruxas desde o século II, mil anos depois seria ocupado pelos Templários.

O Bafomé é, ao mesmo tempo, uma figura venerada pelos Templários, vinculada aos conceitos mais quiméricos da arte medieval. Mescla o ser andrógino, figura satânica, monstro, ídolo, etc. Nele a zoologia fantástica nos leva para as concepções aterradoras da outra dimensão, baseadas no conhecimento das forças do Além da Morte, que só um grupo escolhido desses Cavaleiros teria capacidade de entender.

O Bafomé está reproduzido em numerosos lugares da geografia templária hispânica. Dentre eles, podemos destacar a figura escura de pedra de granito que se sobressai na fachada da igreja de Puebla de Sanabria (Zamora). Da mesma forma, a figura estranha na área superior da abside da igreja paroquial de La Asunción, na localidade de Ráfales (Teruel). Aparece também na vila de Artaiz (Navarra); nas igrejas paroquiais de Ribarroja d'Ebre e Flix, povoados da comarca de La Ribera d'Ebre (Tarragona). Sobre a porta principal da igreja paroquial de San Esteban de Aramil (Astúrias), aparece uma caveira de pedra de tamanho natural que muitos historiadores relacionam com o Bafomé templário, e nos núcleos próximos de Caravia e Burela existiram hospitais de peregrinos jacobeus, administrados pelo Templo. Também é suspeito de sê-lo o rosto estranho que se sobressai da fachada sobre o pórtico de acesso à modesta ermida de Santa María del Campo, na vila de Castropol (Astúrias), etc.

Em Caracena, no coração das charnecas sorianas, o povoado maldito do sul dessa província castelhana-leonesa, em uma viga ressaltada do exterior da abside da igreja românica de San Pedro aparece um Bafomé burlesco, que mostra um sorriso horripilante que se desdobra de seu triplo rosto, formado por três narizes, quatro olhos e uma boca comum mostrando os dentes. O alemão Gottfried Kirschner, diretor da série *Terra X*, o erudito Soriano Ángel Almazán de Gracia e muitos outros autores são defensores firmes da correspondência dessa viga ressaltada com o diabólico Bafomé templário. Também a cidade de Soria e sua província contam com um personagem muito querido e venerado: São Saturio, um santo com barba de origens estranhas, de cor negra, que muitos investigadores vinculam com um Bafomé templário. O mesmo templo onde se rende culto a ele, a pouca distância da capital, é rupestre e surge o curso sinuoso do Rio Duero, o que faz com que o encontremos novamente entre rochas e água. E, sem sair dessa terra soriana esotérica, na localidade de Omenhaca, um rosto de inspiração celta domina o frontão da fonte da praça; rosto que lembra os ritos proto-históricos das cabeças mágicas que, sem dúvida, serviram de modelo aos Bafomés Templários. Nessa região, além do mais, se estende a Serra do Almuerzo que, de acordo com as tradições medievais, foi o cenário da lenda dos Sete Infantes de Lara. Suas cabeças cortadas se converteram em relíquias, junto com um copo mágico – o Graal – elaborado depois da fundição dos colares de ouro dos lendários personagens castelhanos, e foram adorados em uma arca, evocando novamente as cabeças dos Bafomés Templários.

No castelo templário de Benifallim, sobre a encosta oriental da Serra dos Plans (Alicante), os Cavaleiros da Cruz Pátea valeram-se de Satanás para que este anunciasse aos camponeses da região a chegada das chuvas benfeitoras.

Os senhores do mal

O príncipe das trevas, o possuidor do pecado, segundo a Igreja, sempre foi o inimigo a vencer. São inumeráveis as referências documentais que chegaram até nossos tempos, a partir de pontos de vista diferentes. No Concílio de Braga (Portugal), celebrado no ano 563, se declarava excomungado todo aquele que negasse que o Diabo era, antes, um anjo bom criado por Deus e afirmasse, ao contrário, que Satanás nasceu do caos e das trevas e não tem Criador, mas que ele mesmo é o princípio e a substância do Mal.

Ao escritor e político bizantino Miguel Psellos (1018-1078), restaurador da filosofia neoplatônica, é devido um estudo publicado em Constantinopla sobre as diferentes classes de demônios; interessante trabalho que, tempos depois, Guaccio resumiu em sua obra enciclopédica *Compendium Maleficarum*, publicada em 1608. Este último enriqueceu o tema, descrevendo de forma magistral as cerimônias de feitiçaria e bruxaria protagonizadas pelos demônios. Entre os príncipes dos infernos destaca Astaroth, que tinha a faculdade de seduzir por meio da indolência e da futilidade, enquanto Verrin seduzia mediante a impaciência. O que resulta de maior interesse ressaltar é que, em ambos os casos, o adversário de tais diabos era São Bartolomeu.

Porém, o possuidor das forças maléficas foi denominado com diferentes nomes: demônio, Diabo, Lúcifer, Satã, Belial, Belzebu, etc. Veremos, em seguida, por ordem alfabética, o que significa cada uma dessas denominações.

Belial: nome que aparece unicamente no Novo Testamento e também nos manuscritos descobertos nas cavernas de Qumran do Mar Morto. Trata-se de um personagem que, ao modo de anjo das trevas, enfrentou os anjos da luz. É um ser tolerado por Deus que tenta levar o mal aos humanos para acabar sendo derrotado.

Belzebu: ser relacionado ao senhor das moscas – Belzebu – se traduz em grego como "senhor das moscas" e aparece citado apenas no Novo Testamento. Sua missão era enviar pragas desses insetos aos humanos para castigá-los e sua relação com o Diabo foi mais tardia.

Besta: ser portador do Mal, que tenta contra a virtude e contra os homens, para caírem em pecado, segundo as concepções que aparecem nos códices coloridos medievais, em forma de *Bestiários*. A Besta diabólica aparece representada como dragões que lançam chamas de fogo, e está igualmente vinculada ao mito do Pelicano, que funda suas raízes nas crenças cátaras; elas remontam à antiguidade celta e são recolhidas pelos Templários.

Demônio: termo de origem grega que deriva de *daío*, que se traduz como "desgarrar". No início da civilização helênica, acreditava-se em um espírito mau que procurava seu alimento devorando os corpos dos mortos depois de desgarrá-los. Mais tarde, o demônio alcançou a categoria de um semideus, que tinha a missão de castigar os humanos por seus pecados. Porém, essas divindades também chegaram a alcançar poderes maléficos, que lhes permitiam possuir os homens por meio de forças sobrenaturais, fazendo com que as adorassem. Na versão grega do Antigo Testamento, seguida pelos cristãos antes da redação do Novo Testamento, associava-se o demônio com o príncipe do Mal.

Diabo: procede do termo grego *diabolô*, "o que lança algo através de". Tratava-se de difamações e calúnias. Tudo começou quando, no século III a.C., os judeus levaram a cabo a tradução da Bíblia hebreia para o grego. O Diabo é citado no Antigo Testamento como um acusador desapiedado, destruidor, ao mesmo tempo, da paz e do respeito entre os homens, e causa de sua perdição por meio do pecado.

Lúcifer: traduz-se como "portador da luz". No início do Cristianismo, também se chamou Jesus de Lúcifer, o ser portador da luz dos crentes. Foi durante os séculos medievais que se associou esse personagem com o príncipe das trevas, ao ser interpretado, erroneamente, um texto de Isaías em que se lê: "Uma estrela caiu do céu para ir ao inferno depois de tentar ocupar o lugar de Deus." Tratava-se, na realidade, da descrição da morte do monarca assírio Sargão II, o fundador da dinastia dos sargônidas (século VII a.C.), que alguns atribuem ao rei Nabucodonosor II. Ao morrer ambos os reis, seus corpos se precipitaram das alturas e caíram nas profundezas do inferno, por sua ânsia de poder.

Satã: ser que aparece em poucas ocasiões no Antigo Testamento, e não em forma de indivíduo, mas para designar o acusador. Eram, portanto, os mesmos anjos que Deus encarregou de lhe avisarem das más ações levadas a cabo pelos humanos. Progressivamente, esse conjunto de anjos se revela contra o poder celestial, ao preferir adorar Adão, e são portadores da serpente que provocou o pecado original. A partir do Novo Testamento, Satã e o Diabo já são sinônimos do ser portador do Mal.

No entanto, é preciso penetrar nos alicerces do Templo de Salomão, a obra máxima da história do mundo bíblico, associada com as três religiões monoteístas, para descobrir a essência do Templo, cujos Cavaleiros também renderam uma homenagem justa ao lendário Hiram, o grande Mestre construtor, como veremos a seguir.

13

O Mestre Construtor

> *"Existe um lugar no Inferno chamado Malebolge, construído todo em pedra e de cor ferruginosa, como a cerca que o circunda. No próprio centro daquela planície funesta abre-se um poço muito largo e profundo..."*
>
> Dante Alighieri, *A Divina Comédia*, Canto XVIII

Contudo, antes de empreender a tarefa árdua da construção de uma obra arquitetônica, os Templários aprenderam a conhecer os mitos e as lendas que envolviam a criação do ser humano, graças aos contatos estreitos que, durante sua longa permanência na Terra Santa, tiveram a oportunidade de estabelecer. Puderam intercambiar conhecimentos profundos com povos tão cultos como os hebreus. Entre estes, devemos citar um tal Moisés Takko (século VIII), autor de uma obra valiosa, *El Tratado de la Sinceridad*, a qual, temos certeza, deve ter sido muito lida pelos iniciados do Templo. Destacamos a seguir um dos parágrafos: "E todos esses magos do Egito, que haviam criado um ser qualquer, estudavam por meio de demônios ou por uma espécie de magia a ordem das esferas (...) e criavam o que queriam. Ora, os rabinos, que criavam um homem ou um bezerro, tinham conhecido o mistério: tomavam terra (...) pronunciavam o Schem sobre ela e o ser era criado."

Os Templários, graças a seu contato íntimo com as culturas do Mediterrâneo oriental, tiveram ocasião de beber das sabedorias ancestrais dos povos da Terra Santa. Concretamente, devem aos ismaelitas: o encontro da Tradição, de onde se desdobrava uma hierarquia dupla, uma oficial e outra secreta; as cores comuns da indumentária, branco e vermelho; o símbolo, quer na lenda do Rei Perdido ou o Imã Invisível; o simbolismo do templo e das irmandades de construtores que compartilhavam o cruzeiro de ogiva, os triângulos esféricos e os arcos trilobulados ou quadrilobulados, etc. Por estes, e muitos outros motivos, os Templários foram acusados de manter acordos secretos, porém não faziam mais que referendar os mesmos ideais, a mesma ética e vertente iniciática correspondente, que era o marco de suas relações.

Outro elemento característico do Templo era o ábaco do Mestre, introduzido por Bertrand de Blanchefort (1156-1169), que evoca o báculo pitagórico, utilizado pelos Mestres construtores como vara de medição. Os Templários lhe acrescentaram sua cruz.

O Templo de Salomão

Salomão (970-931 a.C.), rei de Israel, adornou sua capital Jerusalém com numerosos edifícios, entre eles palácios para ele e suas mulheres. Contudo, sua obra arquitetônica mais grandiosa, cuja fama perdurou por gerações, foi a construção do templo cujos alicerces foram feitos no quarto ano de seu reinado e que se completou no ano 11º, com tudo o que era necessário. O edifício era de pedra lavrada e madeira de faia e pinho levado do Líbano e tinha adornos de prata, ouro e cobre montados por artesãos especialistas de Tiro, que, como todos e cada um dos pedreiros, obedeciam às ordens de Hiram, o grande arquiteto fenício, também procedente de Tiro. Hiram foi o Grão-Mestre construtor do Templo de Salomão. Na simbologia ocultista templária está representado pela inicial de seu nome, a letra H, como podemos ver em inúmeras vigas expostas em igrejas templárias (San Bartolomé de Uceros, Ligos, Catillejo de Robledo, etc.). Na Bíblia (I Reis, 6 e 7), lemos o seguinte:

"Revestiu as paredes da Casa por dentro com tábuas de cedro desde o solo até o remate das paredes. Até o teto cobriu-o todo por dentro com madeira de cedro, cobriu da mesma forma o pavimento da casa com madeira de cipreste.

"E, nos fundos da Casa, recobriu com tábuas de cedro os 20 côvados desde o pavimento até o mais alto, e o destinou para o *devir* ou Santo dos Santos.

"E a casa, ou seja, o Templo, desde a porta do *devir* tinha 40 côvados. E todo o edifício era revestido de cedro por dentro com seus entalhes e junções feitos com muito primor e esculpidos artificiosamente. Tudo era coberto com tábuas de cedro, de tal forma que não se podia ver nem uma única pedra da parede."

Para o investigador francês Jean Pierre Bayaud, o templo não era muito grande: 30 metros de largura por 20 de profundidade, uma altura de 20 metros e colunas de nove metros. Enquanto para outros arqueólogos e investigadores – entre eles Raymond Capt –, o Templo de Salomão era menor ainda: 18 metros de largura por nove de profundidade e uns 13 metros de altura. Em ambos os casos, tais medidas correspondiam ao segundo templo, o que se erigiu sobre o mesmo local do anterior, nos tempos de Ciro II, o Grande (558-528 a.C.), fundador do Império Persa. Porém, regressemos de novo ao primeiro templo. Hiram também foi o artífice da ornamentação, realizada com placas de pedras preciosas e esculturas de cedro. Os querubins, ele os fez de madeira talhada da oliveira que recobriu de ouro. O talento desse Grão-Mestre construtor e escultor fez gravitar o equilíbrio dos objetos e a própria decoração da liturgia ao incorporar uma simbologia esotérica ampla que se aprofundava nos cultos mais ancestrais do mundo oriental (Egito, Fenícia, Mesopotâmia, Anatólia...). A arca da Aliança, colocada depois da finalização e consagração, em 962 a.C., foi alojada no *sancta santorum* do novo templo, em cuja inauguração se ofereceram sacrifícios e se celebraram grandes festas populares. E assim nos descreve o primeiro Livro dos Reis a impressão causada pelas festividades de inauguração do templo no povo: "E abençoaram o rei, e foram às suas estâncias, alegres e felizes por todo o bem que o Senhor havia feito a Davi seu servo e a seu povo de Israel" (1 Rs 8, 66). As duas colunas que franqueavam o acesso ao *sancta sanctorum* – Hakim e Boaz – eram de madeira de cipestre, procedente da Árvore do Bem e do Mal. Delas, no século I d.C., se lavrou a cruz da Paixão de Cristo que, convertida em relíquia, geraria toda uma série de fragmentos de madeira, conservados em lugares distintos da geografia hispânica sob o nome de *lignum crucis*. Um deles, o maior, se conserva no monastério de Santo Toríbio, de La Liébana (Cantabria).

A história acusa Salomão por sua liberalidade, que causou um profundo dano a seu povo; mas a lenda, tanto de Israel como de outros povos antigos, conservou sua lembrança como exemplo de sabedoria, justiça e temor a Deus. Segundo a tradição, ele é o autor dos Provérbios, do Eclesiastes, do Cântico dos Cânticos e alguns dos Apócrifos.

O templo, desde sua primeira pedra, foi concebido para ensinar à humanidade os segredos do espírito, nessa intenção constante de comprovar o imaterial com o material, dado que aquele edifício, o mais emblemático da história, não só tinha como significado a casa do Senhor, mas também era o lugar dos homens bons e, ao mesmo tempo, o universo na Terra. Diz-se que foi Deus Todo-Poderoso quem ditou a Hiram as chaves para a construção desta grande obra, na qual *beberam* e se inspiraram, a partir de 1118, os primeiros Mestres do Templo. O Templo de Salomão, em sua dimensão cósmica, era o lugar de contemplação, a partir do qual o homem podia observar não apenas o horizonte, o Cosmos, por meio do céu descoberto, e o mundo circundante, mas também a ele mesmo, dentro de um círculo. Portanto, chegamos à quadratura do círculo, que não é outra coisa além do octógono, a figura geométrica mais apreciada pelos Templários. Não é por acaso que, 17 séculos mais tarde (ano 692), ali se elevasse, em torno de uma rocha sagrada, a mesquita da Rocha, edifício de planta octogonal culminado com uma cúpula dourada brilhante (Qubbat al-Sakhara) em sua parte superior. No templo de Salomão, portanto, como um mecanismo preciso de relojoaria, se agrupavam os poderes celestiais com os terrenos ou, o que é o mesmo, o sagrado com o profano, e aqueles Cavaleiros que, procedentes do mundo ocidental, não tardariam a compreender as forças esotéricas que gravitam no seio do templo sabiam muito bem de tudo isso. Os Cavaleiros, ao instalar-se nas ruínas do templo, conservadas depois da destruição causada por Nabucodonosor II, o Grande (605-562 a.C.), em 587 a.C., não vacilaram em escavar suas fundações em busca da arca da Aliança e outros objetos sagrados do Templo de Salomão.

Muitas construções templárias se baseiam no octógono, como base perfeita de uma geometria que enlaça os poderes celestiais e terrestres. A geografia hispânica está cheia de edifícios – civis e religiosos – que têm a planta octogonal; entre eles Eunate e Torres del Rio (Navarra), o Vera Cruz de Segovia e muitos outros.

O Templo de Salomão, pilar fundador das três religiões monoteístas da cultura ocidental, era, portanto, um símbolo sagrado tanto para judeus quanto para muçulmanos e cristãos. Contudo, há um fato que, por si só, basta para dar testemunho da conjunção dessas culturas: a transmissão pela via islâmica e a tradição hermética cristã do método operativo principal: a alquimia.

14

A Alquimia, uma Arte Sagrada Condenada pela Igreja

> *"Agradecemos a ti, Mãe Terra, a terra da vida.*
> *Agradecemos a ti, Anjo do Sol, o fogo da vida.*
> *Agradecemos a ti, Anjo da Água, a água da vida.*
> *Agradecemos a ti, Anjo do Ar, o ar para o alento da vida."*
>
> *(Oração dos antigos essênios, cujos ensinamentos gnósticos poderiam muito bem figurar nas obras alquímicas.)*

A alquimia, a arte da transmutação dos metais para criar artesanalmente o metal dourado, como poderemos ver a seguir, é uma ciência que remonta à Antiguidade, intimamente relacionada com os conhecimentos alcançados pelas escolas do Oriente e trazida ao mundo ocidental pelos muçulmanos. Precisamente, a palavra *alquimia* vem do árabe *al-chymea*, "mistura de líquidos". Alcançou seu maior desenvolvimento na Europa durante os séculos XII, XIII e XIV, porque, em segredo, foi impulsionada pelos Templários, embora fosse uma arte herética para a Igreja, como confirmam as palavras do pontífice francês João XXII, pronunciadas em uma bula contra a alquimia: "Os alquimistas abjetos prometem o que não podem oferecer! Ainda quando se creem sábios, caem no buraco que os outros cavaram. De um modo ridículo se fazem passar por mestres da alquimia, ainda que com isso mostrem sua ignorância, que sempre invoca aos antigos escribas (...) quando, fraudulentamente, fazem passar um metal por autêntico ouro ou prata, o fazem com palavras vazias. Sua ousadia imperdoável às vezes chega tão longe que, inclusive, enganam os demais, cunhando moedas falsas grosseiras.

Ordenamos que tais pessoas sejam desterradas para sempre (...). Os que preparam esse falso ouro ou prata devem ser declarados como infames (...). Se as pessoas espirituais se fazem culpáveis de tal delito, que considerem perdida a dignidade espiritual (...)." Como assegura muito bem o erudito Soriano Ángel Almazán, é um fato demonstrado que os Templários conheciam muito bem os segredos da alquimia, em cujo simbolismo tinham penetrado as ideias gnósticas de Alexandria e os mitologemas egípcios das divindades Ísis e Osíris. Portanto, não é por acaso que alguns dos símbolos relacionados à alquimia, como o círculo, o cisne, o dragão, a serpente, o triângulo, etc. também o foram para os Templários. Contudo, falemos dessa ciência tão perseguida pela Igreja Cristã, que considerava idolatria o culto aos quatro elementos. "Por que abandonaram o Céu e honram a Terra? (...) Terão lançado a piedade aos solos (...). Porém, eu consegui pisar a terra com meus próprios pés, não adorá-la", escrevia no século II d.C. Clemente de Alexandria. A alquimia, no entanto, ainda que não tenha conseguido completar o segredo da obtenção do ouro e da prata por meio da pedra filosofal, conseguiu outras proezas de suma importância para a sociedade.

Uma árvore tão mitológica para as culturas do mundo mediterrâneo como o é a figueira (*ficus carica*) também encontra na figura do apóstolo Bartolomeu outro vínculo que a relaciona tanto com os mistérios da alquimia quanto com a cultura islâmica. O paraíso do gnóstico é seu próprio corpo e a figueira simboliza a ciência religiosa.

No Egito, país que tanta relação teve com os Templários, possuía um sentido iniciático e, no islã, associava-se à oliveira um aspecto dual. A videira, a oliveira e a figueira são plantas sagradas na tradição mediterrânea. O indubitável é que estão ligadas aos mistérios da sexualidade e da fecundidade. Quando Adão e Eva descobrem sua nudez, cobrem-se com uma folha de figueira. Embaixo dela, o Buda Gautama recebe a iluminação e, ainda, em lugares da Grécia e Espanha associa-se, coloquialmente, a figueira com a vulva feminina.

Em 1577 apareceu um livro com o seguinte título em latim: *Artis auriferae quam chemiam vocant* [Da arte de fazer ouro, o que se chama química]. Esse texto descreve os afãs dos bioquímicos dos séculos passados, a quem chamavam de alquimistas, em fabricar ouro.

Os alquimistas sabiam que com as matérias naturais, como os metais, não era possível fabricar ouro artificialmente e que era preciso transformá-los – porque, como a energia, nada se cria e nada se destrói, mas apenas se transforma –; puseram-se a buscar uma força misteriosa, o ingrediente idôneo, que pudesse converter um metal vulgar em metal nobre. Essa força, buscada há séculos e ainda não encontrada, era a pedra filosofal, chamada *lapis philosophorum* em linguagem especializada. Somente com sua ajuda seria possível conseguir a *transmutação*.

Alquimia, alcahest, aludel, alambique, elixir, etc., são palavras tomadas do árabe. Para Bartolomé Bioque, a alquimia, como ciência tradicional, precisa da instrução de um mestre que possa expô-la e de um discípulo que esteja disposto a escutar a exposição. Possivelmente, no primeiro plano, seria necessário ter em conta a São Paulo: "Primeiro é o animal e depois o espiritual." Dito de outro modo, uma ascese que libere o coração e a mente do aspirante do obstáculo do EU.

Também, na imagem do sexto apóstolo, São Bartolomeu, a mitologia templária encontra algumas vinculações com a arte alquímica, posto que esse santo foi testemunho do primeiro milagre de Jesus, que é claramente alquímico: a transmutação da água em vinho nas bodas de Canaã. Poderíamos estabelecer, claramente, um paralelo entre os estados distintos de consciência (o corpo, a alma e o espírito) e o significado da transformação, a transmutação e a transubstanciação. Também participa da Santa Ceia, na qual o vinho se converte em sangue. Aqui se encerram os mistérios da Sexta-feira Santa, e o simbolismo do Santo Graal.

Entre a história e a lenda

As raízes da alquimia remontam à Antiguidade, perdendo-se nas trevas da mística e da mitologia. Entre os egípcios, já foi uma arte e uma ciência misteriosa. Sobre ela existem muitos papiros que a testemunham. Hermes Trismegisto, o "três vezes grande", foi considerado como o fundador de todas as artes e ciências. Era a ideia personificada da força e idêntico a Thoth, a antiga divindade egípcia. Não é de estranhar, portanto, que a alquimia fosse considerada como uma arte sagrada e divina.

Não tardaram em se fazer visíveis as influências de outros povos, igualmente do Oriente Próximo. Os astrólogos da Babilônia mesclaram a alquimia com o ocultismo e a magia, e as correlações que existiram durante séculos entre o Sol, os planetas e os metais são originárias desse povo. Na Babilônia, um dos grandes impérios da Antiga Mesopotâmia, também foi onde se gestou o nascimento da escrita.

Pelas vias de comunicação comerciais, a ciência alquímica chegou à China, onde se cristalizou com as teorias profundas e sólidas de Confúcio (século VI a.C.). Porém, foram os árabes que, por meio da rota da seda, trouxeram a alquimia para o Ocidente, embora tivessem de se passar cerca de 15 séculos.

Durante a Idade Média, essa ciência hermética foi uma curiosa mescla de conhecimentos químico-empíricos, mágico-astrológicos e teológicos. Por cima de tudo isso, o enobrecimento dos metais.

"Durante séculos existiu essa convicção de que isso pudesse ser realizado e que quase todos aqueles que dedicaram suas forças à química, além de muitos outros não profissionais, esforçaram-se para conseguir esse objetivo tão ansiado. O acréscimo da insensatez astrológica e cabalista aos esforços alquimistas permite reconhecer claramente o grau de degeneração a que chegaram os profissionais", sentenciou Ernst von Meyer.

A alquimia simboliza a própria evolução do ser humano, a partir de um estado em que predomina a matéria a um espiritual: transformar os metais em ouro equivale a converter o homem em espírito puro.

Os alquimistas haviam se dado conta de que alguns metais podiam ser mesclados a outros de forma que surgiam ligas como, por exemplo, o bronze. Contudo, não acreditavam nos metais elementares. Para eles, os metais *puros* não eram mais que mesclas de diversos componentes. Assim, portanto, para fabricar ouro era necessário apenas descobrir a mistura correta. Experimentou-se nesse sentido, porém não se conseguiu ouro, mas metal vulgar de coloração dourada. Inúmeros charlatães se aproveitaram desse truque. É interessante recordar alguns dos conteúdos da famosa bula *Spondent pariter* outorgada pelo papa João XXII, em Avinhon (França), no ano 1317, apenas três anos após haver se consumido valentemente na fogueira em Paris, com os olhos a descoberto, o último Grão-Mestre do Templo, Jacques Bernard de Molay: "A imprudência chega tão longe que (os charlatães) cunham moeda falsa. O papa avalia que todos os que interferiram na fabricação de ouro alquímico devem ser desmascarados como homens sem honra. Devem dar aos pobres tanto ouro verdadeiro quanto ouro falso que eles fabricaram. Aqueles que cunharam esse tipo de moedas verão seus bens confiscados e serão castigados com prisão perpétua. Quanto aos religiosos que se encontram em caso semelhante, perderão seus privilégios..."; esta última frase, em clara referência a Arnau de Vilanova, e ao místico maiorquino Raimundo Lúlio, bem como a muitos outros religiosos que também estavam envolvidos nessa enigmática ciência. Contudo, apesar de todas essas proibições e castigos severos impostos pelas autoridades eclesiásticas, os alquimistas continuaram se esforçando para descobrir a pedra filosofal.

Os produtos naturais de todos os tipos serviram como matéria bruta e elaboraram-se as receitas mais misteriosas sob o mais estrito segredo. Os homens da Idade Média, em parte temerosos, em parte possuídos pela curiosidade, foram se inteirando de que para a obtenção de uma pedra filosofal era necessário realizar operações enigmáticas com dragões, leões vermelhos e verdes, cisnes brancos, serpentes e outros animais específicos.

A alquimia é considerada como uma extensão e uma aceleração da geração natural: é a ação propriamente sexual do enxofre sobre o mercúrio a que dá nascimento aos minerais na matriz terrestre. Porém, a transmutação se efetua também nela: a terra é um crisol onde, lentamente, os minerais amadurecem, onde o bronze se converte em ouro. A fundição dos ingredientes no crisol simboliza, tanto na China como no Ocidente, o regresso da indiferenciação primordial, e se expressa como um retorno à matriz em estado embrionário.

A própria essência de uma arte esotérica

Os princípios herméticos da alquimia são sete: 1) espiritualidade, "o todo é espírito, o universo é espiritual"; 2) correspondência, "embaixo como é em cima, em cima como é embaixo"; 3) vibração, "nada está em repouso, tudo se move, tudo está em vibração"; 4) polaridade, "tudo é duplo, tudo tem polos, tudo tem seu par de contraste, igual e diferente são o mesmo; os dois contrários são idênticos em sua natureza, apenas se diferenciam em grau; os extremos se atraem, todas as verdades são apenas meias verdades; todas as oposições podem harmonizar-se mutualmente"; 5) ritmo, "tudo entra e sai, tudo tem marés; todas as coisas sobem e caem, a oscilação do pêndulo se mostra em tudo; o grau de impulso para a direita é o mesmo que para a esquerda; ritmo compensado"; 6) causa e efeito, "cada causa tem seu efeito; cada efeito tem a sua causa; tudo acontece regularmente. *Causalidade* é apenas o nome de uma lei desconhecida. Existem muitos níveis de causalidade, porém nada enfrenta a lei"; e 7) o princípio do gênero, "o gênero está em tudo, tudo tem princípios masculino e feminino, o gênero se manifesta em todos os níveis".

Fases essenciais
Negro
Branco
Vermelho
Dourado

As fases essenciais do processo alquímico assinalam-se por quatro cores, adquiridas pela "matéria-prima" (símbolo da alma em seu estado original).

Negro: culpa, origem, forças latentes; corresponde à destruição das diferenças, à extinção dos desejos, à redução ao estado primário da matéria.

Branco: magistério menor, primeira transformação, mercúrio, é próprio de uma matéria totalmente purificadora.

Vermelho: enxofre, paixão, corresponde à união dos opostos, ou seja, com a coexistência pacífica dos contrários.

Dourado: o ouro, a pureza, plenitude, última etapa; é a cor do Sol, a plenitude do ser, o calor da luz...

Diferentes operações:
Calcinação (que corresponde à cor negra)
Putrefação
Solução (que corresponde à cor branca)
Destilação
Conjunção (que corresponde à cor vermelha)
Sublimação (que corresponde à cor do ouro)
Coagulação

A primeira das operações era a calcinação; equivalia à "morte do profano", ou seja, do interesse pela manifestação e pela vida. A segunda, putrefação, consequência da anterior, é a separação dos restos destruídos.

A solução expressava a purificação da matéria. A destilação, a chuva desta purificada, ou seja, dos fatores de salvação separados pelas operações anteriores. A conjunção reflete a *coincidentia oppositorum*; identificada por Carl Gustav Jung com a missão íntima interna, no homem, do princípio masculino da consciência relacionada ao inconsciente feminino. A sublimação representa o sofrimento derivado da cisão mística do mundo e da entrega à tarefa. Nos emblemas gráficos, segundo Juan Eduardo Cirlot, este estado é simbolizado pelo rapto de um ser sem asas por outro alado ou pelo mito de Prometeu. E, por último, a coagulação, que é a união inseparável do princípio fixo e do volátil: masculino, feminino, invariável, variável *salvo*.

Correspondência astrológica (os 12 níveis da Grande Obra e sua relação com os signos do zodíaco):

♈ Áries (calcinação)
♉ Touro (congelação)
♊ Gêmeos (fixação)
♋ Câncer (dissolução)
♌ Leão (digestão)
♍ Virgem (diferenciação)
♎ Libra (sublimação)
♏ Escorpião (separação)
♐ Sargitário (incineração)
♑ Capricórnio (fermentação)
♒ Aquário (multiplicação)
♓ Peixes (projeção)

Os axiomas primordiais da alquimia podem ser resumidos assim: todas as oposições se ordenam em função da oposição fundamental macho-fêmea. A Grande Obra é a união do elemento macho (o enxofre) e do elemento fêmea (o mercúrio). O atributo do mercúrio na mitologia é a juventude perpétua do rosto e do corpo.

Durante os séculos centrais da Idade Média, a ciência alquímica se estendeu por todo o mundo ocidental, graças ao trabalho subterrâneo levado a cabo pelos Cavaleiros do Templo.

Mesquita e madraçal seljúcidas no centro da cidade de Erzurum, a leste da Turquia.

Mausoléu seljúcida nos confins da Anatólia.

Fachada e minarete da mesquita e madraçal principal da cidade de Konya.

Uma grande carga simbólica domina na decoração da arte seljúcida.

Os Templários copiaram dos seljúcidas o pilar em forma de águas.

A cruz templária aparece nessa mísula da abside da igreja de Ligos (Soria).

A mesquita da Rocha, na explanada do antigo Templo de Salomão, origem da história do Templo.

Eunate é considerada um ponto de referência astral que recolhe todas as forças telúricas da terra.

São Bartolomeu preside a fachada da igreja paroquial de Beceite (Teruel).

Roda com eixos em rotação em espiral da igreja paleocristã de Santa Irene, perto da cidade de Konya (Turquia).

Um São Miguel Arcanjo iniciado, como assinala ao mostrar-nos seu joelho esquerdo descoberto, preside o altar principal da igreja de Sant Miquel Sacot, em Santapau (Girona).

Ermida de San Miguel, no Sacromonte da cidade de Granada.

Igreja templária circular de Sant Pere el Gros, de Cervera (Lleida).

Rosácea circular de oito raios em lóbulo do santuário da Virgen de la Fuente, de Penharroya de Tastavins (Teruel).

Rosácea em forma de roda de dez raios de uma igreja templária no sul da França.

A roda também se reproduz em muitas construções seljúcidas.

A mandala gnóstica do frontão do cruzeiro de San Bartolomé de Ucero.

O labirinto formando parte dos símbolos dos peregrinos em Santiago.

A deusa Artemis, fonte de inspiração das virgens cristãs medievais.

Nossa Senhora de Rocamadour (França), modelo de muitas Virgens Negras da Península Ibérica.

Imagem de La Mare de Déu de l'Aguda, em seu santuário de Torá, em La Segarra (Lleida).

A Virgem de Covadonga (La Santina), padroeira de Astúrias, em seu santuário rupestre.

Cruz de Oito Beatitudes no portal de acesso de uma vivenda medieval da vila de Beceite (Teruel).

É possível que os Templários tenham tomado dos templos rupestres da Capadócia o desenho da Cruz de Oito Beatitudes.

Rosácea em forma de triângulo equilátero no costado nordeste da abside da igreja de Valderrobres (Teruel).

Fonte milagrosa nos contrafortes orientais de Moncayo (Soria).

Arco de entrada para o manancial sagrado de Conquezuela (Soria).

Sob a igreja de San Juan Bautista, de Brías (Soria), correm arroios de águas minerais medicinais.

Setor nordeste do exterior do recinto amuralhado de Jerez de los Caballeros, com a "Torre Sangrenta" à esquerda.

Teixos bimilenares, em La Liébana (Cantabria), terra de cultos pré-cristãos ancestrais.

Fachada principal do convento templário de San Miguel de los Fresnos, em Fregenal de La Sierra (Badajoz).

Sob as paredes em ruínas do convento de San Miguel de los Fresnos fluem vários veios de água.

O demônio de Rennes-le-Chateaux (França), um dos enclaves mais enigmáticos do Templo na Occitânia.

Vista parcial do setor oriental da esplanada do Templo (Jerusalém).

O Bafomé da abside de San Pedro, em Caracena (Soria).

Diferentes demônios Templários entre os cachorros de Eunate (Navarra).

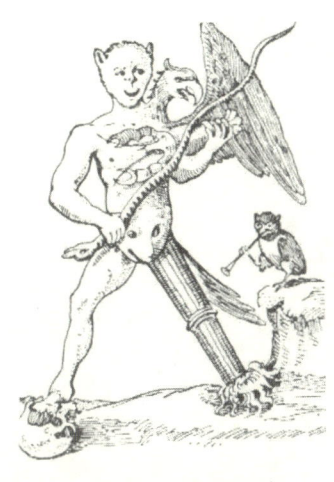

Representação alegórica de um estado alquímico no qual numerosos animais aparecem, refletindo seus valores simbólicos dentro da Grande Obra.

Entardecer sobre o Muro das Lamentações, de Jerusalém, base de contenção da esplanada superior de onde se erguia o Templo de Salomão.

O octógono, ou a quadratura do círculo, em um pavimento seljúcida da cidade de Sivas (Turquia).

O monge beneditino alemão Bertold Schwarz, a quem se atribui a invenção da pólvora e os primeiros canhões de bronze, em seu laboratório de alquimia.

O pentagrama, ou estrela de cinco pontas, e o nó de Salomão, inscritos no muro do poente da fortaleza de Gormaz (Soria).

O tau aparece em uma janela circular do santuário de La Mare de Déu de Bell-lloc, de Santa Coloma de Queralt (Terragona).

O tau domina a chave do portal de acesso ao castelo de Ponferrada (Leão).

A planta octogonal de Eunate, em uma inscrição para os peregrinos da cidade de Logronho (La Rioja).

O Santo Graal, que atualmente se venera na catedral de Valencia, segundo doação do monarca catalão-aragonês Afonso Vel Magnánimo para seu custódio.

Caminho iniciático por onde, segundo a tradição, escaparam fugindo os cátaros portadores do Santo Graal, vindos de Montségur (Occitânia).

O tau forma parte da vida da cidade de Tarragona.

Altar maior da igreja do monastério troglodítico de San Juan de la Penha (Huesca), onde esteve conservado o Santo Graal durante muitos anos.

Os elementos essenciais do escudo da Galícia são sete cruzes páteas templárias, simbolizando as sete províncias históricas galegas, circundando o cálice, relacionado com o privilégio da catedral de Lugo de manter continuamente exposto o Santíssimo Sacramento em clara evocação ao Santo Graal.

Pedra de sacrifícios em um dos alinhamentos megalíticos de Carnac (Bretanha).

Detalhe do observatório astronômico pré-histórico de La Fresneda (Teruel).

Uma serpente tripla enroscada comunica aos fiéis de San Pedro de Rúa, em Estella (Navarra), que se encontra em um lugar carregado de energia telúrica.

Capitéis com numerosas serpentes enroscadas no claustro do colegiado de Santillana del Mar (Cantábria).

O ato do coito em um cachorro no exterior da abside da igreja de La Asunción, em Castillejo de Robledo (Soria).

O beijo, habilmente esculpido em um capitel da igreja de Piasca (Cantábria).

O pórtico de Sangüesa (Navarra) está repleto de seres fabulosos dos arcanos medievais.

Um ganso junto a uma ponte, elementos esotéricos do Caminho de Santiago.

A morte, sempre presente em uma peregrinação tão longa quanto o Caminho de Santiago.

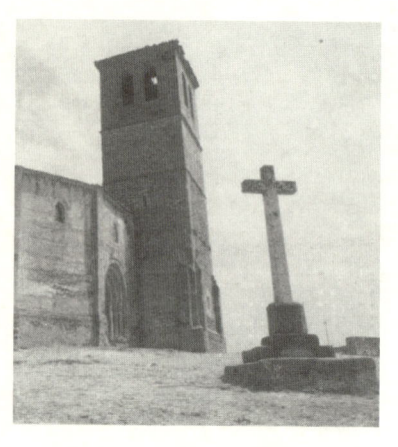

La Vera Cruz, de Segóvia, joia dos edifícios Templários hispânicos.

Altar de adoração das divindades pagãs do interior do castelo de Valderrobres (Teruel).

A barca medieval evoca a viagem pelo lago mítico Estige.

O altar pagão de Conquezuela (Soria), com a montanha sagrada da Santa Cruz como pano de fundo.

As torres de proteção do porto de La Rochelle.

Ponferrada (Leão) conta com o maior castelo Templário do Ocidente.

Moinho fortificado do Templo, em Vallfogona de Ruicorb (Tarragona).

Colliure, no El Rosellón, porto importante da Ordem do Templo.

Atanor, o forno dos alquimistas
(segundo uma imagem antiga)

Uma das práticas alquímicas mais interessantes encontrava-se na arte régia medieval, como destacou Serge Hutin, em 1951, ao estudar a obra do alquimista e filósofo rosa-cruz Robert Fludd (1574-1637). A partir da ideia de uma decadência dos seres da natureza, a Grande Obra Suprema (obra mística, via do absoluto, obra da fênix) era a reintegração do homem à sua dignidade primordial. Encontrar a pedra filosofal era descobrir o absoluto, possuir o conhecimento perfeito (a gnose). Essa via real devia levar a uma vida mística pela qual, uma vez extirpadas as raízes do pecado, o homem se tornaria generoso, doce, piedoso e temeroso a Deus.

Não é por acaso, por conseguinte, que os grandes alquimistas da Idade Média cristã, como Miguel Escoto (1175-1236), Santo Alberto Magno (1193-1280), Roger Bacon (1219-1294), Afonso V de Leão e Castela (1221-1284), Tomás de Aquino (1224-1274), Guillaume d'Auvergne (1228-1249, arcebispo de Paris e construtor da catedral de Notre Dame), Arnau de Vilanova

(1235-1312), Raimundo Lúlio (1235-1316), etc., tenham coincidido no tempo e espaço com os Templários, trocando conhecimentos e sabedorias mais profundos com a mais esotérica das Ordens da Idade Media. Do *doutor iluminado*, como foi chamado o maiorquino Raimundo Lúlio, dizia-se que, em vida, havia feito um pacto com o Diabo. Posteriormente, foi canonizado pela Igreja. Sabe-se que em 1305 manteve uma entrevista secreta com Jacques Bernard de Molay, o último Grão-Mestre do Templo, na ilha de Chipre, último baluarte templário no Mediterrâneo oriental, depois da queda da cidade de Acre (1291). Nela, entre outros temas, dialogaram sobre a necessidade de unificação das Ordens militares. Recordemos que os Hospitalários tinham São João Evangelista como pedra angular cuja festividade coincide com o solstício de inverno. Esse santo, assim como Moisés e sua irmã Miriam, havia sido alquimista. Porém, essa tentativa de unificação das Ordens de maior influência no mundo ocidental não interessava à hierarquia da Igreja.

A obra *Arte Magna*, supostamente, é o ápice dos conhecimentos alquímicos da época. Seu autor, Raimundo Lúlio, dominava quatro idiomas – latim, grego, hebraico e árabe – e foi o criador de uma escola de línguas orientais no eremitério de Nuestra Senhora de Gracia, em Puig de Randa (Maiorca). Teve como mestre Arnau de Vilanova, a quem deve o segredo da pedra filosofal. Em seu interessantíssimo *Testamentum Novissimum* lê-se o seguinte: "Toma um pouquinho desse remédio requintado, tão grande quanto uma judia. Joga-o em mil onças de mercúrio e tudo se transformará em um pó vermelho. Desse pó, joga uma onça em mil onças de mercúrio que se transformará em pó vermelho. Desse pó, pega novamente uma onça e joga-a em mil onças de mercúrio e tudo se converterá em remédio. Pega uma onça dessa mesma e joga-a em mil onças de mercúrio novo, e tudo se converterá, novamente, em remédio. Deste último remédio, joga uma onça em mil onças de mercúrio e, então, se transformará em ouro, que será de melhor qualidade que o metal dourado das minas." A força enigmática da pedra filosofal não conhecia limites. Era considerada como remédio milagroso que conservava a saúde e prolongava a existência por 400 anos ou mais. Não é verdade que a vida longa dos patriarcas deveu-se à circunstância de possuírem essa joia? Os alquimistas árabes – cujo principal expoente era Ibn Sina (Avicena, 980-1037), autor de *Canones*, a base dos ensinamentos médicos na Idade Média – acreditavam que o ouro fabricado artificialmente, inclusive em forma líquida, pronto para ser bebido (*aurum potable*), possuía poderosos efeitos curativos.

A necromancia alcançou seu esplendor máximo também durante os séculos Templários, quando ainda se considerava possível criar seres vivos com a ajuda da pedra filosofal. Naquela época, a alquimia começou a separar-se gradualmente da química para desenvolver vida própria que já não tinha nada a ver com a ciência. Contudo, seu estudo se manteve durante uma época extraordinariamente longa. Embora os alquimistas não tenham encontrado a pedra filosofal, seus esforços não foram de todo inúteis. Entre suas descobertas casuais se encontram, por exemplo, a destilação do álcool, o descobrimento da porcelana no Ocidente, o vidro soprado artesanamente, a invenção da pólvora e muitos outros progressos. Precisamente, no que se refere ao vidro, ainda se conservam os laboratórios de onde os Templários de Gourdon, na luminosa Provença, criaram as peças transparentes de cristal. Nas de cor vermelha, como acontecia na vidraçaria gótica, usou-se ouro.

O vestígio da alquimia está latente em muitos enclaves da geografia templária hispânica; por exemplo, em Santo Domingo de la Calzada, no Caminho de Santiago, exatamente no túmulo onde repousam os restos desse santo construtor, falecido em 1106, que fora rechaçado como monge nos monastérios riojanos de Valvanera e San Millán de la Cogolla. Sobre o sarcófago, em um capitel em forma de imposta, aparece a escultura de uma dama destampando um jarro alquímico. Na construção desse mausoléu, do fim do século XIII, evidenciam-se os conhecimentos ocultistas do Templo.

Em Estella (Navarra), igualmente etapa-chave do Caminho de Santiago, vemos outras referências à alquimia, concretamente, no santuário de Nossa Senhora de Rocamador, onde se venera uma Virgem Negra que lembra sua homônima do caminho francês para Compostela, em terras de Quercy. As tutelas alquímicas dessa igreja modesta, que remetem à água lustral, remontam ao século XIII. Por isso, o místico Raimundo Lúlio teve um interesse especial em visitar esse enclave iniciático, citando-o como lugar de maior interesse na peregrinação jacobeia em sua *Vida Coetánea*: "(...) partiu, com intenção de não retornar à sua terra, para Santa María de Rocamador, para Santiago e diversos lugares santos, para pedir ao Senhor e a seus santos que lhe encaminhassem naqueles três objetivos que (...) o Senhor havia colocado em seu coração".

Desde a Antiguidade, os números, que aparentemente não servem senão para contar, ofereceram um apoio para o valor simbólico maior, porque não só expressam quantidades mensuráveis fisicamente, mas também ideias e forças. Por meio de sua interpretação, os Templários foram capazes de dimensionar outros espaços e os ritmos do universo, como veremos em seguida.

15

Os Números Sagrados

> *"Tudo está disposto de acordo com o Número."*
> Pitágoras

> *"Os números não foram lançados ao mundo às cegas, eles se encaixam formando ordens equilibradas, como as formações cristalinas e as consonâncias da escala das notas de acordo com as leis da harmonia que tudo envolvem."*
> Koestler

Desde as grandes catedrais e concepções urbanísticas, até as menores esculturas e demais obras de arte, em todos os casos, o mundo se concebeu a partir de cifras numéricas cujo simbolismo, formador de parte da cultura ocultista, perpetuou-se ao longo dos tempos. Na Alta Idade Média, as escolas monásticas do Ocidente também souberam refletir sobre a importância dos números, como confirma Rábano Mauro (776-869), quem, desse modo, estabelece a importância dos números como possuidores de uma sabedoria oculta, ao alcance apenas de alguns poucos: "Assim, a Sagrada Escritura contém, entre a aparência de muitos e diversos números, muitos segredos que devem permanecer ocultos para os que não conhecem o significado dos números. Por isso, é necessário que todos os que desejem alcançar uma compreensão superior da Sagrada Escritura estudem com diligência a aritmética." O pontífice Pio XI (1922-1939) – a quem se deve a canonização de Alberto Magno (1200-1280), um dos grandes filósofos cristãos do mundo medieval que viveu em pleno período da história do Templo – também sacralizou o simbolismo do número quando afirmou: "O universo não resplandece de beleza divina desse modo, mas porque uma matemática, uma combinação divina dos números rege seus movimentos, pois a Escritura nos diz que Deus criou tudo com número, peso e medida." Platão considerou o número como essência da harmonia e esta como fundamento do Cosmos e do homem: "Os movimentos da harmonia são da mesma espécie que as mudanças regulares de nossa alma"; porque, como recordou Silésio, Deus está em tudo como a unidade nos números.

Os Templários consideraram oito números como sagrados: 3, 5, 6, 7, 8, 9, 10 e o 12, números que se encontram presentes, de alguma forma, em muitos de seus edifícios, tanto civis como religiosos; todos eles nos transmitem chaves secretas que só uma parte da sociedade medieval sabia interpretar. Por isso, para os cidadãos do século XXI, torna-se muito importante conhecer a valorização e os conteúdos de tais númeross, para poderem compreender melhor os conhecimentos esotéricos que o Templo quis concentrar em suas obras, tanto arquitetônicas como escultóricas. Para os antigos celtas, cuja civilização tanta influência teve na Ordem do Templo, os números-chave eram o 3, o 9 e o 27, enquanto para a Cabala judaica, os números mágicos eram o 3 e o 9. Falaremos de todos esses números a seguir.

O número 3

Universalmente considerado como o número fundamental, o 3 expressa uma ordem intelectual e espiritual, tanto no nível cosmogônico quanto no nível humano. É o resultado da união do céu e da terra, fruto da conjunção do 1 e 2. A figura geométrica do número 3 é, precisamente, o triângulo equilátero que corresponde ao elemento terra, porém, sobretudo, é símbolo do emblema do Olho de Deus Pai, o Grande Construtor do universo (representado na rosácea da abside da igreja de Valderrobres, Teruel, como também no centro do círculo mágico do átrio da igreja de Santa Maria, de Arcos de la Frontera Cádiz). Recordemos que o triângulo está ligado ao Sol e ao milho e é, portanto, símbolo da fecundidade. O Cristianismo tem três virtudes teologais: fé, esperança e caridade; a alquimia tem como base três elementos: enxofre, sal e mercúrio. Numerosas religiões do Oriente giram em torno de tríades divinas: Egito (Ísis, Osíris e Hórus); a Índia (Brahma, Vishnu e Shiva), etc., divindades estreitamente relacionadas ao céu, terra e ar. O número 3 designa, ao mesmo tempo, os níveis da vida humana: material, racional e espiritual (divino). Para os pitagóricos, alquimicamente, o triângulo é o símbolo do fogo, e também do coração. Os maçons consideram o triângulo *delta luminosa*, por evocar a forma da maiúscula grega.

O número 3 está igualmente relacionado com a concepção que o Templo tinha dos valores espirituais do homem, com o castigo ou com o prêmio. Três são as coisas que levam o homem para o inferno: a calúnia, a falta de sensibilidade e o ódio; e, por outro lado, também são três os conceitos que o guiam para a fé: o pudor, a cortesia atenciosa e o medo do dia do juízo.

O número 5

O número 5 (latim: *quinque*) é o arquétipo da fecundidade, e esta se reflete no ardor, na força vital, na entrega, no trabalho e na agressividade. Também é a cruz com o ponto de interseção; o número áureo por excelência, o número relacionado ao ser humano e à natureza vivente. Segundo o *Tratado de Iconologia*, o 5 é o número do crescimento e da harmonia natural, do movimento da alma; símbolo do ser andrógino, posto que é o resultado da ambivalência do 2 (feminino) e do 3 (masculino), depois de prescindir do 1, a Unidade o Princípio, Deus. O 5, que expressa a união dos desiguais, também é o símbolo da saúde e do amor; número relacionado com o pentágono – polígono de cinco lados –, pentagrama ou pentalfa em cujo interior se inscreve o corpo humano com as extremidades estendidas, cada uma delas tocando um dos quatro ângulos e a cabeça, o quinto. Trata-se do pentágono com base. Por outro lado, o pentágono desenhado com o vértice invertido tem sido, por seu caráter ocultista, qualificado como negativo por seu vínculo com as forças demoníacas, ainda que não fosse assim considerado pelo esoterismo, como se pode avaliar na rosácea existente na empena do cruzeiro da igreja de San Bartolomé de Ucero, onde os Templários souberam transmitir toda a sua quintessência com o vitral, graças ao qual se ilumina o altar principal com a luz da aurora dos solstícios. O pentágono, como figura geométrica ocultista, também foi utilizado pelos cátaros, como se demonstra na planta do castelo de Montségur (Occitânia), baluarte sagrado dessa religião, qualificada como herética pela Igreja, cujos membros – os homens bons ou puros – mantiveram contatos íntimos com os Templários. Estes, por seu lado, em nenhum momento ergueram suas espadas contra os cátaros. Como recorda Ángel Almazán, são igualmente símbolos da saúde: *pentagrama* (representa a ideia do perfeito, significa também o matrimônio, a felicidade, a realização. De acordo com Paracelso, é um dos signos mais poderosos, expressa uma potência que é fruto da síntese das forças complementares), *pentáculo* (selo magístico impresso sobre pergaminho virgem, feito com a pele de cabrito macho, ou gravado sobre um metal precioso, como o ouro ou a prata. Segundo os tratados de magia, servia para simbolizar, captar e mobilizar, ao mesmo tempo, as potências ocultas), *pentagrammon* (símbolo favorito dos pitagóricos que, no Ocidente, acompanha o Hermes gnóstico. Ele não apenas aparece como sinal de conhecimento, mas também como um meio de conjuro e de aquisição de poder), o *pentalfa* (o polígono de cinco pontas, signo do conhecimento para os membros de uma mesma sociedade. Trata-se de uma das chaves da Alta Ciência, que abre os caminhos para o secreto). Não é por acaso, portanto, que a Virgem venerada na igreja mais ocultista dos enclaves Templários da Espanha, San Bartolomé de Ucero, fosse a Virgem da Saúde. Chevalier e Gheerbrant assim definem o pentalfa: "O pentagrama também significa o matrimônio, a felicidade, a realização. Os antigos o consideravam símbolo da ideia do perfeito", e acrescentam: "É signo de união, número nupcial, dizem os pitagóricos; número também do centro, da harmonia e do equilíbrio. Será, portanto, o número das hierogamias, o matrimônio do princípio celeste e do princípio terreno da mãe." Como número áureo por excelência, para a Maçonaria, o 5 é o número-chave da arte da construção, o número básico para estabelecer a proporção áurea, como define o Mestre Maçom J. C. Daza: "A partir de um ponto central, que se expande gerando um movimento que progride indefinidamente, descrevendo uma espiral de crescimento logarítmico, as proporções harmônicas presentes em todos os organismos vivos"; conceitos que o arquiteto latino Marco Vitrubio Polión (século I d.C.) já estabeleceu em seu célebre *Tratado de Arquitetura*. O ensaísta Guénon também não deixou de analisar esse número esotérico cujo vínculo com o pentalfa ele confirma, bem como com o plano do símbolo alquimista da quintessência ou éter – do éter surgem os quatro elementos e, de sua combinação, o mundo da manifestação: "Primeiro na ordem de desenvolvimento da manifestação e, por último, na ordem inversa que é da absorção, ou do retorno da homogeneidade primordial." O 5 é um signo igualmente sagrado para as religiões islâmicas, ao ser considerado o número predileto que rege a sacralidade dos atos rituais; o pentagrama dos cinco sentidos e do matrimônio. No macrocosmo da mística islâmica, são cinco os elementos: água, ar, éter, fogo e terra; enquanto no microcosmo são cinco os sentidos: visão, audição, olfato, paladar e tato.

Também o 5 é o número considerado como talismã contra o mal, quando lembramos que, ao utilizar os cinco dedos da mão direita, costuma-se dizer: "cinco em teu olho" ou "cinco sobre teu olho".

Nesse número esotérico, os Templários voltam a estabelecer relações estreitas entre as religiões judaica e cristã, por meio de São Bartolomeu, como recorda o erudito Bartolomé Bioque: outro signo que aparece nas igrejas templárias dedicadas a São Bartolomeu é o pentalfa ou estrela de cinco pontas cujos ângulos são de 72° e 108°, respectivamente, os quais nos levam, quando os somamos dígito por dígito, ao número 9. A relação, portanto, entre o Judaísmo e o Cristianismo é clara.

O número 6

O número 6 (latim, *sex*) é o princípio da criação material. Implica equilíbrio, luz, conquista dos objetivos, discernimento e sabedoria. Tem a expressão simbólica no hexagrama, refletido no selo nu de Salomão, verdadeiro talismã contra as forças do crepúsculo que observam o poente, relacionadas com o afundamento, a morte natural e o fim do mundo. Figura que pode ser vista em muitos edifícios medievais Templários e também em outros que, embora não fossem do Templo, tiveram alguma incidência sociocultural na Ordem (a fortaleza do califado de Gormaz, ao sul da província de Soria). Tanto na Antiguidade como nos séculos medievais, o 6 era o número perfeito, consequência de sua representação como o produto dos primeiros números, masculino (3) e feminino (2), ou seja 3 X 2 = 6. O número 6 constitui o equilíbrio e a ambivalência, o resultado da união inversa entre os dois triângulos equiláteros, elementos do fogo e da água, para simbolizar a alma humana. É a Estrela de Davi. Para os antigos gregos, esse número corresponde às seis direções do espaço (duas para cada dimensão) e, como recorda Eduardo Cirlot, ao término do movimento (seis dias da criação do mundo). Portanto, é o número da prova e do esforço, com uma relação estreita entre a virgindade e a balança, que estabelece a paz, o equilíbrio e a justiça (a balança, que o arcanjo São Miguel utiliza para pesar as almas). O hexágono ou hexagrama, que chegaram a ser símbolos especificamente semíticos, são as únicas figuras geométricas em que o lado tem a mesma medida do raio. Figura cabalística que, além disso, de acordo com as lendas árabes, também estava gravada no diamante Shcamir do anel de Salomão. O número 6, que corresponde ao sexto apóstolo, Bartolomeu, citado na tradição judaica como Tiferet na árvore da vida sefirótica, símbolo da beleza e autoconsciência, relacionado fisiologicamente com o coração, também é o *Hexaemeron* bíblico: o número da criação, mediador entre o princípio e a manifestação.

O triplo 6, ou seja, o 666, chamado na linguagem esotérica de número da Besta, para Matila C. Ghyka é, além disso, a dupla transposição do nome do imperador Nero; é o número do Anticristo (Apocalipse 13, 17-18), a soma dos valores numéricos ligados às letras; é o Logos do Sol, que tem como aspecto dual as sombras, as trevas, o oposto, etc.

O número 7

O 7 (latim, *septem*) é o número que determina o final de uma etapa cíclica – Antigo Testamento – e, ao mesmo tempo, o início de sua renovação. É a duração de um quarto lunar. O 7 também é o número-chave do Apocalipse: sete igrejas, sete espíritos de Deus, sete estrelas, sete trombetas, sete selos... A estrela de sete pontas, as sete cores do arco-íris, é o princípio da beleza das formas do amor, da união, o renascimento, a perfeição e a harmonia. Geometricamente falando, é a conexão entre o quadrado – símbolo da terra – e o triângulo – símbolo do céu – ou, o que dá no mesmo, a superposição de ambas as dimensões. O 7, símbolo da dor, é a cruz tridimensional, utilizada por Gaudí em suas obras modernistas em uma homenagem justa aos Templários. O número 7, universalmente, também é o símbolo de uma totalidade, não estática, mas em movimento. Salomão construiu o templo em sete anos, na esplanada que domina o coração histórico da cidade de Jerusalém, onde no fim do século VII se elevou a mesquita da Rocha, o templo mais emblemático da Terra Santa. No interior deste, durante as Cruzadas, os Templários se fortaleceram, ao mesmo tempo que buscavam sob os alicerces a Arca da Aliança e das outras chaves esotéricas da história do Cristianismo. Também para os judeus o 7 é um número sagrado, se recordarmos os sete braços do candelabro (*a menorá*). O número 7 sempre foi um número carregado de esoterismo e magia. Para Eduardo Cirlot, o 7 é a gama essencial dos sons, das cores e das esferas planetárias – número dos planetas e suas divindades –, dos pecados capitais e de seus oponentes. Na Bíblia, o número 7 aparece 77 vezes, entre as quais algumas em alusão ao candelabro de sete braços. Para Hipócrates, pai da Medicina, o número 7, por suas virtudes ocultas, mantém todas as coisas no ser, dispensa vida e movimento, influindo até nos seres celestiais. Para Dante, o 7, número dos céus, também é o das esferas planetárias às quais os cátaros de Occitânia faziam corresponder as sete artes liberais.

O 7, para os Templários, era o número do conhecimento. O *septênio* resume a totalidade da vida moral, acrescentando às três virtudes teologais – fé, esperança e caridade – as virtudes cardinais – prudência, justiça, temperança e força. É, ao mesmo tempo, resultado da soma de 4 e 3 ou, o que é o mesmo, o princípio do homem no universo.

Também na religião islâmica, o 7 ocupa um lugar destacado, quando lembramos que no ismaelismo o sólido possui sete lados (as seis faces mais sua totalidade, que corresponde ao *sabbat*); os dons da inteligência são sete (seis mais o *ghaybat*, o conhecimento suprassensível). A religião islâmica – recordam Chevalier e Gheerbrant – se desenvolve sobre um ciclo de seis dias, que são seis milenários, seguidos de um sétimo, o *sabbat* da religião de verdade, o dia do Sol e da luz, o da manifestação do *Imã*. Avicena descreve também os sete arcanjos, príncipes dos sete céus, que são os sete veladores de Enoque, correspondentes aos sete *Rishi* védicos. Igualmente, os sentidos esotéricos do Alcorão são sete, que mantêm uma relação íntima com os sete centros sutis do homem. Os peregrinos que chegam a Meca devem efetuar um total de sete voltas à Caaba, bem como sete percursos entre as montanhas místicas de Cafá e Marnía.

Também, o número 7 está presente na alquimia, quando recordamos que eram sete os degraus que deviam ser superados para alcançar o nível superior, onde se encontrava a pedra filosofal; do primeiro ao último: *Calcinação, Sublimação, Solução, Putrefação, Destilação, Coagulação* e *Tintura*.

Na localidade soriana de Narros, sobre a serra do Almuerzo, conserva-se uma lápide interessante junto a uma fonte. Trata-se de uma lousa de granito que mostra em uma de suas faces uma gravação alusiva ao 7, em forma de sete círculos concêntricos, evocadores das cores do arco-íris, dos sete céus, as sete notas musicais, etc.; na face oposta, a cruz pátea templária, rodeada de círculos e com cinco botões – cinco luas – nos interstícios deixados por seus quatro braços. "Em algumas ocasiões, é necessário transportar-se para a Idade Média para compreender a mentalidade daquelas pessoas e conhecer as crenças da época. Naquele tempo, o número 7 mágico e sagrado fazia parte de seu cotidiano", recorda Xavier Musquera.

O número 8

O 8 (latim, *octo*) é o número do equilíbrio cósmico, simboliza o princípio da vida que jamais morre. É a ressurreição, a inteligência prática e a comunicação. A interseção de dois quadrados gera um octógono. É a figura geométrica equidistante entre o quadrado (ordem terrestre) e o círculo (ordem da eternidade) e, por isso, refere-se ao mundo intermediário. É o símbolo do equilíbrio central, da justiça e da regeneração, e o número emblemático das águas batismais. Não é por acaso, portanto, que a pia dos batistérios tenha normalmente uma planta octogonal, bem como as lanternas – zimbórios – das igrejas românicas, por meio de cujos oito vitrais laterais se ilumina o presbitério dos templos com o interior do altar principal e o eixo de interseção da nave principal com o transepto. O oito está relacionado também com as duas serpentes – equilíbrio de forças antagônicas – que se entrelaçam em torno do caduceu, a vara de Esculápio, o deus grego da Medicina. O 8 também simboliza o movimento eterno da espiral dos céus (linha dupla sigmoide, como o símbolo do infinito). Para Juan Eduardo Cirlot, o 8 corresponde, na mística cosmogônica medieval, ao céu das estrelas fixas, que simboliza a superação dos influxos planetários. Para Chevalier e Gheerbrant, o homem, imagem do macrocosmo, é dirigido pelo número 8, não apenas no mecanismo da geração e pela estrutura de seu corpo, mas também na criação e ordenação de tudo o que condiciona sua subsistência.

O 8 tem importância especial na exegese, porque é o número do Novo Testamento por estar relacionado com o oitavo dia da Criação, concebido como o começo da nova era, porque se concebe como a ressurreição do Cristo, e também a do homem, transfigurado pela graça, ao mesmo tempo que anuncia a beatitude do século futuro. Para Santo Agostinho, o oitavo dia assinalava a vida dos justos e a condenação dos ímpios. O 8 também é o número dos caminhos da vida, o caminho dos anjos portadores do trono celestial.

O número 9

O número 9 (latim *novem*) é a síntese final e a volta ao princípio da criação, é o número alquímico por excelência. Observemos que, em sua grafia, o número 9 é uma espiral que nos comunicaria com os infernos, e o número 6 a mesma espiral que nos ligaria com os céus. É o número da iniciação e a cristalização dos objetivos. O 9 é a imagem e a totalidade dos três mundos formados por três triângulos: o céu, a terra e os infernos. O 9 – triplicidade do tríplice – é o número dos anjos e das esferas cósmicas da imagem medieval do mundo; porém, paradoxalmente, também é dos círculos infernais. Na numerologia esotérica, o 9 é o número relacionado ao ganso, a ave dos arcanos, estreitamente vinculada ao caminho iniciático da peregrinação a Compostela. Para Dante, o 9 é o número do céu e, ao mesmo tempo, o símbolo do amor carnal. Para os hebreus, o 9 era o símbolo da verdade, em razão da característica especial de que, multiplicado, reproduz-se a si mesmo. Os Templários recolheram dos povos turcos da Anatólia o conceito da divisão do céu em nove camadas e a crença dos nove filhos ou servidores de Deus, que correspondem às nove estrelas do firmamento adoradas pelos mongóis. "Todo número, seja qual for, não é nada além do número 9 ou seu múltiplo mais um excedente, pois os signos dos números não têm mais que nove caracteres e valores com o zero", disse Avicena, confirmando a sabedoria islâmica no conhecimento da aritmética. Também foi por 9 anos que se prolongou o cerco da lendária cidade de Íleon. Para os maçons, o 9 é considerado o número eterno da imortalidade humana; além do mais, foram 9 os Mestres que encontraram o corpo perdido e a tumba de Hiram. Os egípcios, de cuja cultura tanto beberam os Templários, chamavam o número 9 de "a montanha do Sol". Também, a essência da substância e da vida, para os antigos egípcios, é representada pelo arquétipo trinitário Osíris – Ísis – Hórus, que constitui a evolução nos três mundos, a síntese tripla – o divino, o natural e a inteligência – o que é o mesmo: o espiritual, o corporal e o intelectual. Por isso, o 9 é o número, por excelência, dos ritos medicinais, daí a concepção tradicional das *novenas* como sistema de cura ancestral baseada no 9. Para Allendy, em sua *Enciclopedia de la dinivinzación,* desde os antigos platônicos de Alexandria, onde a Trindade divina primordial se subdivide em três formando os nove princípios, até a culminação do românico de Borgonha, o número 9 está presente em numerosas abadias do Ocidente, como é o caso de Paray-le-Monial, monumental basílica iluminada por nove vitrais.

O simbolismo do 9, como recorda René Lachaud, invade toda a cosmologia templária. Para os Templários e também para os maçons, o número 9 representa, em seu grafismo, uma germinação para baixo e, portanto, material. As cifras que damos em seguida são bastante eloquentes:

– Foram nove os Cavaleiros fundadores da Ordem do Templo.

– Um total de 72 artigos compôs a regra (72 = 7 + 2 = 9).

– A gênese da Ordem prolongou-se durante 9 anos, exatamente de 1118 a 1127.

– Foram nove as províncias que os Templários estabeleceram no Ocidente.

– E, segundo Mathieu París, foram 9 mil suas missões.

– A história do Templo prolongou-se durante 180 anos (180 = 1 + 8 + 0 = 9).

– Durante o processo, um total de 117 acusações condenou finalmente a Ordem do Templo (117 = 1 + 1 + 7 = 9).

– Inclusive, seu último Grão-Mestre, Jacques Bernard de Molay, tampouco se livrou desse número, se lembrarmos que foi queimado vivo em Paris no dia 18 de março de 1314 (18 = 1 + 8 = 9) e (1314 = 1 + 3 + 1 + 4 = 9). Também, não é por acaso que, 117 anos depois, Joana d'Arc, a heroína de Orleans, que lutou com todas as suas forças contra os ingleses, tivesse o mesmo final, precisamente em 1431 (117 = 1 + 1 + 7 = 9) e (1431 = 1 + 4 + 3 + 1 = 9).

Também os maçons precisam de nove Cavaleiros para constituir uma Loja. O número 9 intervém frequentemente na imagem do mundo: nove dias e nove noites são a medida do tempo que delimita o céu e a terra, e esta do inferno, na dimensão mais inferior.

O 9 define o final da série de números, ao mesmo tempo que anuncia um novo começo e a germinação, abrindo a fase das transmutações e o fechamento do anel cósmico.

O número 10

Como emblema da fecundidade, o 10 (latim, *decem*) é o resultado da soma dos quatro primeiros números (1 + 2 + 3 + 4), que assinalam as quatro etapas da Criação. O 10 é o atributo do deus da água, Faro, e o número dos mandamentos de Deus. Para Chevalier e Geerbrandt, "o 10 é o número perfeito que dá o conhecimento do próprio um e do mundo, tanto terreno como divino". A década era, para os pitagóricos (século VI a.C.), o mais sagrado dos números, o símbolo da criação universal, sobre a qual prestavam juramento com o nome de Tetrakys, ou Tetractys, cuja forma de triângulo de dez pontas está disposta na pirâmide de quatro andares. Em algumas doutrinas, a década simboliza a totalidade do universo, tanto metafísico como material, pois eleva todas as coisas à unidade. O número 10 encarna o sentido da totalidade, do acabamento, do retorno à unidade depois de finalizar o desenvolvimento do ciclo dos nove primeiros números. O 10 expressa a ambivalência da morte e da vida, uma alternância cuja existência está estreitamente ligada ao dualismo. Desde o antigo oriente até São Jerônimo, passando pela escola pitagórica, o 10 tem sido considerado o número da perfeição. Para Hans Biedermann, o 10, além disso, é o símbolo da plenitude, ancorado praticamente em todas as culturas da Terra, desde que se começou a contar com os dedos. As dez emanações divinas da cabala – *sephirot* – se concebem também como a árvore cujo desenvolvimento natural é invertido, ao cravar suas raízes no céu e projetar a copa para a terra, com o que chegamos a uma relação íntima com os dez nomes secretos de Deus: Eheie, Yah, El, Elohim, Eloi, Gibor, Eloah, YHVH Sabaoth, Elohim Sabaoth, Shadai e Adonai.

O número 12

O 12 é um número estreitamente ligado ao universo em sua complexidade interna; recordemos que ele resulta da multiplicação do 4 (mundo espacial e, em seu sentido mais místico, referido à Criação) com o 3 (tempo sagrado e, em seu sentido mais místico, referente à Trindade), para simbolizar o tornar-se ser humano e o desenvolvimento perpétuo do universo: o mundo acabado. O duodenário, que caracteriza o ano e o zodíaco, também representa a multiplicação dos quatro elementos – água, ar, fogo e terra – pelos três princípios alquímicos – enxofre, mercúrio e sal.

O 12 volta a nos levar ao simbolismo cristão com a Jerusalém Celestial do Apocalipse: a cidade das 12 portas, marcadas cada uma delas com o nome das 12 tribos de Israel, cujo recinto murado se ergue sobre 12 bases com os nomes dos 12 apóstolos... Na Bíblia, o 12 também está presente: como número da eleição, o da Igreja, o do povo de Deus, as 12 tribos do povo hebreu; quando Jesus proclama abertamente sua pretensão de eleger, em nome de Deus, um novo povo; na árvore da vida, que tem 12 frutos; na mulher do Apocalipse, que leva uma coroa de 12 estrelas sobre a cabeça, etc.

O número 12 representa a Igreja triunfante, o fim das 12 fases militante e sofredora. E, na mitologia arturiana, a Távola Redonda compreende 12 cavaleiros. Também para a simbologia templária, o 12 encontra algumas representações que coincidem perfeitamente com os mitos antigos, tanto religiosos quanto pagãos. Concretamente, na população de Narros (Soria), conserva-se uma estela discoide templária que mostra gravado um Sol de 12 raios, evocando a árvore da vida, que possui 12 frutos, os 12 signos do zodíaco, os 12 meses do ano. Nessa estela discoide funerária invoca-se o Cristo em forma de disco solar, *Sol Invictus*, que encarna, ao mesmo tempo, a figura de um herói da Antiguidade cercado por seus discípulos os quais são representados, individualmente, por um raio.

Foram três as cores sagradas para os Cavaleiros do Templo: preto, branco e vermelho. Cada uma dessas tonalidades estava vinculada muito intimamente com sua filosofia de vida, tanto corporal como espiritual, como veremos em seguida.

16

As Cores Sagradas

"Como a fênix que renasce de suas cinzas, o espírito encarna em um corpo negro, branco e vermelho."

Santo Alberto Magno

(Assim expressou-se o santo filósofo cristão que viveu na Baixa Idade Média [1200-1280], difusor da doutrina escolástica nas universidades de Paris, Pádua, Estrasburgo e Colônia, em clara referência à Ordem do Templo.)

Foram três, portanto, as tonalidades usadas pelo Templo: negro, branco e vermelho; em representação da morte, da ressurreição e do triunfo, respectivamente. Do mesmo modo, os dois primeiros correspondem às cores iniciáticas fundamentais, enquanto o vermelho é o símbolo da vida eterna que, por sua vez, outorga o conhecimento de todo o sagrado e secreto. Porém, falemos da importância de cada uma dessas cores em seguida e de seu vínculo estreito com os Templários. O estandarte negro e branco – *o Baussant* – dos Templários está inspirado nos pilares de acesso aos templos do Egito Antigo, que representam os diferentes deuses. Joana d'Arc, 117 anos depois da morte de Jacques B. de Molay na fogueira, em Paris, não vacilou em hasteá-lo ao vento, para animar os franceses durante a Guerra dos Cem Anos (1327-1453) contra os ingleses.

O preto

O preto, como tonalidade, representa o valor simbólico do absoluto. Para a psicologia profunda é a cor do inconsciente completo, do aprofundamento no obscuro, das trevas, do luto (o luto negro é, poderíamos dizer, a dor sem esperança), para as concepções ocidentais do mundo medieval. Para Hans Biedermann, na alquimia, o enegrecimento (*nigredo*) da matéria primária que se transforma na pedra filosofal constitui o requisito prévio para a ascensão futura. O negro, simbolicamente, é geralmente entendido em seu aspecto frio, negativo, associado às trevas primordiais, à indiferenciação original. Cor de condenação, o preto se converte também na cor da renúncia à futilidade deste mundo, razão de os mantos negros constituírem uma proclamação de fé tanto no Cristianismo como no Islamismo. O mesmo simbolismo se reflete no famoso verso do *Cântico dos Cânticos*: "Sou negra e, contudo, formosa, filhas de Jerusalém." No arcano XIII do tarô aparece uma Morte orgulhosa de seu destino; trata-se de uma morte iniciática que prenuncia um nascimento verdadeiro. Com uma foice vermelha, está disposta a ceifar uma paisagem pintada de preto; com isso, depois de ceifar o nada, abre caminho para uma vida mais real que a anterior, porque o número 13 é a renovação. Não é por acaso, portanto, que as Virgens Negras – *veja-se o capítulo 8* – evocaram as grandes deusas da fertilidade em virtude de suas origens tectônicas, porque essas Virgens Negras medievais substituem Ísis, Demeter, Cibele, Aton e Afrodite negros. O preto está relacionado com a noite; entrar na noite é voltar ao indeterminado, onde se mesclam pesadelos e monstros, as ideias negras.

Na concepção céltica do tempo, a noite é o início da jornada.

O preto, tonalidade que transmite peso, ao mesmo tempo, é um símbolo de limitação, melancolia, decomposição. É a cor de Saturno que se move nas trevas. Anúbis, conselheiro de Ísis e filho de Osíris, a divindade egípcia com cabeça de chacal e corpo de homem, porta um caduceu em sua mão esquerda. Em sua promessa de luz, é portador da chave que transmite todas as tonalidades, para acabar vencendo as trevas, depois de 40 dias de obscuridade. "O Templário dorme entre as dobras de seu hábito de lã grosseira negra, recostado sobre o eixo norte-sul, e sonha com um Oriente vigiado pelo cão de Deus, o cinocéfalo, que vigia quando todo mundo dorme e cochila depois de saudar a luz", ressalta René Lachaud.

O branco

O branco, por outro lado, é o inverso da sombra. A cor branca constitui a união completa de todas as cores do espectro da luz; símbolo da inocência, ainda não influenciada pelo pecado ou, como objetivo final da pessoa purificada na qual se restabeleceu esse estado. Recordemos que os cristãos primitivos portavam vestidos brancos – *candidus* – no momento do batismo por imersão. Dessa mesma tonalidade surgem representadas as almas dos perdoados depois do Juízo Final. Como valor-limite, na linha do horizonte, na coloração dos pontos cardeais, o Leste e o Oeste são representados pela cor branca; os dois pontos extremos e misteriosos, onde o astro rei nasce e morre a cada dia. O branco atua sobre nossa alma como o silêncio absoluto; porém, não se trata de um silêncio morto, mas rico de possibilidades vivas, porque, em todo pensamento simbólico, a morte é a antessala da vida, já que todo nascimento é um renascimento. Como símbolo do nascimento, devemos considerar o branco como uma tonalidade de morte, a cor do sudário, a ausência de cor... Para Mircea Eliade, nos ritos de iniciação, o branco é a cor da primeira fase, a da luta contra a morte. Em sua acepção diurna, como cor iniciadora, o branco se converte na tonalidade da graça, da revelação, da transfiguração que deslumbra. É a cor da teofania, daí a auréola de luz branca que circunda a cabeça de todos aqueles que conheceram a Deus. Também, entre os antigos celtas, o branco era a cor reservada à casta sacerdotal. Apenas os druidas, os outros sacerdotes e os reis podiam vestir-se de branco, a cor mais elevada para contatar as divindades.

Na alquimia, o branco (*albedo*) é a representação que vem em seguida ao negro (*nigredo*); porque a matéria-prima se encontra no caminho que leva à pedra filosofal. Para René Guénon, enquanto *ars regia* o branco corresponde à primeira fase iniciática, ou seja, seria uma linguagem própria da iniciação cavalheiresca e a ela encaminhada.

O branco é, portanto, a cor dos seres sobrenaturais, que se purificam nas chamas do espírito. É a tonalidade do astro mutante, da Lua brilhante, cujo reflexo de luz transmite sabedoria, recompensa e relaxamento. Por isso, o Templário venerava a tonalidade do branco heráldico, evocadora de um cristo banhado em luz zenital.

O vermelho

Tonalidade que representa o fogo e o sangue, o vermelho é, para muitos povos, a cor primária, ao estar mais ligada à vida. O homem pré-histórico já soube obtê-lo em forma de óxido de ferro (*almagre*), e, em forma de substância corante, pintava o rosto dos mortos, para devolver-lhes a cor *cálida* do sangue e da vida. Também é a cor da ciência, do conhecimento esotérico, aquele que está vedado aos não iniciados e que os sábios ocultam sob seu manto. O vermelho transmite a ideia de vida eterna que outorga o conhecimento das coisas secretas. Trata-se de um vermelho matricial, por não ser licitamente visível senão no decurso da morte iniciática em que adquire um valor sacramental. O sangue e o segredo são suficientes para estabelecer e delimitar o campo do vermelho. O Cavaleiro Templário vertia sobre a terra seu sangue vermelho no combate contra os infiéis, tendo acesso, desse modo, à realeza iniciática. "E obras no final como no começo. A morte é a causa da vida e o começo e o final, veja negro, veja branco, veja vermelho. É tudo. Pois esta morte é a vida eterna, depois da morte gloriosa e perfeita." (*La nueva assamblea de los filósofos alquimistas*, de Claude d'Ygé).

Para os primeiros cristãos, o vermelho era a cor do sangue do sacrifício de Cristo, e também dos mártires, das chamas do Espírito Santo no Pentecostes e do amor fervoroso, como se depreende ao ver a vestimenta de João, o discípulo predileto de Jesus. Precisamente, no Apocalipse de João, destacamos vários fragmentos de interesse: "Vem e te mostrarei a grande prostituta que está sentada sobre as grandes águas" (17,1); "Levou-me ao deserto e vi uma mulher sentada sobre uma besta vermelha, cheia de nomes de blasfêmia, a qual tinha sete cabeças e sete chifres" (17,3). Tratava-se, sem dúvida, de uma hidra horripilante (monstro de sete cabeças, animal surgido do inferno de cor vermelho-escarlate cheio de blasfêmias). Daqui é fácil deduzir que o vermelho também se relacione tanto com o inferno como com o Diabo.

Na alquimia, segundo Hans Biedermann, o vermelho está relacionado com o branco; ambos mesclados dão lugar ao um *sistema dual*, simbolizando o princípio material *enxofre*, o que queima. Ambos os tons, branco e vermelho, simbolizam a criação, segundo a antiga teoria da procriação, ou seja, a obtenção de vida a partir do sangue, o vermelho (menstruação) e o branco (esperma). No Rito Escocês da Maçonaria, o vermelho estabelece o sistema de altos Graus, em oposição ao azul da Maçonaria de São João, caracterizada por seus três Graus (Aprendiz, Companheiro e Mestre).

Essa virtude da cor vermelha, exposta à luz, inverte a polaridade do símbolo que, de fêmea e noturna, converte-se em macho e solar, concordam Jean Chevalier e Alain Gheerbrant. A partir disso, surge uma nova tonalidade de vermelho, consequência da união do branco com o dourado que nos leva ao símbolo essencial da força vital, que encarna o ardor e a beleza, a força impulsiva e generosa, o *eros* livre e triunfante. Na Roma antiga, o vermelho era a cor dos generais, da nobreza e dos patrícios. Os imperadores bizantinos, por exemplo, vestiam-se só de vermelho, inclusive chegaram a ditar leis que proibiam as classes populares de vestir vermelho. Essa cor havia se convertido no símbolo da cor suprema.

Mais tarde, já na Idade Média, o vermelho e o branco foram as cores consagradas a Jeová, como Deus do amor e da sabedoria, recorda Fréderic Portal.

Tampouco a alquimia se livra do vermelho, posto que esta era a cor da pedra filosofal, cujo nome significa "a pedra que leva o signo do Sol". O fogo celestial abrasa o coração e purifica; da mesma forma, a pedra dos filósofos é pura, posto que está composta dos raios concentrados do Sol.

Em algumas construções templárias (Caravaca, Múrcia) e também em outros edifícios que estiveram, de algum modo, vinculados aos Templários (catedral de Tortosa, Tarragona), o leitor descobrirá um curioso vitral em forma de óculo – conhecido pelos historiadores como janela da Aparição –, o qual está relacionado com o mítico *yin-yang* da filosofia oriental ou, o que é o mesmo, o poder dos contrários.

17

O *Yin-Yang*

> *"Os influxos* yin-yang *são os dois princípios cosmológicos fundamentais e contrários da filosofia oriental, aos quais se subordinam todas as coisas, as entidades, os acontecimentos e os períodos de tempo."*
>
> Udo Becker

O *I-Ching* é o livro da mudança, da sabedoria, da ciência e o espírito criativo do homem, provido da dupla dimensão da vida, tanto física como psíquica, material e imaterial.

Por meio de sua extraordinária riqueza simbólica, vamos tentar desvendar alguns de seus segredos interessantes, que permaneceram ocultos para o Ocidente durante milênios.

Na história chinesa, o *I-Ching* (pronuncia-se "ie-yin") ou *Livro das Mutações*, também denominado *Oráculo das alternâncias ou da sabedoria*, é mencionado no ano 3300 a.C. com relação a Fu-Shi. Dele aqui se faz referência: antigamente, quando a organização de tudo o que existe embaixo do céu estava nas mãos de Fu-Shi, este, olhando as formas existentes no espaço e contemplando tudo o que a Terra apresentava, observou as aparências adornadas dos pássaros e das feras, assim como suas sutis diferenças com as do solo. Encontrou razões para fazer considerações sobre sua própria pessoa e sobre todas as coisas. A partir daí e, para expressar a aparição do espírito nos atos inteligentes da natureza e classificar todas as qualidades das coisas, desenhou oito figuras lineares de três linhas cada uma.

O livro do *I* (mudança) escapou das fogueiras inquisidoras de Ch'in no ano 213 a.C., desastrosas para quase a totalidade da antiga literatura chinesa, porque no conselho que Li Shih, o primeiro-ministro de Ch'in, dirigiu-se a seu soberano recomendando-lhe que dentre os livros velhos a serem lançados na fogueira, exceção deveria ser feita para aqueles que tratavam de medicina, de adivinhação e das ciências do lar. E, afinal, o *I Ching* foi considerado como um tratado de adivinhação e preservado.

O tema do *I Ching* é o avanço e a retirada do Dragão (o símbolo das forças benéficas da natureza e do homem superior ou o Grande Homem). A efetividade do homem e sua libertação dos problemas, bem como suas limitações, encontram-se na integração com as forças da natureza. O livro ensina que se consegue a vida apropriada e boa quando se executa uma ação em harmonia com o fluxo do *yin* e *yang*. O homem superior esforça-se para desenvolver a vigília consciente desse fluxo e sua intuição chega a ser tão aguda que ele se move dentro do contínuo avanço e retrocesso das forças vitais da natureza e nunca contra elas, porque se dá conta de que a última opção é inútil e destrutiva. É sábio e segue o fluxo das forças e, deste modo, chega a ser como a água que na primavera enche o leito seco do rio.

Tudo isso implica uma "inteligência progressiva" (o homem médio amadurece no homem superior por meio da experiência), que pode encontrar seu paralelo no misticismo do Ocidente e na ideia ocultista da expansão da consciência e seu movimento em direção ao Espírito Universal. Hoje é indubitável que a fronteira da consciência do homem ultrapassa em muito a visão materialista dos séculos XIX e XX cujas escolas de positivismo lógico, na filosofia e na psicologia do comportamento (*behaviorismo*), representam o homem como um aparelho mecânico sofisticado, limitado em sua percepção pelos cinco sentidos.

Outra realidade

É difícil aceitar a existência de outra realidade além daquela que os sentidos percebem, mas ela não apenas existe como também domina o mundo. E, no entanto, vocês e suas vestimentas, sua cadeira, a mesa e os papéis, o aço e o ar são feitos da mesma substância e somente porque se distinguem poderosas forças fundamentais sustentam, juntas, um número infinito de átomos e partículas, formando entidades e coisas.

Isto é mais do que uma ideia e Demócrito, filósofo grego do século V a.C., sabia. Não apenas chamou de átomos as partículas dos corpos, mas também disse que eram imperceptíveis aos sentidos e que estavam em constante movimento.

Se algum conceito geral sobreviveu, desde que o homem começou a investigar, é o da presença de uma organização, um equilíbrio de forças, mais aparente quanto mais profundamente investigamos a respeito da existência. Também a mente, o próprio pensamento, é regida por uma estrutura, pois, embora ignoremos o seu mecanismo, seria infantil assumir que, entre todas as manifestações da vida, ela é a única à qual falta essa característica. O processo do *I Ching* é misterioso, mas muitos acreditam que o pensamento é o depósito de todo o conhecimento. Existem várias teorias que supõem a existência da Grande Sabedoria no inconsciente. De acordo com Carl Gustav Jung, essa seria o inconsciente coletivo; segundo Carington, a mente coletiva; segundo Bergson, a mente cósmica. Embora todas sejam a mesma coisa, trata-se do que é expresso mediante a conexão da consciência individual expandida com esse depósito. O sistema do *I* (mudança) baseia-se no *T'ai Chi* (Grande Extremo), que produziu as duas mudanças (Formas Elementais). As duas formas são uma linha completa, *yang*, e uma linha dividida, *yin*. Colocadas sobre si mesmas e sobre a outra, elas produzem os quatro símbolos, os quais, colocados novamente sobre si mesmos, formam os oito *Koans* que, combinados, originam os 64 hexagramas que comportam as figuras do oráculo.

Poder-se-ia concordar em identificar as duas formas, o *yin* e o *yang*, como uma energia, semelhante em manifestação à dos polos positivo e negativo de um magneto. Cada um oposto ao outro e, mesmo assim, coexistindo e dependendo um do outro dentro de uma mesma peça de metal.

A vida poderia ser uma partícula colhida entre a atração e a repulsão dos polos. O processo de mudança incessante nos afeta desde o nascimento da humanidade e os Templários o souberam compreender muito bem, na Idade Média, a quem nada custou absolutamente certificar essas considerações.

Yin e *Yang*

O *yin* e o *yang*, representados pelas cores negra e branca, respectivamente, têm sua origem comum em uma unidade indivisível. A unidade indivisível é um ativo na fenomenologia observável. O *yang* surge como o princípio da luz, masculino e ativo, e o *yin* como o feminino e passivo. Sua fonte é o *Y'ai Chi*, ou o conceito do Absoluto, o Eterno, ou Princípio Universal. Inicialmente, o *yin* representou a sombra e daí saiu a ideia do lado norte da montanha e o lado sul do rio, onde durante o dia a posição do Sol cria a escuridão sombria. Começando com a ideia de luz e sombra, chegaram a simbolizar todos os opostos, uma polaridade que inclui a sexualidade, porém sem ênfase especial. O *yin*, a linha quebrada, passou a significar o frio, a suavidade, a contração, a umidade, o princípio feminino da vida; o *yang*, o princípio masculino, chegou a representar o calor, a dureza, a expansão, a secura e, entre eles, existe o pêndulo da vida alternando entre os princípios opostos. E já que a vida recebe a forma que a natureza lhe dá, acredita-se

Representação gráfica do *yin-yang* com suas correspondências:

1. frio, forte, firme, claro
2. calor, fraqueza, flexível, obscuro
3. inverno, perigoso, difícil
4. verão, relâmpago, belo

Ch'ien (1) / Céu
Terra (2) / K'un
K'an Água / Lua (3)
Sol (4) / Li Fogo

que sua ordem pode ser conhecida. Portanto, os medos irracionais da vida podem ser desacreditados e o mal pode ser colocado de lado. Uma vez conhecido o desconhecido, nada existe a temer.

A ideia é que, por meio da interação dessas duas forças primárias, são criados todos os fenômenos do universo.

Os criadores do *I Ching* buscaram também o ritmo do universo. Onde havia apenas mistério para muitos e medo pela transitoriedade da vida para outros, encontraram uma verdade eterna para poucos.

Esse movimento da vida é necessariamente a destruição derradeira e o eterno renascer. Sua polaridade de princípios e energias dita um

O Yin-Yang

modo de vida que pode, caso se baseie na intuição e sabedoria, identificar-se com a vida do Cosmos, e assim souberam assimilá-la os Templários, quando desenharam seu próprio símbolo *yin-yang* e o situaram em lugares bem transcendentais de suas construções mais sagradas. Não é por acaso, portanto, que seja por intermédio de uma lente – de 75 centímetros de diâmetro, com a imagem dupla do *yin-yang* – por onde, por meio de seus elementos góticos de uma janelinha, segundo a lenda, em 1231, os anjos transportaram da Terra Santa a cruz templária mais emblemática da Espanha, instalando-a no altar da igreja desse santuário do Templo de Caravaca

Esquema do microcosmo e do macrocosmo, por meio de uma representação do yin-yang, segundo a concepção templária da vida.

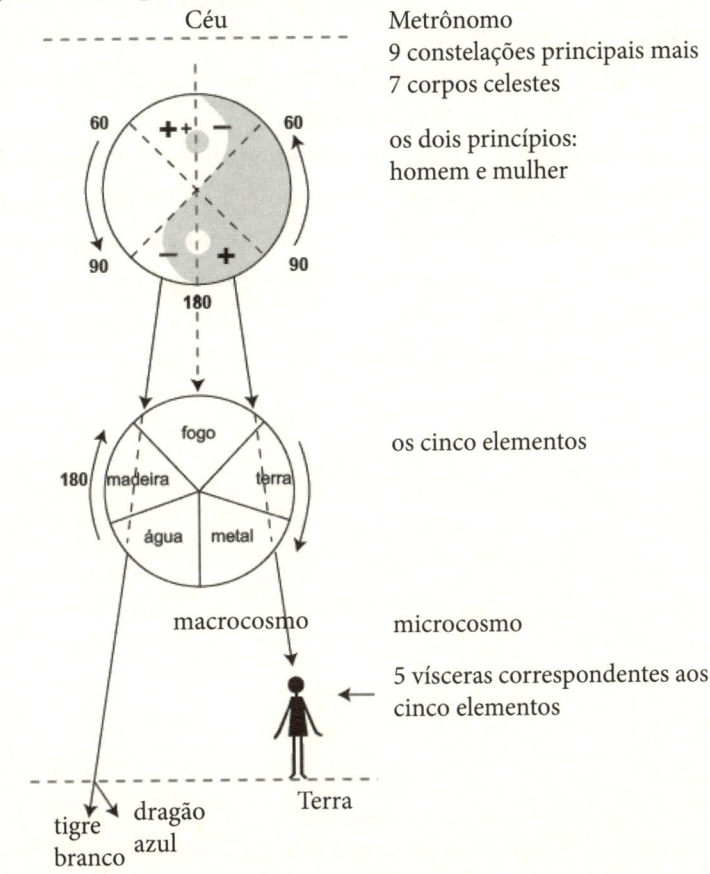

Céu

60 + – 60
90 – + 90
180

Metrônomo
9 constelações principais mais
7 corpos celestes

os dois princípios:
homem e mulher

fogo
180 madeira terra
água metal

os cinco elementos

macrocosmo

microcosmo
5 vísceras correspondentes aos cinco elementos

Terra

tigre branco   dragão azul

(Múrcia), diante dos extasiados olhos de todos os presentes. Na cidade de Tortosa, precisamente no claustro de sua catedral, também aparece uma lente curiosa – embora tampada pela Inquisição, no século XVI –, ela Iluminaria o coração do altar-mor. Acontece que antes de o templo ser cristão, essa construção havia sido a mesquita principal dessa cidade de população hispano-muçulmana e, portanto, essa lente iluminaria o pórtico de acesso ao *mihrab*, orientado para a Cidade Santa de Meca. Muitos são os elementos que recordam a universalidade do *I Ching* e sua representação simbólica de todas e cada uma das motivações nascidas do desejo e pensamento humanos. Esse símbolo duplo e complementar nos desvenda uma parte importante dos conhecimentos mais profundos que eram conhecidos, desde os tempos antigos, a respeito da mente; e os Templários souberam muito bem recolhê-los quando na Terra Santa, território convertido em etapas pelas inumeráveis caravanas de povos e culturas que, pela rota da seda, alcançavam as costas do Mare Nostrum.

O Tau (*Tav*), que corresponde à nona letra do alfabeto hebraico, tem o mesmo significado que a letra grega ômega, no sentido de fim ou consumação das coisas. Essa letra teve um valor muito especial para os Templários, porque transmitia uma série de valores que superavam os limites do material, como veremos a seguir.

18

O Tau Mítico

"Existe um ponto no qual aqueles hereges veneravam a cruz dos três cravos e três braços, ao modo do Oriente."

Lucas de Tuy

O T arqueado – o tau – encontra-se em numerosos edifícios relacionados ao Templo. Trata-se da nona letra do alfabeto hebraico, que condiz com os nove Cavaleiros que, em 1118, fundaram a Ordem – "a Nova Cavalaria", segundo a qualificaria São Bernardo de Claraval –, e que representa a serpente, a cor vermelha e o planeta Marte (o deus da guerra). Porém, as raízes dessa cruz esotérica são muito mais ancestrais, como já veremos.

Muito poucas letras dos alfabetos de qualquer cultura, tanto do Oriente como do Ocidente, receberam tanta admiração e valorização quanto o T. Desde o Neolítico (Egito Antigo) até os séculos medievais, a maioria dos povos da bacia mediterrânea, acima das religiões, rendeu-lhe homenagem.

De toda a vasta gama de cruzes que o Cristianismo hasteou como suas, provavelmente a cruz sem cúspide (o tau, T), que tinha como significado a compreensão do Todo, seja a mais esotérica e, ao mesmo tempo, a que guarda uma relação mais estreita com as culturas ancestrais do Mediterrâneo oriental. Para os romanos antigos, a letra T equivalia a 150.

O tau egípcio

Em nossa viagem imaginária pela simbologia da letra T e, seguindo em ordem cronológica, chegamos ao Antigo Egito.

No país do Nilo, a cruz ansada (*Ankh*) é o símbolo de milhões de anos da vida futura, e amiúde se confunde com o nó de Ísis. Ela simboliza a semente, o trabalho dos campos, a colheita que assegura a vida do lar. Está relacionada às umidades fecundas e vinculadas com as águas. Essa divindade

As diferentes formas de tau, ao longo das civilizações

Cruz ansada egípcia, relacionada com o culto da deusa Ísis e, ao mesmo tempo, símbolo da vida.

O tau babilônico (um "T" em forma de arco)

O tau, número 22 do alfabeto hebraico, que corresponde ao último dos arcanos maiores, tinha como significado a compreensão do todo.

O tau medieval, emblemático dos Templários, e também característico da Ordem de Santo Antônio, talismã valioso contra a enfermidade denominada "a marca dos ardentes". Também é o emblema de Santa Tecla, padroeira da cidade de Tarragona.

egípcia recebeu por isso a invocação e a devoção dos marinheiros do antigo Mare Nostrum, para que os conduzisse a um bom porto. O nó ou laço de Ísis produz a união dos contrários, do fogo e da água. É um signo formado por uma argola da qual pende uma espécie de tau, assemelhando-se a um laço. É um dos atributos da Ísis, porém, pode-se vê-lo na mão da maior parte das divindades, como emblema da vida divina e da eternidade. Entre as mãos dos mortais, expressa o desejo de uma eternidade feliz em companhia de Ísis e Osíris. "Seu círculo é a imagem perfeita do que não tem começo nem fim... a cruz (ou melhor, o nó) representa o estado de morte, a crucificação do eleito. Em certos templos, o iniciado era deitado pelos sacerdotes sobre uma cama em forma de cruz", assegura Albert Champdor em sua obra memorável *Le Livre des Morts*. Aplica-se sobre a fronte dos faraós e dos iniciados, como para conferir-lhes a visão da eternidade Mais Além dos obstáculos que estão para ser vencidos. Os deuses apresentam-na aos falecidos como símbolo da vida eterna de eflúvios vivificantes. Para Paul Pierret, é igualmente um símbolo de proteção dos mistérios sagrados. Havia numerosos amuletos (Tau ou fivela de cinturão) "de pedra dura, pasta de vidro ou madeira dourada, mas, em geral, de quartzo vermelho opaco, que colocavam ao redor do pescoço das múmias". No capítulo 46 do *Livro dos Mortos* consta que isso era feito "antes de colocar o defunto sob a proteção direta de Ísis". A cruz ansada egípcia, que mantém relação com o laço de Ísis, aparece nos sarcófagos cristãos primitivos como símbolo da vida.

O alfabeto hebraico

Sabemos que o alfabeto hebraico, que conta com 22 letras que são identificadas com figuras numéricas, é considerado, no Ocidente, como uma linguagem divina e sagrada. O tau templário identifica-se com a nona letra, a *Teth*, que está vinculada astrologicamente com a constelação de Escorpião.

No alfabeto hebraico, o tau relaciona-se com Netuno, o último dos sete planetas sagrados da Antiguidade: planeta do espírito – como Júpiter e Vênus –, estreitamente associado com o signo de Peixes, Netuno é a inspiração, o gênio, a estética, a vida superior e, portanto, o misticismo, o pensamento superior e a capacidade de ser médium.

A letra tau no alfabeto hebraico corresponde, igualmente, ao número 22, o último dos arcanos maiores, cujo significado é a compreensão do todo.

O alfabeto hebraico também tem uma relação estreita com o tarô egípcio e, comparando os dois, verificamos que a carta 22 do tarô egípcio, denominada O Louco, apresenta um homem vestindo uma pele que olha para o futuro. Com sua mão direita segura um cetro, símbolo do poder, e na esquerda a cruz ansada (chave da vida). A carta nos leva a Neith (deusa da guerra), adorada especialmente em Sais. Os gregos a identificaram com Atena e, posteriormente, foi representada como divindade bissexual. É mãe de Sobek e senhora do mar, o que nos dirige novamente para a simbologia do mar (Netuno, Peixes).

O símbolo cristão

Para os cristãos, a iconografia da cruz quer expressar tanto o suplício do Senhor quanto a sua presença: onde a cruz estiver, ali também está o Crucificado.

A cruz sem cúspide é um dos quatro grandes grupos de cruzes existentes na simbologia cristã. Se o compasso era o signo que conferia à divindade o atributo de Grande Arquiteto do Universo, representado em forma de triângulo equilátero (veja-se a rosácea da abside de Valderrobres, Teruel), o tau constituía o apoio do báculo do Grão-Mestre templário.

Na alquimia, a morte vencida pelo sacrifício, em forma de cruz sem cúspide (o tau), leva uma serpente enrolada – como símbolo das forças gnósticas terrenas – cravada em uma estaca. Essa cruz cósmica singular, símbolo da sabedoria e do conhecimento, o tau templário, já se reveste de um sentido misterioso no Antigo Testamento. O bastão do sacrifício que Isaac leva nos ombros tem essa forma e é por isso que ele é poupado, quando um anjo retém o braço de Abraão no momento em que estava pronto para imolar seu filho.

Como veremos mais adiante, o tau também foi um signo utilizado pela Ordem de Santo Antônio, como confirmam os testemunhos dessa letra, preservados nos edifícios antoninos que salpicam o Caminho de Santiago (Alesón, em La Rioja; convento de Santo Antônio, de Castrogeriz, em Burgos, etc.).

Pelos monumentos

O símbolo do tau está muito distribuído pela geografia hispânica. Em seguida, citamos alguns desses lugares, nos quais também flutua a sombra dos Cavaleiros do Templo.

Na estrada que vai de Burgos a Palencia, passando pela localidade de Hontanas, antes de chegar a Castrogeriz, encontram-se as ruínas do convento de Santo Antônio, obra de grande interesse por sua significação histórica, bem como pelos restos arquitetônicos que conserva. O lugar foi albergue de peregrinos em sua interminável caminhada pela rota jacobeia. Os muros altos do convento flanqueavam o caminho onde ainda há um elevado pórtico ou passadiço com dois arcos ogivais, embaixo dos quais abria-se o portão principal que dava acesso ao templo. Esses dois nichos abertos ainda são conservados, na mesma espessura dos muros, em cujo interior costumava-se depositar um pouco de pão e uma vasilha com azeite, para atender aos peregrinos que chegavam à noite e deparavam-se, como era o costume, com as portas do cenóbio fechadas. Esse convento, hoje de propriedade particular, antigamente desfrutava da proteção real, assim como tantas outras igrejas e hospedarias que, nos séculos medievais, margeavam o Caminho de Santiago. A fundação do convento, hoje em ruínas, deveu-se à Ordem de Santo Antônio, criada em 1093, em Viana del Delfinado (França), por um indivíduo chamado Gasson, quando seu filho foi curado, por intercessão de Santo Antônio Abade, de uma espécie de enfermidade denominada "o mal das ardentes", epidemia que apareceu pela primeira vez na Europa, no ano 945 aproximadamente, e que a devastou durante os séculos X e XI. Posta sob a vocação desse santo, a Ordem adotou a regra de Santo Agostinho, estendendo-se rapidamente pela França, Itália, Alemanha e a Espanha cristã, onde construíram hospitais para atender e curar os que padeciam do terrível mal, conhecido igualmente como "fogo de Santo Antônio".

Os enfermos desse mal, que pediam asilo no convento, procuravam chegar durante o dia. Anunciavam-se com o canto denominado *ultreya*, acompanhado dos sons harmoniosos de seu báculo-flauta, e eram os Templários que garantiam aos peregrinos enfermos a chegada mais segura a esse convento da província de Burgos, sobre o próprio eixo de comunicação do Caminho de Santiago. Os monges do convento haviam depositado na Ordem do Templo todo o sistema operacional do recolhimento dos enfermos, facilitando sua instalação posterior no sendeiro das estrelas. Portanto, uma vez que se houvessem hospedado e visitado o convento, antes de continuarem sua marcha, os peregrinos recebiam o tau dos monges – em forma de escapulário –, que colocavam ao redor do pescoço e no peito. Também recebiam pão e vinho, bem como os famosos sininhos com a cruz do santo. Tudo isso, de acordo com o rito antonino, era benzido e os que desejassem ficar para sua cura completa passavam para o hospital do convento, onde a maioria das vezes conseguiam o restabelecimento físico e psíquico.

A igreja é em estilo gótico e conserva parte de seus muros, mas a abóbada em ruínas nos dá uma ideia de seu valor arquitetônico, ainda presente. Em seus muros abrem-se, ainda, bonitas janelas escoradas.

O convento tem duas portas de entrada: a primeira, encravada aos pés do templo, e a segunda, mais importante, situada sob o pórtico que se ergue sobre o caminho. Esta última é formada por dois arcos ogivais – hoje tampados com colunas divisórias – e sobre esses arcos, no tímpano, há uma laje com dossel, a qual devia abrigar uma imagem. Um grande arco ogival afunilado cobre o conjunto, protegendo um guarda-pó, formado por seis arquivoltas, sem colunas, decoradas com uma rica ornamentação escultórica. No frontão da fachada, rematada por um pequeno campanário, há uma rosácea majestosa na qual figura um círculo de oito taus que gira em seu interior ao redor de caminhos circulares. Esse emblema também é repetido em um grande vitral geminado, situado em um dos muros, à margem do caminho, junto a um escudo de pedra que ostenta a águia imperial da Alemanha. Não devemos nos esquecer de que, por Castrogeriz, coincidiram, na época medieval e no espaço da via de peregrinação jacobina, os Templários e os Teutônicos que ajudaram os monges da Ordem de Santo Antônio em virtude da pobreza dessa Ordem.

O convento de Santo Antônio, apesar de seu abandono dramático e de suas ruínas evocadoras, é capaz de transmitir um passado esplendoroso vinculado às peregrinações dos séculos XII e XIII, quando os Cavaleiros do Templo empenharam toda uma garantia de segurança e de colaboração estreita, na constante tarefa de ajudar os peregrinos mais necessitados.

Também na cidade de Tarragona está presente o tau medieval – ou cruz sem cúspide – relacionada com a Ordem do Templo, no cercado que envolve o recinto da catedral, obra-prima da transição do românico para o gótico, na Catalunha. O tau encontra-se sobre uma espécie de fogo, em ferro forjado, representando o talismã mágico e, ao mesmo tempo, sagrado, contra o terrível "mal dos ardentes", ou o "fogo de Santo Antônio", epidemia que, segundo as crônicas da Alta Idade Média, assolou igualmente a Catalunha meridional durante os séculos XI e XII.

Contudo, é em Ponferrada onde podemos apreciar um dos taus mais representativos do Templo, precisamente no zimbório do arco de entrada do castelo, uma das fortalezas mais emblemáticas relacionada aos Templários na Península Ibérica. A fortaleza de Ponferrada, na comarca leonesa de Bierzo, graças à sua localização estratégica sobre o eixo principal dos caminhos para Compostela, controlava, ao mesmo tempo, centros de mineração importantes da região. Alguns deles, como o de Las Médulas, já foram utilizados na Antiguidade pelos romanos, que ali extraíram das entranhas da terra as riquezas auríferas com que custearam as legiões de todo o império, graças à colossal técnica da *ruina montium* (baseada na derrubada de colinas inteiras pela ação da água selvagem precipitada pelo esvaziamento de represas inteiras). Os Templários, pelas mãos de seu Mestre Guido de Garda, receberam essa fortaleza de Fernando II, em 1178, como prêmio pela valentia dos Cavaleiros nas lutas contra os hispano-muçulmanos nas terras da Alta Extremadura. A escolha desse castelo fez o monarca leonês vacilar bastante, por não compreender que não houvessem escolhido um recinto mais próximo da linha fronteiriça com Al-Andalus. E, sem saber ainda os motivos dos Templários, aquele mesmo rei não tardaria em arrebatar o estratégico castelo dos Cavaleiros. Porém, em 1211, seu sucessor no trono de Leão, Afonso IX, não demorou em voltar a entregar essa fortaleza aos Templários.

O Templo consolidou em Ponferrada o centro nevrálgico de um território de suma importância. Além de voltar a pôr em funcionamento velhas galerias e explorações minerais, introduziram o culto a Nossa Senhora da Azinheira, depois do lendário descobrimento da imagem da Virgem no interior de um tronco de azinheira por parte de um freire, quando este cortava árvores em um bosque para a ampliação da fortaleza. Nesse sentido, é preciso recordar que as próprias coordenadas espaciais do recinto amuralhado estão baseadas em regras zodiacais ancestrais. Seu pátio de armas, um dos maiores da Idade Média ocidental, abre-se em forma de meia-lua em quarto crescente. Em campanhas posteriores de escavação arqueológica surgiu toda a classe de símbolos ocultistas que vinculam ainda mais esse castelo singular com o Templo e os construtores alquímicos. Porém, é na entrada, sobre a lousa-chave do arco de acesso, onde se mostra o tau, a cruz mágica do Templo, que lembra a todos aquela fortaleza que foi um dos recintos mais enigmáticos da Ordem na Península ibérica.

O Graal (*Grial*), o cálice em que José de Arimateia recolheu o sangue de Cristo na cruz, é um dos objetos mais sagrados e, ao mesmo tempo, mais enigmáticos da história do Cristianismo, cantado por poetas, trovadores e literatos de todos os tempos, e buscado, sem descanso, durante séculos. Essa taça, imagem do júbilo celestial e terreno máximo, também é uma pedra que tem poderes maravilhosos, da qual mana o alimento e confere a juventude eterna. Os Templários, que conheciam muito bem alguns dos segredos do Graal, também foram guardiões desse cálice sagrado.

19

O Graal

"Em alguns textos, os cavaleiros do Graal são chamados de Templários, embora em seus relatos não figure um templo, mas apenas uma corte. Esses monges cavaleiros da 'ilha' misteriosa levam o signo dos Templários: uma cruz vermelha sobre fundo branco; e uma voz celestial lhes anuncia que devem retirar-se com o santo cálice para uma misteriosa terra insular. A nave que os leva é dos Templários: tem uma vela branca com uma cruz vermelha."

Julius Evola

Segundo a Bíblia, assim se chamava a taça que Jesus Cristo usou durante a Santa Ceia e com a qual, dias depois, José de Arimateia recolheu algumas gotas de seu sangue das feridas, depois da Crucifixão no Calvário. Esse é o único episódio relacionado ao cálice divino citado no Evangelho. Por conseguinte, é fácil compreender que esse copo sagrado fosse receptor e transmissor de grandes poderes.

O Santo Graal, uma das relíquias mais procuradas ao longo da História, está relacionado a um dos maiores enigmas do mundo ocidental. A raiz etmiológica – *graal* –, segundo alguns pesquisadores, poderia estar relacionada com a palavra celta *gar* (pedra); outros, ao contrário, defendem uma procedência do francês arcaico *gréal* (vasilha em forma de copo).

Em torno do mito desse cálice sagrado foram criadas muitas lendas. José de Arimateia foi encarcerado e castigado sem alimento, ao ser acusado de furtar um cadáver. Na masmorra, Jesus apareceu e entregou-lhe o valioso cálice, ao mesmo tempo que o nomeava guardião do Santo Graal, avisando-o de que apareceria uma pomba portadora de uma hóstia, alimento que deveria depositar dentro do cálice para que não passasse fome nem morresse durante seu cativeiro. No ano 70 d.C., depois da conquista de Jerusalém pelos romanos, José de Arimateia foi libertado, indo para a Inglaterra onde fundou a primeira Igreja Cristã do Ocidente. Depois de sua morte, o Graal foi guardado por alguns anjos em uma montanha fortaleza igualmente sagrada, de localização desconhecida, cuja busca pôs a prova os mais valentes cavaleiros de todos os tempos. Porém, apenas uns poucos, três para ser exato, que contavam com uma paz interior plena, conseguiram encontrá-lo.

A lenda do Graal está relacionada muito diretamente com a chamada Matéria da Bretanha (conjunto de lendas de origem celta), que narra as expedições em busca desse cálice valioso nos tempos do mítico rei Artur e de seus lendários cavaleiros da Távola Redonda. Contudo, apenas poucos desses guerreiros audazes alcançaram a glória de poder extasiar-se diante da beleza do Graal, porque contavam com as condições necessárias. Entre esses cavaleiros, devemos citar Galahad, Percival e Bors. Os poetas medievais Chrétien de Troyes (segunda metade do século XII) e Wolfram von Eschenbach (1170-1220) nos descreveram magistralmente a lenda do Graal. O primeiro, da região de Champanhe (França), está relacionado com a corte do conde de Troyes, autor do *Perceval (El cuento del Graal)*, obra que foi interrompida por sua morte e completada por outros autores. O segundo foi um poeta alemão que retomou a obra de Chrétien enriquecendo-a com as lendas do ciclo arturiano da Bretanha e escreveu o grande poema cavalheiresco *Parzival (Parsifal)*, imortalizado no século XIX em ópera por Richard Wagner. Segundo conta Eschenbach, neste que é, sem dúvida, o mais longo e profundo poema da lírica alemã, o Graal é uma pedra, uma lente, que transmite uma luz branca e transparente, que ainda transforma a luz natural em fogo. Uma relíquia celestial guardada por seres sem mácula – anjos – no castelo mítico de Montsalvatche. E, segundo o poeta alemão, o ousado Parsifal foi quem, depois de superar todo tipo de obstáculos e aventuras arriscadas, chegou até o castelo, onde conheceu o rei Anfortas que, ao ver as nobres intenções do cavaleiro, permitiu que ele pudesse contemplar a grandeza e beleza do cálice sagrado. Eschenbach também estabeleceu que o Graal possuía uma relação íntima com o conhecimento – gnose –, identificando o cálice sagrado com a esmeralda: uma pedra preciosa desprendida da coroa de Lúcifer em sua luta contra Deus.

Para a ciência alquímica, o Santo Graal era a pedra filosofal, ou seja, um recipiente onde, ao se realizarem as ligas, se conseguia obter tudo aquilo que se buscava, tanto de índole material quanto psíquica. A Ordem do Templo, em sua dimensão de Cavaleiros guardiões do Santo Graal, demonstrou ter superado em muito o ideal de ascetismo das demais Ordens de Cavalaria e monásticas do mundo ocidental. "Cavaleiros valorosos têm como morada Montsalvatche, onde é guardado o Graal. São os Templários que, frequentemente, saem em busca de aventuras", lemos em *Parsifal*, em que se identifica plenamente os Templários com a Ordem do Santo Graal.

Contudo, a busca do Santo Graal alcançou o século XX, como confirma a ansiedade de Hitler quando, durante a Segunda Guerra Mundial, enviou a Montségur (Occitânia) um grupo de pesquisadores comandados pelo jornalista e escritor alemão Otto Rahn, que, além de tudo, estava plenamente convencido da existência dessa montanha mágica do cálice sagrado. E dá-se a circunstância de que Montségur (1243), embora não tenha sido a última fortaleza cátara a cair diante do exército dos cruzados de Simón de Monfort – foi Quéribus (1255) –, foi a mais emblemática, elevada à categoria de altar sagrado dessa heresia medieval, que tanto ódio levantou no seio da Igreja a ponto de provocar uma Cruzada para sua aniquilação por parte do pontífice Inocêncio III. No dia anterior à queda de Montségur, conta a lenda, um grupo de *boneshomes*, aproveitando a obscuridade da noite e as trilhas ocultas, atravessou as linhas dos invasores franceses e levou o cálice sagrado, que ocultaram nas grutas da região.

Cátaros e Templários coincidiram no tempo e no espaço, e dizem que ambos os grupos mantiveram relações muito estreitas, como demonstra o fato de que os segundos, apesar das ordens recebidas pela Igreja, nunca assediaram nenhuma fortaleza cátara; ao contrário, ajudaram esses bons homens nas ações de fuga. Graças a isso, muitos cátaros cruzaram os Pirineus e, pela trilha que passa por Bagà (Berguedà, Barcelona), chegaram ao interior da Catalunha.

Portanto, o Santo Graal, como objeto de luz, já era conhecido pelos Templários. O cálice sagrado chegou ao monastério rupestre de San Juan de la Penha – São João, o Batista, santo admirado pelos Templários – no

Prepirineo de Huesca, onde permaneceu durante vários séculos até que, em 1399, o monarca aragonês, Martín I, o Humano, mandou transferi-lo para Zaragoza e depois para a Capela Real de Barcelona. E foi na época de Afonso V, o Magnânimo (1416-1458), que o cálice sagrado teria sido levado para a cidade de Valência, onde uma capela próxima à torre gótica octogonal do Micalet, de origem templária, ainda é conservada.

A lenda de São Pantaleão

"São Pantaleão – patrono dos médicos e das crianças enfermas – é um símbolo ocultista convenientemente passado pelos filtros da ortodoxia, que aceitou como milagre o que configura uma mensagem hermética indubitável, somente conhecida, ao longo dos séculos, por iniciados que souberam, em segredo, o verdadeiro significado desse santo, que o era, realmente, além dos limites do permitido."

Juan García Atienza

San Pantaleón de Losa, no extremo nordeste da província de Burgos, coroando um vale esplêndido aberto pelo Rio Jerea, afluente do Ebro, é uma vila famosa por sua igreja magnífica, consagrada em 7 de junho de 1206 pelo bispo de Burgos, don Garcia Martinez de Contreras. O templo, de um românico avançado, se eleva sobre uma escarpa fluvial de beleza singular. Em sua atmosfera hermética, uma lenda foi mantida ao longo dos tempos, relacionada ao Santo Graal.

São numerosos os elementos que ligam esse templo humilde do início do século XIII com a lenda do Santo Graal. A apenas três quilômetros de distância, águas abaixo, encontra-se o povoado de Criales, nome que evoca o cálice sagrado. Alguns quilômetros mais ao norte, onde as serras da Losa encontram-se com as de Mena e Ordunha, já nos limites com Euskadi, ergue-se o poderoso contraforte da Serra Salvada, que pode corresponder muito bem ao mítico *Mont Salvat*, do poema de Eschenbach, marco de ação da busca do Santo Graal que, por simples transposição na evolução literária do relato, pôde converter-se no cálice, ou no Graal, que conservava o sangue de Cristo. Em um ambiente de bruma que envolve o lugar e um pouco de música wagneriana, podemos reconstruir mentalmente o resto. No alto dessa montanha elevada, a Penha Salvada, os Cavaleiros Templários guardaram o Santo Cálice, defendendo-o dos hispano-mulçumanos. O monarca asturiano Afonso II, o Casto, seria o *Parsifal* dessa lenda. Não longe dali, localiza-se o templo escondido de Valpuesta, próximo ao curso do Rio Omecillo. E a culminação deste grande tema lírico seria fruto da fantasia de um peregrino que, no início do século XIII, procedente de um país do norte da Europa, passou por esses recônditos vales de Burgos, em sua caminhada para Compostela. O peregrino em questão pode muito bem ter desembarcado em Bilbao, porto de acesso protegido pelos Templários e muito empregado nas peregrinações, e, em vez de seguir a rota jacobina que margeia a costa, ele teria seguido terra adentro para Castela, pelo Vale da Losa. Essa é uma rota que, embora pouco frequentada, era bem direta, amparada pelos castelos de Aranguren e Llanteno, e seguiria adiante ao amparo do Castelo de Tedeja, perto de Trespaderne, e o de Poza de la Sal, onde os Templários exploravam o valioso sal mineral procedente de suas salinas. Ele logo empreenderia o caminho que passa por Nuez de Arriba e Villadiego, e dali alcançaria diretamente o grande caminho das peregrinações para Frómista, Carrión de los Condes, Sahagún de Campos, León... Esse peregrino, ao passar pelo Vale de Losa, teria sido informado sobre a existência do cálice milagroso de São Pantaleão. Munido dessa informação e, junto aos elementos colhidos no caminho (Criales, Sierra Salvada, os Templários, o marco naturalístico do lugar, etc.), é fácil deduzir que o peregrino ficaria imerso em um mundo onírico e dessa aventura, então, surgiria essa lenda. Porém, a lenda não acaba aqui. Dizem que, com o transcorrer do tempo, aquele cálice sagrado da ermida de San Pantaleón de Losa foi levado para Madri, onde foi guardado no convento da Encarnação, lugar onde ainda se encontra e em que, segundo se afirma, continua minando líquido no dia de sua festa (21 de julho), como o fazia antes no Vale de Losa.

Deixando a lenda para trás, e baseando-nos no testemunho da pedra, é impressionante a riqueza arquitetônica e, sobretudo, escultórica dessa igreja modesta. Em primeiro lugar, o viajante ficará extasiado ao contemplar o pórtico, onde se acumulam numerosos elementos simbólicos de um hermetismo cuidadosamente estudado. À esquerda, um gigante (atlante) de pedra substitui a coluna e sobre sua cabeça parece repousar toda a estrutura do templo. Ao lado, uma coluna normal coroada por um capitel que representa um réptil cujo corpo largo se cruza por toda a frente e com sua goela devora um homem caído na terra. No interior, em uma das colunas do primeiro arco, um capitel do mesmo tema; e no segundo está esculpida uma grande tina de cujas bordas assomam três cabeças humanas muito expressivas. Do lado oposto ao pórtico, a insólita disposição em zigue-zague, forma que equivale ao símbolo que desde a proto-história é traduzido como as águas do mar. Em cima, formando o capitel, o escultor medieval nos mostra a caldeira – uma das formas de tortura a que foi submetido São Pantaleão –, a qual permite estabelecer um paralelismo imediato com as tradições ancestrais celtas da Irlanda, se recordarmos a caldeira de Dagda, que tinha a particularidade de devolver a vida aos falecidos em batalha ao mesmo tempo que proporcionava alimento suficiente para os Thatha de Dannán, que eram seus possuidores. Outro signo hermético da fachada se encontra nos arcos lobulados que ressaltam dessas bases, onde aparecem diferentes figuras humanas, encerradas na pedra lavrada; apenas os rostos e os pés aparecem aos olhos do espectador, o resto encontra-se oculto, como elemento secreto dos pedreiros escultores.

Em um capitel do vitral da abside, pode-se admirar um rosto humano com a boca tampada e as mãos abertas, o que volta a transmitir a mensagem de um conhecimento oculto zelosamente guardado, que os Templários quiseram manter além do tempo e do espaço.

São Pantaleão, um santo que viveu no século III, natural de Nicomédia – atual Izmit, na Turquia –, filósofo e médico, ele teve como educador Hermolao, um sacerdote cristão que vivia na clandestinidade. Ao converter-se, as curas de São Pantaleão não tardariam em considerar-se milagrosas. Depois de numerosos milagres, foi preso pelos romanos, sendo decapitado amarrado a uma oliveira. Conta a lenda que, quando sua cabeça caiu no solo, o sangue derramado que banhou a oliveira fez com que a árvore florescesse e desse frutos imediatamente. Por isso, a vida de São Pantaleão e, propriamente, seu sangue, estão muito relacionados ao Santo Graal. Não é por acaso, portanto, que em torno desse eremita humilde do Vale da Losa se recriaria uma lenda baseada no cálice sagrado.

Os Templários também elevaram seus olhos para as estrelas, porém não para contemplar o firmamento, mas, como fizeram os homens da Antiguidade em seus observatórios (Stonehenge, Carnac...), para se conhecerem. Por meio das constelações, e repetindo as localizações das pirâmides do Antigo Egito, os Cavaleiros do Templo estudaram a cosmologia das grandes catedrais góticas da França e as dispuseram sobre o mapa do país vizinho.

20

Os Cultos Astrais

"Os Templários foram muito mais do que apenas monges guerreiros que protegeram o caminho santo para Jerusalém; foram observadores atentos dos saberes orientais e, com eles, aprenderam a arte de observar as estrelas e a orientar-se por elas. Quando terminou sua missão na Terra Santa, aplicaram esse conhecimento aos primeiros templos góticos promovidos por São Bernardo de Claraval, seu extraordinário mentor."

Javier Sierra, *Las Puertas Templarias*

Na Idade Média, a abóboda estrelada foi uma fonte de mitologia astral. A constelação representa o conjunto de relações e laços que podem existir entre todas as diferenças e entre todos os mundos.

Quanto às estrelas, sua qualidade de luminar as define como fonte de luz. Para o Antigo Testamento e o Judaísmo, as estrelas obedecem aos caprichos de Deus; não são, portanto, criaturas inanimadas; por isso, os peregrinos se guiavam por elas para seguir os desígnios de Deus.

No lado oposto estaria a noite, e sua rainha: a Lua. A Lua é o símbolo dos ritmos biológicos. A vida desse astro está submetida à lei universal do futuro, do nascimento e da morte; símbolo igualmente da noite, evoca a beleza, a luz na imensidão tenebrosa, e está estreitamente relacionada com os ritos celtas, tão presentes na cosmologia esotérica do Templo.

A luz se coloca em relação com a obscuridade para simbolizar valores complementares ou alternados de uma evolução, uma expressão das forças fecundantes urânicas. A luz do céu é a salvação do homem, intimamente relacionada com o astro rei.

O mundo estelar, portanto, exerceu também grande influência nas coordenadas geométricas das construções templárias, tanto civis como religiosas. Foi, precisamente, contemplando o Cosmos, que os iniciados Filhos do Vale do Templo encontraram a inspiração para algumas de suas grandes obras, que refletem muito bem o estado das estrelas dentro de determinadas constelações. Um firmamento que souberam condensar em uma rosácea. Pelos vitrais, o Sol iluminava e benzia o interior dos templos (catedrais e igrejas), ao mesmo tempo que gerava uma explosão de cor e magia no recinto sagrado, diante dos olhos extasiados da paróquia, rendida aos efeitos especiais que contemplavam. Porém, cada cor, cada imagem e cada símbolo dos vitrais tinham uma correlação íntima com um astro ou uma estrela do firmamento. Os Templários souberam transferir para a terra, graças à luz do astro rei, a sinfonia de vida do Cosmos.

A serpente, animal terrestre que sempre inspirou temor, cuja presença no mundo foi notória em todas as culturas, não podia faltar no simbolismo dos escultores e artistas medievais; e os Templários também a incluem em suas obras herméticas, para transmitir outros valores, que vão muito além do simples temor humano diante desse réptil, como veremos em seguida.

21

Os Símbolos Serpentinos

> *"A serpente é um ser ctônico, guardião dos recintos sagrados do mundo subterrâneo, guia das almas, símbolo sexual ambíguo (masculino por sua forma fálica, feminino por seu ventre que tudo devora) e da energia capaz de renovar-se incessantemente (por trocar de pele)."*
>
> Udo Becker

A serpente é um dos animais mais representados em todas as civilizações do Oriente e Ocidente. Por seu vínculo com o pecado original, o Antigo Testamento a situa como besta impura, paradigma do Diabo; mas também é símbolo da astúcia e da inteligência. Os judeus veneraram durante muito tempo uma serpente de bronze, como prefiguração do Cristo, a qual foi capaz de salvar aqueles mortais, mordidos por esse animal terreno, apenas por olharem para ela. O Cristianismo primitivo não demorou em comparar a mitológica Midgard, o réptil gigantesco e fantástico que circunda a Terra, ameaçando a ordem e o equilíbrio do mundo, com o Leviatã. A arte cristã, que segue tais conceitos sem vacilar, reflete, portanto, uma imagem negativa desse animal, o qual relaciona à mulher, continuadora de Eva. Não é por acaso que, em muitos incunábulos cristãos da Alta Idade Média, apareçam serpentes representadas com cabeça e seios de mulher.

Contudo, na mitologia clássica grega, a serpente está relacionada com o culto à divindade de Asclépio (Esculápio), o deus da Medicina, graças a seu poder de renovação da vida por si mesma.

A vara de Asclépio

A vara, ou caduceu, que no símbolo da Medicina ostenta a vara com a serpente sagrada enroscada nela, admite igualmente várias interpretações.

Pode representar o bastão que Asclépio usou durante sua peregrinação pela Terra, antes de instalar-se no Olimpo como deus da Medicina. As numerosas representações, tanto gregas como romanas, conservadas até essa data, o apresentam com muita frequência apoiado em uma vara, símbolo da constante disposição do médico para prestar socorro a um enfermo, ainda que o caminho para chegar a ele seja longo e penoso. Nos santuários onde se rendia culto a Esculápio, o dormir e sonhar eram métodos de tratamento importantes da medicina praticada naquela época nos templos.

Na Grécia antiga, os médicos haviam formado a corporação dos asclepianos. Sob a influência de Hipócrates fundou-se, na Ilha de Cós, a famosa escola médica que levava seu nome, onde, tomando como base o empirismo racional, a medicina foi despossuída de suas representações mágico-religiosas. Em razão de uma grave epidemia de peste que se estendeu pelo ano de 291 a.C., Roma adotou o culto de Asclépio. O deus grego da Medicina fez sua entrada no Panteão, santuário romano dos deuses construído no ano 27 a.C., sob o nome de Esculápio. Os romanos também veneravam a serpente, como símbolo da atividade médica.

O caduceu hermético aparece em um dos cachorros da igreja templária de San Gil, em Luna (Zaragoza), templo pertencente a uma missão influente do Templo, construído em 1174. Ao lado, outro cachorro representa uma folha do carvalho sagrado, com que voltamos a relacionar os conhecimentos do mundo celta aos cavaleiros. A serpente e a vara, os dois atributos do deus Asclépio, ou Esculápio, simbolizam a renovação constante da vida eterna, um rejuvenescimento e renascimento, bem como a continuidade da vida, o crescimento e a fertilidade.

Os poderes terrenos

Os Templários, já nos séculos medievais, conhecedores de tais símbolos cujas raízes sobre sua formação e significado se perdem na obscuridade das representações místicas, renderam uma homenagem justa à serpente, e também ao caduceu ou vara, ambos vinculados ao rejuvenescimento do corpo. Nesse sentido, é preciso recordar das *wuivres*, as serpentes subterrâneas celtas, citadas na mitologia germânica, das quais os Templários se nutriram igualmente, como veremos em seguida.

A serpente, em sua forma habitual, ou alada, a partir da ótica do mundo cristão, foi um animal vinculado à destruição, à fantasia, ao negativismo. Como ser maléfico, sempre foi considerado um monstro relacionado às desgraças para a humanidade, desde sua eleição como intermediário entre o fruto – a maçã – e o homem, por meio da mulher. Portanto, ela é um animal que precede a luxúria, o pecado, o inferno. Contudo, essa vinculação no Cosmos cristão funde suas raízes nos cultos pagãos da Antiguidade. Recordemos que a serpente foi venerada como animal próximo às forças telúricas, das profundezas, entre as quais, como vimos antes, se inclui o culto a Serápis. No símbolo da alquimia, a serpente crucificada significa a fixação do volátil. A serpente, também, era símbolo da fecundidade humana e da fertilidade nas tarefas agrárias; valores que a igreja não soube compreender, mudando os aspectos positivos pelos negativos, como vemos na Bíblia. Entretanto, os Templários, alheios aos ditames do Cristianismo, souberam recuperar para a serpente aqueles atributos que haviam sido ignorados pelo Cristianismo, como podemos confirmar em numerosos enclaves da geografia hispânica.

Como exemplo, podemos citar um capitel no interior da igreja românica de Santiago, na localidade de Villafranca del Bierzo (Leão). A antiga capital dessa comarca lendária, na embocadura dos vales dos rios Burbia e Valcarce, é um território vinculado ao paraíso terreno para as civilizações da Antiguidade – daí o nome del Bierzo, derivação de *bergidum*, terra fértil e celestial. O capitel encontra-se na igreja de Santiago, a poucos metros do castelo. O viajante que chega exausto, sem forças, sedento e faminto, quase inconsciente, depois de transpor o pórtico de acesso, dirige-se para um pilar próximo ao altar principal e, sem vacilar um segundo, prostra-se diante da coluna para rezar. Porém, elevando os olhos em direção ao capitel, formado por várias serpentes enroscadas, em poucos momentos, o milagre acontece: o viajante sobe, de repente, consequência de seu corpo como que haver sido recarregado de energia positiva e, deslocando lentamente o olhar do capitel e da coluna, faz um percurso visual pelo interior do templo, despedindo-se seguidamente do lugar sagrado e retomando, após sair do local, o caminho para a Galícia vizinha. Nesse caso, vemos como a serpente se converte na coroação de um símbolo animal terrestre, transmissor de energias ancestrais e positivas, e um caduceu que é substituído por uma coluna de mármore. Recordemos que esta igreja, que contou com um hospital importante de peregrinos durante os séculos medievais, estreitamente vinculada aos Templários, tem a potestade de substituir o destino final do Caminho de Santiago, para quem, por enfermidade ou outro imperativo maior, não pode prosseguir a viagem.

Villafranca del Bierzo, que foi repovoada por famílias francesas, tinha o apelido de "pequena Compostela".

Outro caso de poderes sobrenaturais relacionados às serpentes e vinculados ao Templo pode ser encontrado em outra etapa desse caminho das Estrelas, concretamente, na vila de Estella. Situada na cobertura do Montejurra, sobre a margem direita das águas nervosas do Rio Ega, a cidade de Estella (Lizarra, em euskera, que também se traduz por estrela) foi fundada em 1090 por Sancho Ramirez, enquanto esse monarca navarro sitiava a cidade de Toledo. Paralelamente, teve lugar a explosão milagrosa no céu de uma grande tempestade e de uma cascata de estrelas luminosas, seguida da aparição da Virgem de Puy no interior de uma gruta dessa montanha. No século XIII, graças aos Templários, chegou-se a um equilíbrio notável entre as culturas e religiões de sua época (cistercienses, judeus, navarros, francos, mouriscos...). Fruto da Virgem, sem dúvida, é a paróquia de San Pedro de la Rúa, que coroa uma falésia escarpada ao pé do penhasco dos Castillos. A maior igreja de Estella, de grande estatura e cuja fachada se mostra altiva aos olhos assombrados dos peregrinos, exibe um pórtico de onde se entremescla uma estranha combinação de influências mourisca e cisterciense. Diz-se que San Pedro de la Rúa foi um centro gnóstico e iniciático de reunião de pedreiros durante os séculos medievais. Nessa igreja também está presente a marca dos Templários. O claustro do século XIII foi utilizado na Idade Média como cemitério de peregrinos; algumas de suas colunas, como acontece em Caracena (Soria), foram esculpidas contornadas entre si, evocando os corpos de três serpentes – ou *wuivres* celtas – enroscadas, que simbolizam os três princípios básicos da alquimia ou os saberes gnósticos. Contudo, é no interior da igreja onde a serpente – animal que desliza com precisão absoluta sobre a terra e também pelas entranhas do solo, coloca ovos como as aves, é sinônimo de destreza e inteligência, e que os antigos cultos pré-históricos relacionam com o dragão ou, o que é o mesmo, as forças sobrenaturais – parece cobrar vida. Referimo-nos à coluna da direita do presbitério, formada por três serpentes de pé, entrelaçadas, demonstrando que o conhecimento serpentino sustenta o templo e unindo, ao mesmo tempo, a terra – pavimento do presbitério – com o céu – abóboda do interior da abside. Em frente, sobre o altar principal, a imagem da Virgem da O, ou de Belém, um culto cristão enraizado nas tradições celtas mais profundas, ao relacionar-se com a divindade Belenos.

Além dos citados anteriormente, são numerosos os enclaves mágicos da geografia espanhola onde os Templários deixaram uma boa representação das serpentes como animais esotéricos carregados de energia, por meio de uma obra escultórica do maior interesse. Entre eles, queremos destacar os cachorros da igreja de San Gil, em Luna (Zaragoza), onde vemos serpentes entrelaçadas. Na igreja de San Martín, de Matalbaniega (Palencia), ficará extasiado ao contemplar a representação escultórica de uma mulher amamentando uma serpente em um cachorro, cena que também se repete na igreja de Santa María la Real de Sangüesa (Navarra). No interior da igreja paroquial de Muros de San Pedro (La Corunha) – localidade assentada na falésia do Monte Costinhos e terra de cultos ancestrais pagãos, que conserva a fortificação celta –, justamente na pia batismal que existe junto ao Cristo que chegou do "mar das Trevas" (oceano Atlântico) está gravada uma serpente na pedra de fundo da pia de água benta. Desse modo, os paroquianos, ao se benzerem, tomavam parte da sabedoria gnóstica da serpente, em forma de gotas de água benta.

Precisamente em muitos dos cachorros, capitéis e vitrais das igrejas templárias, especialmente nas partes externas dos templos, desenvolve-se uma iconografia que reflete o amor carnal, a partir de diferentes formas. São cenas que conseguem estimular os desejos mais primitivos do ser humano, nas quais o homem e a mulher encontram-se imersos no orgasmo, ou então, individualmente, em plena autofelação. Em outros casos, só aparece uma vulva aberta, ou um pênis enorme. Essas representações do eros cotidiano, em que também se podem ver clérigos e monjas nos momentos mais transcendentais do coito, ou mesmo exibindo sem pudor suas genitálias enormes, costumam se dar em igrejas próximas aos caminhos de peregrinação; provavelmente, para motivar os ânimos dos romeiros cansados. As comunidades de Cantabria e Castela e Leão, como veremos em seguida, são as mais ricas nessas representações luxuriosas.

22

Os Símbolos Eróticos

"Em um dos cachorros da abside da igreja paroquial de Castillejo de Robledo encontra-se a cena mais erótica já esculpida em românico."

Juan Antonio Gaya Nuño (1913-1976)

Desde Santillana del Mar (Cantabria) até Castillejo de Robledo, na província de Soria, no extremo nordeste da velha Castela, há uma obra românica que, em figuras esculpidas em mísulas, capitéis ou requadros, apresenta, sem pudor, a debilidade do ser diante da atração do amor carnal. Homens e mulheres, além de sua condição civil ou eclesiástica (monges, clérigos, menestréis, trovadores, camponeses, etc.), exibem sem complexos seus atributos sexuais, seja de corpo inteiro, simplesmente as zonas erógenas ou seus atributos mais íntimos, em detalhe; enquanto, em muitos casos, a serpente, o réptil que provocou o pecado no Paraíso Terreno, lembra, com sua presença, a antessala do inferno. Trata-se de um românico tardio (fins do século XII ou começo do XIII), vinculado, na maioria dos casos estudados, a igrejas que fazem parte dos grandes caminhos de peregrinação para Compostela. Essas figuras luxuriosas encontram-se representadas tanto no interior como no exterior das igrejas, em suas fachadas, muros laterais, na linha superior das absides, nas empenas dos cruzeiros ou nos arcos triunfais do interior dos templos.

Quanto à razão dessas representações insólitas, poderia ser uma forma de dar ânimo aos peregrinos cansados em sua odisseia pelos intermináveis caminhos que os levavam à Galícia. Isso se relacionaria, de alguma maneira, com as lendas dos séculos medievais que ainda são conservadas vivas. Na cidade de Tortosa (Terragona) conta-se que os peregrinos, chegando das terras do Levante hispânico à capital de Baix Ebre, empreendiam o caminho atravessando o porto de Beceite (Teruel), e seguiam adiante até a conexão com a famosa rota jacobina. Dizem que os romeiros, ao chegar a Tortosa, aqueles que podiam permitir-se algumas comodidades, alojavam-se em uma pensão localizada sob o Portal do Romeu (Porta do Peregrino) – atualmente é um bar. Ali passavam a noite e, na manhã seguinte, todos se levantavam com a maior vitalidade, em plena ereção, com enorme desejo de fazer amor e prosseguir o caminho. Segundo a lenda, essa particularidade explica-se pelos alimentos afrodisíacos que ingeriam na noite anterior, baseados em figos secos, azeite de oliva, algumas fibras de açafrão e mariscos...

Na igreja templária de Nuestra Senhora de Assunción, igreja paroquial da localidade soriana de Castillejo de Robledo, o viajante ficará extasiado ao contemplar as cenas eróticas em algumas mísulas que decoram o friso superior do exterior da abside. Em duas delas aparecem casais que praticam o coito no preciso momento de chegar ao clímax, em posturas tântricas, essa arte da transmutação sexual que, veladamente, também é praticada no Ocidente, no hermetismo alquímico. Também possuem um sentido mágico as barricas de vinho que, como nos povoados vizinhos de Caracena e Ligos, são reproduzidas em outras mísulas.

Entre Cantábria e Castela e Leão

Em torno dos territórios esquecidos do norte de Castela e Leão, entre o Caminho de Santiago, em sua rota principal pela Terra de Campos palentina e as terras férteis de Cantábria, graças a um isolamento geográfico propiciado pelo pulsar do tempo, se conservaram os espécimes mais espetaculares do erótico românico de todo o Ocidente. Cerca de uma centena de igrejas, aconchegadas em lugares estratégicos ou em enclaves isolados, oferecem as cenas mais sugestivas de um mundo livre de todo tipo de preconceitos, onde o artista escultor não teve limites no momento de transmitir os instintos mais carnais do ser humano. Porém, é a mulher, por seu caráter maléfico, segundo a concepção cristã do mundo, fonte do pecado para a mentalidade medieval, a mais vulnerável diante das tentações de Satanás. Recordemos que, para a Bíblia, Eva foi criada de uma costela de Adão. Portanto, é um ser mais imperfeito e distante do Todo-Poderoso. "O conceito de pecado original como pecado sexual durante esse período vem a confirmar o caráter eminentemente luxurioso da natureza feminina, crença presente ao longo de toda a Idade Média", recorda o historiador Francisco Javier Pérez Carrasco.

A igreja colegial de Cervatos, ao sul de Cantábria, perto de Reinosa, foi consagrada em 1199 e dedicada ao apóstolo Pedro, que leva a chave na mão esquerda e o báculo de abade na mão direita. No pórtico aparecem também os relevos do profeta Daniel entre os leões; Adão e Eva, separados pela árvore. No nível superior, a Virgem com o Menino e, por cima de todas as figuras, o relevo de São Miguel Arcanjo, um dos santos Templários. Porém, por que São Miguel Arcanjo, se a igreja é dedicada a São Pedro? Sem dúvida porque a Igreja, durante os séculos modernos, decidiu mudar o santo para confundir os paroquianos quanto ao verdadeiro patrono do templo. No exterior da abside, de planta semicircular, se desenvolve uma rica iconografia constituída por 32 cachorros, muitos dos quais exibem cenas obscenas. Em todas elas, a mulher sente vergonha de seu próprio corpo. Em uma das janelas aparece a figura de uma mulher casada (pois usa touca), nua, mostrando sua vulva; enquanto do outro lado do janelão o capitel apresenta um homem que exibe um falo imenso partido em atitude de "dar uma banana" para o pecado... San Pedro de Cervatos é chamada a catedral do erotismo românico da Espanha. Na igreja colegial de Santillana del Mar (Monumento Nacional), a mais visitada de Cantábria, Santa Juliana aparece humilhando o Diabo, como também é posta em evidência a posição da mulher com relação à mentalidade medieval da fé cristã. Em um capitel interior aparece a cena de um homem e uma mulher masturbando-se. Em outro capitel, Eva é apresentada nua e de cuja vulva emerge uma serpente que se enrosca na árvore no Paraíso Terrestre. Com isso, o réptil, além de provocar o pecado de Adão, constitui-se no emissário de Satanás, representado pela vagina da mulher, como boca do Inferno. A união carnal entre o homem e a mulher, que simboliza o Pecado Original, foi o começo do mal, segundo São Jerônimo e, de acordo com o juízo dos teólogos, a distinção dos sexos. Na porta meridional da igreja de São Quirico (Quirce), da cidade de Burgos, ao lado da obra *Expulsão do Paraíso*, o escultor medieval cinzelou o acoplamento de um casal. "Sendo a mulher a causa e o instrumento principal pelo qual o pecado original é consumado e, como consequência, a concupiscência da carne, o cristão não deve deter-se a olhar a nudez feminina", amplia Pérez Carrasco.

Além das igrejas colegiais de Santillana del Mar e San Pedro de Cervatos, na Comunidade de Cantábria, um número elevado de construções medievais, relacionadas direta ou indiretamente com os Templários, marca os territórios menos conhecidos. Entre elas devemos citar que em San Martín de Elines aparece a figura de um homem em pleno ato da masturbação e em San Vicente de Barquera, em um capitel do suporte do cruzeiro, vemos um casal praticando o coito; em Santa Maria de Yermo, nos cachorros do muro meridional, uma mulher mostra sua vulva sem pudor e, ao lado, um casal se abraça. A cena do beijo também se repete em Santa Maria de Piasca, na arquivolta do portal sul. Na igreja de San Juan Bautista, de Villanueva de la Nia, no capitel do arco triunfal, uma mulher casada exibe seu sexo sem pudor. Em San Martín de Sobrepenilla, um capitel do arco triunfal mostra uma sereia que abre a cauda para mostrar sua vulva. Em San Cipriano de Bolomir aparece, em um capitel, a figura de uma mulher em postura descaradamente lasciva e não tem pudor em mostrar sua vulva aberta ao homem que a observa ao lado, com um grande pênis, que lhe dá uma "banana". Em San Pedro de Tejada, essa imagem se repete, mas aqui a mulher segura suas pernas pelas panturrilhas, para mostrar com maior realismo sua vagina para um homem.

A nordeste de Castela e León, perto de Aguilar de Campoo, mais de meia centena de igrejas românicas voltam a repetir os temas eróticos que os escultores medievais criaram em cima dos dogmas cristãos. Entre os edifícios mais singulares, devemos citar: o monastério de Santa Maria la Real, de Aguilar de Campo; San Andrés de Arroyo; San Martín de Frómista, em cujo interior aparece um capitel que mostra a cena de La Orestiada, com Adão e Eva nus, envergonhados depois da consumação do pecado original, e uma serpente triunfante rodeada de monstros e seres do Inferno; Santa Eufemia de Cozuelos; Matalbaniega; Revilla de Santullán; Santa Maria de Mave; Olleros de Pisuerga; Moarves de Ojeda; San Martín de Matalbaniega. A igreja de Santa Cecília, em Vallespinoso de Aguilar, foi definida pelo historiador Miguel Ángel García Guinea como "um dos maiores achados de arte, da paisagem e da poesia juntos". Essa construção, além de apresentar várias mulheres sentadas em atos luxuriantes, mantém vínculos estreitos com o Templo ao lembrarmos que isso faz alusão especial à espinheira-santa. Em seus capitéis aparece a figura de São Miguel, pesador de almas, ao lado de um demônio de três chifres que espera pelas almas dos que não sejam merecedores do Paraíso por não ter o peso espiritual necessário na balança. Também tem a representação de um São Miguel guerreiro, em luta contra um dragão furioso. Outras figuras portam molhos de chaves, etc.

Porém, o românico-hispânico está cheio dessas imagens *pecadoras*. Em Lerga (Navarra), aparece um cachorro esculpido com a figura de uma mulher casada que não tem pudor de abrir sua vulva com as mãos, para despertar um instinto lascivo maior no homem. Em San Adrián de Vadoluengo, também na Comunidade Foral de Navarra, a mulher *pecadora* não tem pudor na hora de mostrar não apenas sua vulva aberta, mas também o orifício anal. E, em Santa Maria la Real de Sangüesa, sobre o caminho de Santiago por terras navarras, uma mulher reclinada e nua mostra sua vagina, que convida aos desejos mais lascivos. Na província de Segovia, em Fuentidueña, está a igreja templária de São Miguel e, em Ventosilla, inclusive, aparece um prostíbulo cinzelado em um capitel do presbitério. Sem sair dessa província, em Pecharromán, vemos nos cachorros da abside um malabarista que volteia sua companheira, ambos nus, enquanto uma serpente enroscada aos pés da mulher avisa sobre a presença do Demônio. Cena que nos faz lembrar de uma mísula na igreja de Revilla de Santullán (Palencia), onde uma acróbata nua dança nos ares, ao ritmo da música de um flautista e de um harpista situados nas mísulas laterais. Em San Isidoro de Léon, a mulher é representada com algumas deformações, grandes cachos soltos e acompanhada de serpentes e outros seres imundos, todos símbolos do vício e da luxúria. Entretanto, um arqueiro situado entre elas, ao tensionar seu arco, parece transmitir uma mensagem de ereção.

Alguns estudiosos quiseram ver nessas representações erógenas a influência no Ocidente de Príapo, divindade da Antiguidade da Grécia Clássica, filho de Vênus e da ninfa Quionea, deus dos jardins que, por seus enormes atributos masculinos, converteu-se em emblema da fecundidade da natureza e da virilidade.

Não seria de estranhar que os Templários, em seu regresso da Terra Santa, e por seus contatos estreitos com o mundo antigo durante sua permanência na Anatólia, trouxessem para o Ocidente essa divindade que, auspiciada por seus atributos masculinos singulares, fora representada na iconografia românico-hispânica com tanta abundância, como pudemos constatar.

Contudo, o mundo terreno das serpentes e dos monstros, vinculado ao fogo e às entranhas da Terra, guarda, ainda, outras conotações importantes para o hermetismo templário em forma de hidras horrendas, elfas e outros seres infernais de aspecto assombroso, como veremos em seguida.

23

Hidras e Outros Seres Fabulosos

> *"Os filósofos espagíricos dizem que a hidra representa a semente metálica que, se for digerida e cozida no vaso filosófico, altera-se e muda de modo a sofrer uma espécie de morte, adquirindo, a cada instante, um novo gênero de vida a partir dos diversos graus de perfeição adquiridos. Esse ser horrendo é, ao mesmo tempo, o símbolo da Multiplicação da Pedra."*
> Dom Antoine-Joseph Pernety

A iconografia templária também está cheia de elementos que aprofundam suas raízes nos mitos ancestrais de povos e culturas do mundo mesopotâmico, recolhidos pelas civilizações clássicas. Um desses símbolos é a hidra – do grego *hydra* –, criatura aquática, filha de Equidna e de Tifón. Esse ser mitológico, em forma de serpente monstruosa, teria sete ou nove cabeças e, segundo a maioria dos textos, vivia nos espaços pantanosos de Lerna. Ao ser-lhe cortada uma de suas cabeças, nasciam-lhe imediatamente outras duas novas. Héracles – Hércules –, contudo, em seu nono trabalho, montado sobre um carro dirigido por Yolao e ajudado por outros companheiros, conseguiu vencer esse monstro, cauterizando as chagas com o fogo de uma tocha e, dessa forma, conseguiu livrar, totalmente, todo o país de Argos desses seres imundos. Colocou fogo nos caniçais do lago, em cujas raízes esses répteis encontravam sua guarida, tornando essas paragens habitáveis para si mesmas. "Essa hidra de muitas cabeças era composta de uma multidão de serpentes que infectavam os lagos de Lerna, perto de Argos", comenta

J. F. M. Nöel. Hércules, sabendo que o sangue desse ser peçonhento era venenoso, impregnou a ponta de suas flechas com esse mesmo líquido tóxico para que suas feridas fossem mortais; tal como pôde ser comprovado, em seguida, com as feridas sofridas por Neso, Filoctetes e Quirón. Dizia-se que, no caso de esse sangue misturar-se com a água dos rios, os peixes deixariam de ser comestíveis.

Esse ser mitológico está vinculado à febre dos pântanos, áreas lacustres perigosas para o ser humano que só podiam ser saneadas e secas pela ação do fogo. A hidra, ao morrer pela ação das chamas, dava lugar a uma regeneração da terra, aumentando sua fertilidade.

Portanto, a hidra é símbolo das dificuldades e dos obstáculos a ser vencidos, improvisando durante o processo quando alguém embarca em uma empreitada. Também esse ser fabuloso que habita os pântanos simboliza os vícios triviais, porque enquanto o monstro vive e a futilidade não for dominada, as cabeças que simbolizam tais vícios voltam a brotar, até mesmo quando se lhe corta o pescoço. Portanto, e confirmando a interpretação, tudo o que diz respeito aos vícios ou proceda deles é corrompido e corrompe.

Elfa – *Elpha* –, a personificação do mal, do vício e da luxúria, seria outro desses seres fantásticos que aparecem em muitas construções templárias. A sorte final dessa serpente com rosto de mulher é similar à da hidra; mas Elfa é vencida pelo mago todo-poderoso Hércules-Ogmios, um herói medieval que reúne os mitos e crenças antigos – desde o poema de Gilgamesh (por volta de 2500 a.C.) até os Beatos da Alta Idade Média (Liébana, Girona, Silos, etc., dos séculos VIII-XI), inspirados no Apocalipse, o livro mágico atribuído ao apóstolo João Evangelista – e incorporados à cultura medieval hispânica. Inclui-se também o *Cantar de Mio Cid*, precisamente no confronto de Corpes, quando os infantes de Carrión, na vila de Castillejo de Robledo (Soria), por volta de 1086, repudiam, ultrajam e abandonam as filhas de Rodrigo Díaz de Vivar. Destacamos a seguir a parte que mais nos interessa:

2690   "Já se foram de Anssarera os infantes de Carrión,
       Aprontam-se para andar de dia e noite e
       Assim deixam Atineza (Atienza), uma falta de sensibilidade muito
       Grande

Então passaram a Sierra de Miedes
Pelos Montes Claros esporeiam as montarias
À esquerda deixam Agriza que Álamos povoou,
Lá estão os cães da Elpha nas colinas
À direita deixam o *Santo Estevão, mas cai longe*
[além];
[que cai mais para lá, mais longe, além do Duero]
Os infantes entram em Robredo de Corpes:"

Ao final do século XII e início do seguinte são transferidas algumas das mais profundas essências mitológicas do mundo mesopotâmico e da Grécia clássica. "Porém, é Licofonte – um poeta erudito e enigmático, difícil de entender e, apesar disso, muito lido pelos estudiosos de todos os tempos – quem nos apresenta Hércules vencendo e dominando A Maga – metade mulher e metade fera – que, como besta marinha, aterrorizava os exploradores e navegantes fenícios e gregos que atravessavam o Estreito de Gibraltar. Ser infernal que também aparece em plena Idade Média como a Hidra de Sete Cabeças", destaca o erudito soriano Ángel Almazán de Gracia. A Mulher-Serpente encontra-se também representada na mitor-religião hebraica que aprofunda suas raízes, em grande parte, nas tradições mesopotâmicas ancestrais, como bem se sabe. É justamente ao poeta grego enigmático Licofonte (século IV a.C.) que devemos a seguinte descrição do Périplo de Ulisses, onde comenta de maneira especial a malignidade da Mulher-Serpente:

"E a outros que, cercados por Sierte, pelas praias da Líbia, pelo canal do estreito Tirreno e pelas torres de vigia, funestas para os navegantes, da mulher metade fera – antigamente morta pelas mãos do sapador boiadeiro Mecisteo coberto de peles – e pelos rochedos das harpias do canto de rouxinol, são todos destroçados cruelmente, e recebidos pelo acolhedor Hades (...) Quantos cadáveres Caribdes não engolirá? E quantos outros, a cadela furiosa metade mulher?" (Mecisteo não é outro senão Maciste, o homem coberto de peles, armado com uma maça, que encarna a figura de Hércules.)

Em muitas casas da Grécia antiga, como ainda é costume fazer em alguns lugares de Astúrias, precisamente nos celeiros, eram colocados amuletos em forma de *elaphe* – serpentes com rosto de mulher – para proteger os depósitos de alimentos porque, não devemos nos esquecer, *elpha*, com sua figura de serpente – metade réptil e metade humana –, converteu-se em uma divindade inferior veladora dos bens, desde os mais necessários (cereais) até as maiores riquezas (tesouros). Por isso, não tardaria a ser objeto de um clamoroso culto em numerosos templos, como o de Delfos, que evoca o nome desse ser mitológico. Também na geografia hispânica, durante a Proto-história e, precisamente na cidade de Tiermes, nas regiões ermas sorianas, os povos arévacos das culturas celtíberas renderam homenagem a essa divindade, vinculada às colheitas de cevada, muito antes da chegada dos romanos.

Na igreja templária de San Pedro de Caracena (Soria), o capitel que coroa a coluna esquerda do acesso lateral ao pórtico reproduz um dragão em forma de serpente de sete cabeças. Trata-se de uma hidra ou elfa – a mulher serpente – que transmite simbolismos inquestionáveis para quem cruza aquele umbral ao entrar no pórtico exterior do templo. Entre as mensagens que os Templários quiseram transmitir aos paroquianos que iniciavam sua entrada ao primeiro recinto do templo estava, sem dúvida, a de que uma vez dentro do recinto sagrado deviam deixar para trás todos os temores e vícios terrenos. A presença nesse lugar desse monstro traz à mente de quem o contempla muitos dos pecados que espreitam o ser humano ao longo de sua curta vida; entre eles a futilidade. Embora contemplada como divindade, como pudemos ver, a representação por parte dos Templários desse ser no capitel do portal lateral dessa igreja soriana enigmática poderia transmitir outra leitura: a de talismã contra tudo o que se encontra no interior do templo. Não é por acaso que, no solo, junto a essa modesta entrada do pórtico, encontram-se vários túmulos Templários e, no interior da igreja, precisamente no altar, uma lousa sagrada igualmente vinculada ao Templo, mas com uma inscrição arrepiante em sua cobertura: *Pertenebat ad malam sectam* ("pertencente à má seita"), em clara referência aos Templários, gravada no século XIV pela Inquisição, depois da eliminação da Ordem.

Esses seres horripilantes – em forma de hidras ou de mulheres serpentes – surgidos das entranhas dos espaços mais escuros das águas estagnadas, além de estarem presentes em San Pedro Caracena, são reproduzidos em numerosos lugares do mundo medieval hispânico e preservados em Beatos,

Tiermes, El Burgo de Osma, Segovia, Pinilla de Jadraque, etc. A serpente, como símbolo do Bem (astúcia, ressurreição, prudência...), ou como elemento do Mal (morte, medo, veneno, ultratúmulo), é um dos símbolos mais usados pelas religiões da Antiguidade para representar suas divindades; "porém, a partir de determinada época, nas culturas mediterrâneas, os deuses dos outros (ídolos), os deuses vencidos ou proscritos (demônios), costumam associar-se com dragões, serpentes, cobras, etc.", amplia Ángel Almazán.

O ganso é o único animal que coincide nas três culturas monoteístas do mundo medieval, por sua tríplice condição: aquática, aérea e terrestre. Por seus dotes singulares, a capacidade de deslocar-se por qualquer meio, exceto o fogo, foi eleito como a ave sagrada dos arcanos, em um jogo criado pelos Templários que os peregrinos para Compostela praticavam. Também suas marcas – pegadas – são reproduzidas em numerosos lugares da geografia templária hispânica, e em um crucifixo enigmático.

24

O Ganso

> *"Quando a maré crescente do Cristianismo ameaçou sepultar as tradições ancestrais, a Pata de Ganso, escapando da perseguição inerente a todo signo pagão, dobrou-se sobre si mesma, convertendo-se assim no monograma de Cristo, símbolo multiforme de significado amplo e intenções sincréticas profundas, parte das quais se encontram indicadas, de forma muito clara, no crucifixo templário de Puente de Reina (Navarra)."*
>
> Rafael Alarcón Herrera

O marreco, pato ou ganso é um animal relacionado com as aves mensageiras entre o céu e a terra. Ao longo do Caminho de Santiago, são muitos os povoados e também os nomes dos enclaves naturais (montanhas, vales, rios, desfiladeiros, etc.) que rendem homenagem justa a essa ave singular. Inclusive o jogo do ganso, auspiciado pelos Templários como prova de iniciação, era praticado pelos peregrinos durante os momentos de descanso no longo trajeto para Compostela. O Rio Oja (Rioja), nos séculos medievais, chamava-se Rio Oca (Ganso).

O ganso é um animal benéfico, de origem profana, o qual, por sua condição tríplice – aérea, terrestre e aquática –, simboliza a fertilidade no amor, mas também pressagia o perigo. É uma ave vinculada ao Sol e associada ao destino. Civilizações de todas as épocas e latitudes lhe renderam uma admiração especial. A ligação desse animal com os poderes e forças esotéricas é muito antiga. A França tem uma região dedicada a esse animal, Occitânia (terra de gansos), que conta com um idioma próprio, a língua de oc (Languedoc). Também na Espanha a ave conta com uma região própria:

la Rioja, com dois rios (Oca e Oja) que confirmam mais ainda a tradição dessa região com o Caminho de Santiago e seus segredos iniciáticos. Sua presença nas rotas de peregrinação, como também nos espaços mais esotéricos da geografia hispânica, manifesta-se igualmente em suas marcas – a impressão de sua pegada – em forma de forquilha tripla, como sinal de reconhecimento das irmandades secretas dos canteiros da Idade Média, criadas, fomentadas e financiadas pelos Cavalheiros do Templo. A pata do ganso aparece gravada em numerosos lugares, relacionados especialmente com a principal rota jacobina e também com os caminhos a ela colaterais. A comarca de Serrablo – Serra do Diabo –, no Pirineu de Huesca, é uma prova evidente da presença do ganso, com suas marcas como testemunho esotérico dessa ave mágica nos cultos iniciáticos dos povos e gentes do Alto Aragão, onde a Ordem do Templo também teve uma ligação notável.

Símbolo de origem ancestral

Desde os tempos proto-históricos (antigas civilizações do Egito, Grécia e Roma, bem como as culturas indo-europeias) até nossos dias, passando pelas culturas tradicionais celtas, orientais e africanas, sem nos esquecermos da Europa medieval, poucos animais foram objeto de tanta alusão e centro de simbologia como o ganso. Nesse sentido, é preciso recordar que a primazia simbólica dada a esse animal selvagem sobre os domésticos remonta às épocas mais arcaicas.

O ganso, como dissemos anteriormente, é um animal totalmente benéfico para o homem. Seu símbolo está associado à Grande Mãe e, ao mesmo tempo, à descida aos infernos. Trata-se de um belo animal marcado pelo número 3 (água, ar, terra), como o número de dedos em suas patas. Comecemos, pois, nossa viagem simbólica pelo Egito.

Quando os faraós identificaram-se com o Sol, sua alma foi representada em forma de ganso, pois o ganso é o astro rei surgido do interior do ovo primordial. Os antigos egípcios sacrificavam o ganso a Ísis, a deusa esposa de Osíris que, durante o Baixo Império (664 a.C. – 337 d.C.), converteu-se em Grande Mãe Universal. O advento de um novo rei era anunciado, entre outras cerimônias, soltando quatro gansos selvagens em direção aos quatro cantos do horizonte: "Apressa-te em direção ao sul – diziam – e diz aos deuses do sul que o faraó tomou a coroa dupla." A fórmula era repetida para cada um dos outros pontos cardeais. No Egito, como na China distante, os gansos selvagens também eram considerados mensageiros entre o céu e a terra.

No ritual de sacrifício do cavalo e a ascensão xamânica no Altai, relatado por Radlov, o ganso serve de montaria para o xamã perseguir a alma do cavalo. Com frequência é um ganso e não um cavalo que serve de montaria ao xamã altaico para voltar dos infernos, depois de sua visita ao rei dos mortos.

Em um copo ático (século V a.C.), conservado no Museu Britânico, podemos ver Afrodite (a deusa do amor) montando um ganso. Na própria Roma, os gansos sagrados criados em torno do templo de Juno (divindade da natureza feminina) tinham como missão avisar, pois se acreditava que essas aves pressentiam o perigo e davam o alarme. Distinguiram-se, particularmente, certa noite em 390 a.C., dando grasnidos altos quando os gauleses tentaram assaltar o Capitólio. Júlio César, também cronista da guerra das Gálias (*De Bello Gallici*), comenta em seus relatos que os gansos eram criados por prazer (*voluptatis causa*). Contudo, nunca entendeu o motivo.

Sabe-se que os romanos sacrificavam gansos em honra a Príapo (deus dos jardins e dos hortos), a quem, igualmente, rendia-se culto como protetor contra o mau-olhado, sendo que esse deus era provido de um pênis sobressalente.

Na tradição celta do Velho Continente, o ganso é o equivalente do cisne, já que eles são apenas distintos. Em regiões diferentes como a Bretanha, onde muitas tradições celtas permanecem vivas, ainda é costume relacionar o ganso ao mundo do Além da Morte e, portanto, consideram-no mensageiro entre os poderes terrenos e os sobrenaturais. Por isso, nem pensam nessa ave como alimento.

O ganso está intimamente relacionado ao destino, como prova o popular Jogo do Ganso, uma derivação profana, espacial e temporal do símbolo, representando os perigos e fortunas da existência antes do retorno ao seio materno. Um jogo tão familiar e nostálgico que não deixa de ser objeto de interpretação esotérica, pois é considerado um labirinto e, ao mesmo tempo, uma compilação dos princípios hieroglíficos. Foi Fulcanelli que, em seu livro *Moradas Filosofais,* soube vincular, melhor que ninguém, esse jogo cabalístico e iniciático com os saberes ocultistas: "O Jogo do Ganso é o labirinto popular da Arte Sagrada e compêndio dos principais hieróglifos da Grande Obra (...). E nosso Mercúrio filosófico é o pássaro de Hermes ao qual é também dado o nome de Ganso ou de Cisne, e às vezes de Faisão."

Os Templários não tardariam em relacionar essa ave palmípede, por sua condição anfíbia e a particularidade de ser um animal sociável, com as associações iniciáticas e, eventualmente, secretas e herméticas das sociedades medievais mais esotéricas, entre as quais, logicamente, está a Ordem do Templo.

Um jogo gnóstico

O Jogo do Ganso é composto de 63 casas – as últimas não numeradas. Destas, 15 correspondem a animais aquáticos, aéreos e terrestres. O jogador deverá percorrer o tabuleiro para chegar à última casa, mas terá de ultrapassar uma série de obstáculos que encontrará em seu caminho (calabouço, labirinto, poço, dados, pontes, morte, pousada), antes de alcançar sua meta. Existe uma relação estreita entre este jogo e o iniciático Caminho de Santiago, por meio dos Templários. Inclusive a palavra ganso é repetida em 13 ocasiões ao longo do mais famoso caminho de peregrinação do mundo ocidental (de leste a oeste: Ansó, Oyón, Logronho e rios Oja e Oca, Montes de Oca, Porto de la Pedraja e Santovenia de Oca, El Ganso, Manjarín, Valdueza, Arroyo Barjas, Santa María de Loyo, Puerto de la Oca, San Esteban de Oca e Noya), que correspondem às 13 casas com o nome dessas aves que também aparecem no jogo cabalístico do ganso (números 5, 9, 14, 18, 23, 27, 32, 36, 41, 45, 50, 54 e 59 e a última, a meta final, que seria a casa 64, sem numeração). Existe, portanto, uma estreita relação entre esse jogo iniciático, colocado em prática pelos Templários, e o Caminho de Santiago. No desenvolvimento do jogo, como prova, também aparece uma série de coincidências com a numerologia esotérica. Por exemplo, o 5 corresponde à soma dos números que se distanciam nove quadros, que na *Qabbalah* judaica relaciona-se com a letra Hé, bem como com o Papa no tarô; o 7, o número de gansos que aparecem no grupo A do jogo (casas 5, 14, 23, 32, 41, 50 e 59) e as do grupo B (9, 18, 27, 36, 45 e 54 e mais a última, sem numeração, que seria a 64); número que na *Qabbalah* está vinculado com a letra Zain e ao Carro do tarô; e o 9, como soma dos números de distanciamento dos quadros no jogo; número vinculado à letra Teth, na *Qabbalah*, e com o Eremita, no tarô. Também são 9 os obstáculos que aparecem ao longo desse jogo cabalístico (quadros: 6, o poente; 19, a pousada; 26, os dados; 31, o poço; 42, o labirinto; 52, a cadeia; 53, os dados; 58, a morte; e 63, o acesso à meta ou o triunfo final, situados a título de provas para o iniciado). "O símbolo do ganso – ou do cisne ou do ganso selvagem, ou o de pato selvagem – é, na realidade, a concretização de outro símbolo muito mais amplo e universal: o da Ave, que se resume no palmípede, talvez por sua condição tríplice de animal aéreo, terrestre e marítimo ao mesmo tempo. Ou seja, um ser que, simbolicamente, domina três elementos e que, convertido na Fênix mítica, domina igualmente o quarto, já que revive anualmente de suas próprias cinzas depois de ser consumido pelo fogo do sol", recorda García Atienza.

A simbologia hermética do ganso, como já dissemos, está muito relacionada com as grandes etapas do Caminho de Santiago, coincidindo precisamente naquelas zonas onde a presença templária foi mais notável (desde o Pirineu de Huesca – Vale de Ansó – até a Galícia celta – Noya –, passando por lugares como Ocón, Daroca, La Rioja, Ojacastro, Castrogeriz, Serra de Ancares e aqueles citados anteriormente); nomes que, como podemos ver, são derivações relacionadas aos termos: *jars, ánsares, ocas...* Porém, a sombra dessa ave esotérica também está presente nas marcas que, em forma de seus três dedos, aparecem em lugares igualmente vinculados a esse caminho de peregrinação iniciático pelo Campo das Estrelas. Nesses enclaves do caminho de peregrinação a Compostela, os Templários custearam muitas construções, financiando os mestres pedreiros cobrando juros muito baixos.

Na comarca alto-aragonesa de Serrablo, no Pirineu de Huesca, a presença do ganso é bem patente. É no povoado de Allue, incrustada na encosta do meio-dia da montanha mágica de Santa Orosia e sobre a margem esquerda do Basa, que se eleva uma igreja modesta, metade moçárabe e metade românica. Em seu muro meridional, onde se abre o pórtico de acesso, aparecem gravadas nas pedras do arreamento exterior várias marcas que lembram a pegada do ganso, a ave mítica dos arcanos medievais, portadora das ciências do além-túmulo e emissária dos poderes do Além da Morte. Não é de estranhar que seja nesse enigmático vale do Pirineo

Oscense onde mais abundam as pegadas dessa ave, como pudemos admirar em dintéis, ábacos, capitéis, impostas ou simplesmente pedras exteriores das igrejas medievais, ao ser essa terra o lugar pelo qual se inicia uma das trilhas colaterais do Caminho de Santiago, antes de chegar a Jaca, tão relacionada às forças satânicas. O próprio nome da comarca é Serralbo, traduzido como Serra do Diabo...

No pavimento do interior da paróquia de San Juan de Rabanera, da cidade de Soria, qualificada unanimemente como uma das obras mais singulares do românico Soriano, construída ao final do século XII e onde se reúnem influências estilísticas tão díspares como o mudéjar, o lombardo e o bizantino, aparecem pegadas de ganso nos azulejos. Contudo, tais entalhes não foram feitos em sua origem para ser pegadas, mas correspondem a pedras de aparamento do muro exterior de outra igreja românica local, a de San Nicolás, de onde foram transferidas para esta de San Juan. A visão do símbolo dessa ave mitológica transmite aos peregrinos que ingressam no templo a mensagem de que se encontram em um dos caminhos que conduzem a Compostela. Recordemos que a cidade de Soria esteve muito vinculada à Ordem do Templo e dispunha de um monastério, o de San Polo, hoje propriedade privada, que servia de antessala para o caminho iniciático que consuz ao eremitério troglodítico de San Saturio, sobre o curso sinuoso do Duero. O santo, patrono dessa cidade castelhano-leonesa, seguiu ao pé da letra os ensinamentos de Prisciliano, o druida do Cristianismo agnóstico da Galícia paleocristã.

O ganso ou, em sua falta, a pegada dessa ave enigmática, por sua condição tríplice – aérea, terrestre e aquática – foi usado pelos Cavaleiros do Templo como elemento identificador hermético de lugares de energia e, ao mesmo tempo, como talismã afugentador dos poderes maléficos de Satanás. Não é por acaso, portanto, que sejam inumeráveis os pontos da geografia da Espanha esotérica que tenham gravados ou a ave em sua própria forma, ou a marca da pegada de sua pata, muitos dos quais estão localizados ao longo e ao largo do Caminho de Santiago.

Um Cristo inquietante

Em Puente de la Reina (Garés) – localidade navarra, capital do vale fértil de Valdizarbe –, que corresponderia no tabuleiro do Jogo do Ganso com a casa 6 –, confluíram quatro vias de peregrinação importantes procedentes da França, como confirma a escultura de um peregrino que, no caminho, deixou uma frase lapidar: "E daqui, todos os caminhos para Santiago tornam-se um só." Nos arredores dessa vila esotérica, famosa por sua ponte monumental – a ponte dos Pontífices –, que protege as verdejantes algas do Arga, ergue-se uma capela enigmática, a igreja do Crucifixo, que, para muitos, passa um tanto despercebida. Em seu interior, em uma capela ou nave lateral, venera-se uma estranha imagem de Cristo em uma cruz que tem a peculiaridade de ser uma madeira tripla em forma de pata de ganso, ou de Y. Ela chegou à Espanha vinda da Renânia (Alemanha), no início do século XIV, razão pela qual poderíamos estabelecer nessa cruz outros dos vínculos que o Templo manteve com seus irmãos teutônicos. Lembremos que este templo foi o pioneiro das construções templárias em todo o caminho de peregrinação até Compostela em terras hispânicas. "Essa cruz não somente constitui uma forquilha, mas também o tronco central prolonga-se por trás da cabeça de Cristo, adotando, na realidade, a forma inequívoca da pata de ganso", comenta García Atienza. Essa capela, iniciada com formato quadrado e culminando em um zimbório octogonal – o oito, o número da ressurreição –, é o que, junto com os restos de um pórtico, ainda se conserva do complexo monacal ali existente na Idade Média; de seu hospital, nada resta. Levantada na aldeia de Murugarren e posteriormente englobada à vila de Puente la Reina, depois da fundação dessa, no ano de 1142. Nessa época, o monarca García Ramírez cedeu essas terras ao primeiro comendador do Templo na região, Frei Glisón. No princípio, esse templo foi dedicado a uma Virgem Negra, Nossa Senhora dos Hortos, cuja imagem desapareceu durante os episódios da Desamortização (1833), sendo substituída por outra, igualmente românica e procedente de Urdánoz, povoado do vizinho vale de Goñi.

Sobre a origem desse crucifixo, muitas histórias e lendas entrelaçaram-se. Uma delas afirma que ele está em Puente la Reina (Garés), doado por alguns peregrinos alemães em agradecimento à hospitalidade recebida nesse povoado, ao voltarem de Compostela. Não é por acaso, dessa maneira, que na cidade alemã de Colônia, na igreja de Santa Maria do Capítulo, exista um crucifixo de características idênticas. Essa Ordem alemã manteve relações muito estreitas com os Templários. Outro enigma que surge ao falar dessa estranha cruz é que no interior de uma tela da abside dessa igreja apareceram alguns murais, realizados no século XIII por um pintor chamado Johan Olivier. Em um deles aparece um enorme crucifixo de características similares ao do Cristo que se encontra ali sobre a pata de ganso de madeira, o que confirmaria o fato de que os Templários, apesar de sua suspensão oficial, depois do decreto de aprisionamento e encerramento da Ordem, prosseguiram no maior secretismo a obra ocultista que haviam praticado, longe do tempo e do espaço.

O crucifixo dessa igreja de Puente la Reina (Garés), por sua riqueza simbólica singular, está vinculado, além disso, às representações das divindades ancestrais dos cultos orientais. A esse respeito, podemos lembrar, a título de exemplo, o Krishna hindu ou Atis, dos mistérios frígios, por sua crucificação em uma árvore; o Y grego que, nas coordenadas das grandes religiões do universo, sacrifica o redentor cristão sobre o YOD hebraico, vinculado à décima letra do alfabeto sagrado – a *sefirá* da *Qabbalalh* – que tem como princípio o próprio Yahvé, origem de todas as coisas: a união dos contrários.

Essa cruz estranha, com sua forma específica de pata de ganso, eleva o sacrifício de Cristo a um estado superior a si mesmo, simbolizando, ao mesmo tempo, a essência sagrada da Arquitetura pela mão de três dedos, inspiradora das proporções divinas do espaço.

Se o ganso se convertesse em animal sagrado para os peregrinos jacobinos por sua dimensão tríplice: aérea, aquática e terrestre, o cisne seria então o emblema dos Cavaleiros do Templo, segundo as sagas germânicas e celtas, como elemento delimitador das forças celestiais e mortais. Estes, os valorosos *cygnatus* Cavaleiros Templários que cavalgavam no lombo de corcéis velozes e mágicos, proporcionaram algumas das ligações mais impressionantes do mundo medieval, das quais o Graal e a Cabala judaica também tiveram um papel preponderante. "No panteão greco-latino, a mitologia conta como, a cada primavera, Orfeu volta do Hades em uma carroça puxada por cisnes, para restaurar a natureza", comenta o especialista Rafael Alarcón Herrera.

E antes de terminar o ciclo de animais alados vinculados aos Templários, abordaremos outro dos mitos do Templo, o mito relacionado ao pelicano, ave capaz de dar a própria vida por sua progênie, e que também teve uma ligação íntima com os cátaros de Occitânia e os poderes do Mal, como veremos em seguida.

25

O Mito do Pelicano

"O pelicano era uma ave tão clara como o Sol e seguia o astro rei em sua trajetória. Portanto, com frequência deixava seus filhos sós no ninho. Foi durante sua ausência que interveio a Fera diabólica. Quando o pelicano regressou, encontrou seus filhos despedaçados. Mas ele os curou e ressuscitou. Como os pelicanos haviam sido mortos e ressuscitados várias vezes, o pai decidiu um dia ocultar sua luz e permanecer ao lado, nas trevas. Quando a Fera chegou, ele a venceu e a pôs fora de combate."

(A lenda do Pelicano, segundo interpretação feita pela Inquisição do mito cátaro.)

Os Templários também se nutriram de numerosos valores socioculturais da Occitânia. Um deles foi o mito do pelicano, pelo qual essa ave singular mostra-se em toda a sua riqueza mitológica diante dos constantes assédios do Diabo – a Fera – contra sua prole. Os Cavaleiros do Templo assumiram esses conceitos de seus contemporâneos cátaros a fim de enriquecer sua vasta mitologia, formando parte de um amplo desenvolvimento cultural que remonta aos antigos bestiários clássicos (o *Physiologós* grego e o *Phisiologus* de tradição latina), passando pelo simbolismo heterodoxo e a iconografia cristã, para terminar na Maçonaria Moderna.

O pelicano, que guarda uma relação estreita com outra ave, a Fênix, para a iconografia cristã é o símbolo do Cristo e também da natureza úmida que, segundo a física antiga, desaparece pelo efeito do calor solar e renasce no inverno. O pelicano é considerado como a imagem do sacrifício de Cristo, bem como de sua ressurreição, simbolismo que, igualmente, encontra um paralelo estreito na chaga do coração, de onde emana sangue e água, fluidos da vida. "Nas versões ortodoxas e monoteístas, o Pelicano mata os filhos que o ofendem (o que significa que Cristo se viu obrigado a castigar seus filhos, os pecadores). Entretanto, ao vê-los mortos, o Pelicano os ressuscita aspergindo-os com seu próprio sangue (e isso significa que Cristo – *Christus in Passione* – ressuscita os homens sacrificando-se por eles)", escreve o medievalista francês René Nelly. O pelicano, também, como ave aquática, encarna muitos outros valores que recolhemos nas fábulas: conta-se que ama tanto seus filhotes que morre por eles quando abre seu estômago para alimentá-los. Aos olhos desse ato, fica fácil compreender que o pelicano seja considerado o símbolo do amor paterno, bem como o dos príncipes para com seus povos.

Porém, que relação essa mitológica ave tem com o Diabo? Pois ela tem uma relação muito íntima, a de tentador da segurança dos mais frágeis – os pecadores – representados pelas crias do pelicano que, indefesas diante do ataque feroz da Fera, caem vítimas do Mal com facilidade. No imaginário medieval, desde o Bestiário occitano até a iconografia cristã, com um significado heterodoxo, o mito do Pelicano segue um rosário repetitivo o qual, depois de seduzir os escultores românicos, encontra nas concepções mais profundas do Templo seu verdadeiro adubo de cultivo.

"O deus mau encarniçava-se por destruir as criaturas boas que o verdadeiro Deus havia criado. E isso durou até que Cristo depôs ou escondeu sua luz (*deposuit vel abscondidit*), ou seja, até que se encarnou na Virgem Maria. Então, capturou o deus do Mal e o relegou às trevas do inferno. E, a partir desse tempo, o deus do Mal não teve mais a possibilidade de destruir as criaturas do deus do Bem", um cátaro deixou escrito, segundo testemunho prestado no Registro da Inquisição, assinado pelo bispo Fournier (volume I, p. 358). Com isso, não só a concepção medieval lembra a necessidade de vencer as tentações das forças do Mal pela Luz, mas também o reencontro com a Virgem Maria, a mãe de Jesus, fecundadora e esperança da vida. Porque na Terra, Cristo limitou-se a ocultar sua luz na Virgem, como recorda uma célebre oração cátara: "Deus desceu do céu com os 12 apóstolos e ocultou sua luz na Virgem Maria." Contudo, isso envolve muito mais do que renascer como homem do seio de uma mulher, pois essa ocultação da Luz por parte de Cristo não foi senão uma circunstância momentânea para confundir o Diabo; porque, para vencer o príncipe das trevas, foi necessário que Cristo entrasse, em certo sentido, nas trevas do Mal.

O conceito de que essa ave mitológica é um ser vinculado às forças do astro rei, seguindo o Sol em sua trajetória astral, é uma invenção que os cátaros de Occitânia receberam dos celtas, adoradores da mais luminosa das estrelas do firmamento, como testemunham os símbolos que, em honra ao Sol, estão gravados em suas moradas e os Templários converteram em estrelas de seis pontas inscritas em círculos, tão amplamente representadas em edifícios e colocadas nas entradas de construções, tanto civis como religiosas, para transmitir energia positiva a quem chegue a elas.

É bem provável que os monges eremitas Templários que buscavam o isolamento metafísico em lugares cheios de energia, mas isolados totalmente dos núcleos de populações (desfiladeiro do Rio Lobos, a Liébana, o Ampurdán, a Serra de Cazorla, etc.), encontraram uma grande inspiração de força espiritual ao buscarem como referência a figura dessa ave bondosa, de natureza aquática, que só ingeria o alimento necessário para manter-se com vida.

No mundo alegórico da alquimia, a figura dessa ave fabulosa também é muito presente quando aparece com seu bico retorcido que se projeta em direção a seu ventre abaulado, em alusão clara à retorta (Química); bem como a imagem da pedra filosofal que, ao ser submersa no chumbo líquido, faz com que ela afunde e desapareça para dar lugar à conversão do chumbo em ouro. Por outro lado, como símbolo altruísta da purificação, o pelicano ilustra, ao mesmo tempo, o Grau das Lojas Maçônicas da Escócia, cujos membros da *rosa-cruz* eram denominados, nas Lojas antigas, "Cavaleiros do pelicano".

A mitologia islâmica também faz alusão a essa ave fantástica, como consta do Alcorão. Assegura-se que, na Arábia, o pelicano faz seu ninho distante das águas para ficar mais seguro, mas, regularmente, ele voa em busca de alimento a duas jornadas de distância e o traz de volta para sua prole no interior de um depósito dentro do bico. Com base nesse fato, os muçulmanos acreditavam que Alá servia-se dessa ave para socorrer os peregrinos a caminho de Meca que precisassem de água na travessia do deserto árido.

Porém, é no mundo dos mortos que os Templários exerceram um papel predominante. Esse papel diz respeito aos rituais, muitos dos quais a tradição popular manteve até nossos dias, quando a lenda passa para a história oficial, como veremos a seguir.

26

Os Preparativos para a Última Viagem

"Quanto ao rito de sepultamento, é preciso destacar a aparição de moedas nas mãos de alguns esqueletos; fenômeno já constatado em alguns jazigos sorianos, que pode muito bem ser colocado em relação com o óbulo de Caronte, o que indica algumas intromissões bem tardias dessas práticas pagãs."
Fernando Morales Hernández

Era tradição da Ordem do Templo enterrar seus mortos com o rosto virado para baixo. Com isso, procurava-se um maior contato do defunto com a Terra Mãe, porque é no Além da Morte, ao ultrapassar os limites de sua existência mundana, onde as almas se encontrariam para prestar contas ao Altíssimo. Com isso, não somente se rendia uma homenagem justa à Terra Mãe, mas também era patente a proclamação cristã *"Pulvus eris et in pulvis reverteris"*, de acordo com a expressão original *"Terra eris et in terra reverteris"*. Desse modo, os Templários recuperavam a figura da Mãe, um papel importante que, com o patriarcalismo hebraico adotado também pelo Cristianismo, a Virgem Maria havia perdido; e a Mãe está relacionada à terra, assim como ambas são geradoras de vida. "O rosto do morto virado para a terra é expressão de um retorno à sacralidade primitiva, com todas as suas consequências", recorda Juan García Atienza. Essa é, portanto, outra das tradições ancestrais que o Cristianismo, de fundo machista, havia abandonado, mas que os Templários souberam muito bem recuperar. Na igreja paroquial de Castromembibre (Valladolid), dedicada à Nossa Senhora do

Templo, há uma santa que faz o signo "da lebre"; ao seu lado, venera-se também uma Santa Ana curiosa, a mãe da Virgem Mãe.

Os Cavaleiros Templários, inclusive depois de mortos, seguiram mantendo boa parte de sua aura de mistério. O fervor popular que, na maioria dos territórios hispânicos, dominava a sociedade medieval, fez-se evidente quando, em numerosos casos, muitos de seus frades, ao passarem para o mundo dos mortos, foram objeto de venerações insólitas. Porque, com o transcorrer dos tempos, como indica Rafael Alarcón, esses sarcófagos de pedra converteram-se em "lugares de poder" por meio da energia que, segundo a tradição popular, transmitiam os corpos alí enterrados. São conhecidos os nomes de alguns desses frades, mas outros continuam no mais absoluto mistério. Um desses sepultamentos, envolto em uma atmosfera de santidade, é o do frei Juan Pérez, o bruxo templário tão ligado à arte da falcoaria e do falcão, da insólita igreja de Santa María la Blanca, em Villalcazár de Sirga, no Caminho de Santiago, em terras palentinas. A presente estátua do primeiro comendador dessa influente missão ergue-se próxima ao altar principal da igreja. As mulheres de Tierra de Campos, durante a noite de São João e no Dia de Todos os Santos, continuam depositando velas sobre esse sarcófago, a fim de invocar o Além para que seus filhos sejam sadios tanto no falar como no andar. Essa Virgem – Santa María la Blanca – do século XIII foi uma das imagens de maior influência nas *Cantigas galegas de Santa María,* escritas por Afonso X, o Sábio.

Na vila de Horta de Sant Joan (Terra Alta, Tarragona), voltamos a encontrar um conjunto singular de sepultamentos Templários, os quais, desde a Idade Média até o século XIX, por causa das dimensões dos sarcófagos, foram objeto de veneração. O lugar é o santuário da Mãe de Deus dos Anjos, do citado povoado do sul da Catalunha. Os três sarcófagos de pedra, conhecidos popularmente como os *Gentiles* (os "gigantes"), pertenciam a frei Bertrán Aymerich, primeiro comendador de Horta de Sant Joan, e a dois Cavaleiros, Rotlà e Farragó. Os sarcófagos destes últimos são de grandes dimensões físicas (por volta de dois metros de comprimento), daí a qualificação dos três túmulos, os quais, além disso, exibem em seu exterior uma grande riqueza de símbolos (cruzes celtas, signos cabalísticos enigmáticos, rosáceas espanta-bruxas, etc.). Devemos dizer que Terra Alta é uma das comarcas catalãs mais ricas em tradições de bruxaria e templárias. Pois, a esses túmulos enormes, compareciam as mães dos povoados da comarca (Bot, Batea, Gandesa, Arnés, etc., além de Horta de Sant Joan), para colocar uma vela sobre os sarcófagos, ao mesmo tempo que depositavam no túmulo uma prenda infantil, pedindo à Virgem dos Anjos, a patrona do templo, para que seus filhos nascessem altos, fortes e santos como aqueles que ali estavam enterrados e com a sabedoria do comendador.

O povoado toledano de Malamoneda deve seu nome a uma lenda curiosa que foi mantida com o passar dos tempos. Segundo a lenda, um cavaleiro, por cobiça, traiu seus companheiros, permitindo que a cidadela fosse invadida pelos hispano-muçulmanos. Toda a guarnição foi degolada e seus despojos lançados aos rochedos para serem devorados pelos animais. Anos depois, com a conquista cristã da fortaleza, pôde-se comprovar que os corpos dos cavaleiros, ao caírem sobre as rochas, haviam fundido a pedra e formado sepulcros, protegendo os restos dos Templários das feras. Todos os Templários estavam assim, menos o traidor, do qual os corvos só deixaram o esqueleto em cuja mão esquerda havia uma moeda, como lembrança de sua traição. Essa moeda na verdade seria o pagamento que, no Além, dar-se-ia a Caronte para atravessar o Rio Estige, etapa crucial para a viagem ao paraíso. Esses sepulcros ainda podem ser vistos e, até poucos anos atrás, no dia 1º de novembro, Dia de Todos os Santos, as pessoas da aldeia vizinha de Hontanar que tivessem algum familiar enfermo continuavam visitando o local pedindo à Virgem uma boa morte, se a cura não fosse possível. "Em troca, deixavam velas sobre a rocha e passavam por ela uma moeda que levavam para o enfermo. Se sarasse, ele a guardava como amuleto por toda a sua vida e, se falecia, o enterravam com ela na mão." Costume pagão muito apropriado para o lugar, se lembrarmos que esse enclave castelhano-machengo (Santa Maria de Melque) foi um território de grande importância, durante o período visigodo e, na proto-história, um centro de culto celta e romano onde se adoravam as divindades da morte e dos enfermos, Hades e Prosérpina.

Ao realizarem escavações arqueológicas no subsolo da nave primitiva da igreja do Crucifixo, a de Puente la Reina (Garés), apareceram algumas sepulturas templárias. A particularidade dos esqueletos ali encontrados era a postura em que foram sepultados, com o rosto voltado para a terra. Dizem, inclusive, que um dos corpos havia sido sepultado agachado. Esse é, portanto, outro dos inumeráveis mistérios que continuam sem solução na atmosfera esotérica dessa igreja de peregrinação, fundada pelos Cavaleiros Templários no ano de 1142.

Echano, um lugar vizcaíno deserto, perto de Amorebieta, entre Olóriz e Bariaín, é uma antiga possessão templária cujo acesso atual é pela rodovia de Behovia. Dentro da igreja de San Pedro, segundo a população local, repousam os restos de uma monja templária com fama de santa, que elegera aquela terra para viver como eremita, enquanto cuidava de uma imagem negra de Nossa Senhora do Templo. Ao morrer, a freira foi venerada como curadora e recebeu o nome de *Arpeko saindua* (a santa da caverna) e também de *Lezeko Andrea* (a senhora da caverna). No pórtico norte do templo aparece a figura de uma chave no centro da Glória.

Durante os séculos medievais, Echano pertenceu ao Senhor de Orba quando, segundo as crônicas (século XIV), havia apenas oito moradas. Há muito tempo que o local é despovoado. Nesse cenário templário é reproduzido o fascínio da crença basca de Mari, divindade da natureza. Quando a monja morreu, as pessoas da região continuaram a visitar seu túmulo e manteve-se a tradição de levar oferendas de ex-votos executados em cera, com os quais era solicitada à freira sua mediação na cura de determinados males. Outro costume de origem pagã que foi mantido, apesar da queda em desgraça da Ordem do Templo, foi aquele pelo qual as mulheres que desejavam ficar grávidas – tal como faziam as esposas, durante o período Neolítico, que dormiam nos telhados das construções de dólmenes – dormiam a noite toda sobre a lousa fria do sarcófago. Não é, portanto, por acaso que, no decorrer do tempo, esse eremitério permaneceu pagão e foi rebatizado com o nome de *Marijen kobia* (a caverna de Mari).

O mais iniciático dos caminhos de peregrinação cristãos, o Caminho de Santiago, em seu desdobramento hispânico, desde Roncesvalles (Navarra) até Padrón (La Corunha), está cheio de elementos ocultistas relacionados com o Templo e os ritos da morte. Na vila esotérica de Estella (Lizarra), por exemplo, no pórtico da igreja de San Miguel, vemos novamente a presença dos mortos. Ali uma fileira de defuntos espera que o arcanjo São Miguel (Hermes) pese suas almas atormentadas em uma balança. A poucos metros, no mesmo pórtico, outros anjos mostram o Santo Sepulcro vazio para as três Marias. Outra igreja dessa vila navarra histórica e esotérica não pode ter um nome mais sugestivo, o de Santo Sepulcro, em cujo tímpano há também uma sepultura vazia. Em ambos os casos, os Templários quiseram transferir para a pedra a evocação da tumba onde foi enterrado o Senhor, depois de sua crucifixão no Gólgota (Terra Santa).

Contudo, os Templários nada deixavam ao acaso, ao improviso. Também para a morte, a viagem para o Além estava bem planejada. O ensaísta francês Larmandie define muito bem alguns desses conceitos: "Os ritos, que nada mais são do que o aparato de ação dos símbolos, exercem um poder natural sobre o mundo astral que contém, em potência e em germe, toda a amplitude do mundo físico. A palavra 'símbolo' significa, antes de tudo, resumo, quintessência, pois, ao praticarmos uma cerimônia simbólica atraímos a causa segunda para a órbita de nossa vontade, desencadeamos o dinamismo produtor do fenômeno; nossos dedos saem do plano físico e tocam no teclado cujas harmonias a matéria ouve, mas permanece perpetuamente oculto. Para ser executado de maneira eficaz, todo ritual exige um especialíssimo estado de alma e preparo do corpo, um fundamento prévio físico, anímico e intelectual, sem o qual seria pueril pensar em abordar as chaves fenomênicas."

Gottfried Kirschner, em seu ensaio *El tesoro de los Templarios*, faz uma menção especial à inscrição que aparece na lousa superior de uma sepultura conservada próxima ao altar da igreja românica de San Pedro de Caracena: "No interior da igreja de San Pedro, descobrimos mais indícios da misteriosa Ordem Templária. No muro de trás são mantidos os restos de uma antiga lousa sepulcral de pedra, reutilizada durante uma reforma posterior, com algumas de suas partes incrustadas na parede. Faltam alguns fragmentos, mas a inscrição latina é passível de interpretação em sua maior parte. Diz, por exemplo: *pertenebat ad malam sectam* ('pertencente à má seita')." Daí é fácil deduzir que o morto ali enterrado pode muito bem ter sido um Templário falecido no início do século XIV, coincidindo com o período de perseguição à Ordem. Um pouco mais abaixo, na mesma lousa sepulcral, consta: *hic auro facta* ("o que era feito de ouro"). Lamentavelmente, faltam as palavras anteriores. Contudo, estamos diante de um rito de sepultamento que, certamente, algum dia acabaremos interpretando.

E foi precisamente na parte inferior da porta lateral de acesso ao pórtico dessa mesma igreja, de San Pedro de Caracena, onde os arqueólogos encontraram, em uma campanha de escavação levada a cabo nos anos 1982-1983, um túmulo interessante contendo os restos mortais de dois Cavaleiros Templários. Um deles ainda portava em suas mãos um par de moedas que, a título de salvo-conduto, utilizaria, segundo a crença, para pagar ao barqueiro Caronte para que lhe facilitasse a passagem pelo mítico rio de fogo, o Estige, na antessala do Além da Morte.

O maior cemitério de Templários conservado na Península Ibérica encontra-se no interior da igreja de Santa María del Olival, na região de Templários, no centro de Portugal, onde existem catalogados um total de 22 túmulos de Mestres do Templo, alguns correspondentes à época em que, no país vizinho, a Ordem transformou-se em Cavaleiros de Cristo. É justamente em terras lusitanas que se registra o caso mais evidente de apropriação templária de um mito pagão. Essa história teve lugar na cidade de Tomar quando, ao final do século XII, o Grão-Mestre do Templo Gualdim Pais (1159-1195) buscava a imortalidade e, para tanto, recorreu à bruxaria. Um nigromante não vacilou em aconselhar-lhe que, logo após sua morte, seu cadáver fosse cortado em pedaços, introduzido em um recipiente de vidro com água mágica e cozido em fogo lento, ao mesmo tempo que eram lidas diversas fórmulas secretas em voz alta. Assim fazendo, seu corpo não apenas renasceria como também voltaria ao mundo rejuvenescido. Em 1195, ao falecer o Grão-Mestre, seus criados seguiram à risca o estabelecido por Gualdim Pais. Contudo, o Grão-Mestre que lhe sucedeu não deu sua aprovação por considerar a prática uma heresia e ordenou que fosse enterrado junto com os acessórios e líquidos preparados para o ritual de seu renascimento. Existem, além desse, outros exemplos inumeráveis de histórias e lendas relacionados com sepultamentos de Cavaleiros ou Mestres do Templo. Citamos em seguida o caso do túmulo que nada mais é que o primeiro degrau de acesso à igreja de Villerías (Zamora), pertencente a um personagem de Terra de Campos o qual, depois de enviuvar, ingressou no Templo. A tradição consiste em que os casais que contraem matrimônio nesse humilde eremitério, depois da celebração do enlace, devem sair da igreja pulando esse degrau, garantindo assim sua entrada na vida de casados bem encaminhados e com um matrimônio repleto de felicidade.

Na localidade galega de Rianxo (La Corunha), na igreja de Castelo da Lua, conserva-se o sarcófago de outro Templário, o Cavaleiro da Lua, que protagonizou a fuga dos amantes que se encontravam presos na fortaleza do castelo. Para render homenagem à memória desse Cavaleiro singular, na noite de São João, os habitantes continuam levando flores ao túmulo, ao mesmo tempo que lhe pedem amores cheios de felicidade. A tradição lembra, além disso, que se um raio de luar iluminasse as oferendas, era sinal de que o Templário, a partir do Além, os estava abençoando.

Existem outros cemitérios de Templários em Castromembibre (Valladolid), cujo campo-santo dispõe de uma fonte que, na verdade, foi um poço artesiano. Em Irunha (Álava), a dez quilômetros da cidade de Vitoria, também apareceram muitos túmulos Templários. Em Monzón (Huesca), precisamente em El Fosalet, conservam-se numerosos túmulos de Cavaleiros que pertenceram a essa missão influente. No cemitério medieval de Aldea de la Población (Navarra), no Caminho de Santiago, numerosas lápides têm a cruz pátea da Ordem e lembram que são túmulos de Templários. O sepulcro do Cavaleiro Fernán Pérez de Andrade, no convento templário de Betanzos (La Corunha), considerado a obra funerária medieval mais importante de toda a Galícia, está iluminado por um vitral aberto na haste do cruzeiro decorado com o carneiro solar, virado precisamente para o meio-dia. E, em Bueida (Conselho de Quirós, Astúrias), no cemitério medieval de El Caserón, apareceu um esqueleto, presumivelmente de um templário, de tamanho gigantesco. A caverna próxima a Infiesta, com entrada artificial, também foi lugar de sepultamentos e, no eremitério próximo de Trubaniello, no Porto de la Ventana, apareceu a imagem de uma Virgem Negra.

Capelas funerárias

Também as construções funerárias formaram parte do microcosmo esotérico do Templo. Muitas dessas igrejas, de dimensões reduzidas, salpicam o Caminho de Santiago. As mais conhecidas estão, sem dúvida, em Navarra: Eunate e Torres del Río, como exemplos mais significativos. Eunate (que em euskera significa "cem arcos" e em latim "o bem-nascido") une afinidade de elementos que superam os limites do conhecido, onde os Templários concentraram boa parte de sua sabedoria gnóstica.

A primeira vez que visitei Eunate foi sob a luz mágica do entardecer, quando o astro rei fundia-se no horizonte e as estrelas começavam a iluminar o firmamento cósmico. Naquela solidão, em meio ao nada, sem referências orográficas próximas importantes, dentro de um pórtico acabado e sem cobertura, ergue-se com humildade esse templo que foi capela funerária, hospital e abrigo dos peregrinos. Sobre o solo de Eunate concentra-se uma grande quantidade de forças telúricas desde os tempos pré-históricos, que encontram uma vinculação estreita com os testemunhos megalíticos da região, ao modo de polos de atração. Ambas as construções – igreja templária e dólmenes – foram concebidas como obras funerárias; porém, o mais surpreendente é que mesmo antes de entrar na intimidade e recolhimento do interior dessa capela, uma enorme variedade de símbolos é oferecida ao viajante que ali se encontra para descobrir alguns de seus enigmas. Em Eunate, não está presente apenas o Bafomé templário, mas também estranhos rostos de personagens com uma barba tão retorcida que chega a ocultar-lhes a boca. As espirais simétricas, ao longo do friso escultórico, segregam umas interpretações bem óbvias: com suas bocas fechadas, expressam um segredo que, deliberadamente, desejam guardar para si. Enquanto as espirais simbolizam um labirinto cósmico que o iniciado deverá percorrer e resolver; elementos, todos eles, que colocarão à prova a capacidade de concentração do interessado nos segredos da mitologia templária. Porém, isso não é tudo. Eunate não é um templo planejado como a grande maioria das igrejas cristãs, onde a abside está orientada para o nascente. Nessa capela funerária, a abside está orientada para o meio-dia, em vez de sê-lo para o Leste. "Quase todas as igrejas orientadas de Norte a Sul, em vez de Leste a Oeste, como é habitual, estiveram ou estão sob a proteção de santos ou mártires, foram edificadas sobre restos de antigas construções dedicadas a Jano", declara o medievalista Andrés Malby. Em Eunate tudo é surpreendente. O conceito de igreja funerária, além disso, deduz-se da torreta que emerge do setor sudoeste da capela, cuja função não poderia ser a de tocar os sinos do campanário, pois eles podiam ser tocados do interior da igreja por meio de uma corda. Portanto, é fácil deduzir que essa torreta não poderia ter dado acesso direto a um necrotério. Contudo, como assegura Juan García Atienza, em Eunate existe outra incógnita que, com o tempo, poderá ser resolvida. Trata-se da irregularidade evidente de sua planta octogonal, a qual não está sujeita a nenhum problema de fundação, já que o terreno sobre o qual está a ermida é plano o suficiente. Então, a que se deve essa irregularidade? Por que nem todos os lados do octógono da planta dessa igreja são de medida igual? García Atienza afirma que, se traçarmos alguns eixos longitudinais que prolonguem os lados da base do templo, chegaremos a conclusões surpreendentes; entre as quais, que esses raios alcançariam lugares de poder tão significativos quanto Zugarramurdi, a Serra da Demanda, Aralar, o Moncayo, o Turbón, Lourdes, etc. Enclaves, todos eles, relacionados com as montanhas sagradas, com lugares de cultos pagãos ancestrais e também vinculados aos Templários.

No que toca a Zugarramurdi, os Templários eram igualmente conscientes do peso mágico do Pirineu navarro como projeção no espaço de danças ancestrais. A escritora Concha Palacios também concorda com esse aspecto: "Eunate, apesar de seu isolamento e solidão espacial, bem exposta aos olhares indiscretos, podia ter consistido em um espaço destinado a danças sagradas." E Emílio Ruiz também corrobora: "O enclave templário de Eunate sugere que ali são celebrados rituais iniciáticos muito semelhantes aos que são descritos nos processos inquisitoriais, como rituais de feitiçaria. É quase certeza que os Templários, como os pagãos e os bruxos, empregassem alucinógenos em suas cerimônias."

Torres del Río, a escassos 50 quilômetros a sudoeste de Eunate, é outra igreja funerária no Caminho de Santiago por terras navarras. Sua igreja, a do Santo Sepulcro, é a culminação espacial do octógono perfeito. Sua cúpula evoca o oriente e não seria nenhum disparate dizer que em sua construção tivessem participado pedreiros hispano-muçulmanos devidamente assessorados pelos *magos* Templários. O templo está concebido em três corpos cuja ornamentação complica-se à medida que sua altura cresce, o que seria uma forma de anunciar que estamos nos aproximando do nível superior, o mundo celestial. Também a numerologia sagrada do Templo volta a lembrar-nos que estamos diante de um edifício de profundos significados esotéricos, como é confirmado pela relação 8 (+1) X 3 = 27. A riqueza simbólica dessa igreja é verdadeiramente surpreendente: ao pé do arco triunfal, em ambos os lados da abside, vemos o princípio dos contrários, o *yin-yang*. O conceito de capela funerária é totalmente evidente se analisarmos alguns dos capitéis. No capitel da esquerda do interior do presbitério aparece uma representação estranha da descida de Cristo do crucifixo, onde vários personagens baixam da cruz o corpo já falecido de Cristo, porém, mais que uma descida, o escultor medieval quis transmitir a ideia do desmembramento das extremidades superiores de Jesus. Estamos, portanto, diante do que se conhece como a operação alquímica da *separatio*, representada astrologicamente pela constelação de Escorpião (o outono), identificada com a Teth, nona letra do alfabeto hebraico, que corresponde ao mítico tau templário. O capitel da coluna oposta volta a nos levar à morte de Cristo e seu sepulcro com a lousa superior entreaberta, em sinal de que a alma de Jesus já subiu ao céu. Ao lado da tumba, umas mulheres carregando jarros e frascos fechados, representando, sem dúvida, mulheres relacionadas à ciência alquímica. Tanto Santa Maria de Eunate como o Santo Sepulcro de Torres del Río são *estupas*, templos que serviram de Lanternas dos Mortos para os peregrinos compostelanos e que, em sua concepção octogonal, evocam a mesquita da Rocha, na antiga esplanada do templo de Jerusalém, embrião gnóstico dos Templários.

Os cultos às divindades proto-históricas desenrolavam-se sobre altares consagrados. Muitos deles ainda hoje são conservados e alguns estão estreitamente vinculados aos enclaves Templários, como veremos em seguida.

27

Altares Sagrados

"O altar simboliza o lugar e o instante em que um ser torna-se sagrado."

Jean Chevalier e Alain Gheerbrant

O simbolismo da montanha é múltiplo pelo fato de sua verticalidade relacionar-se com o céu e, ao mesmo tempo, com os poderes tectônicos da terra. É precisamente sobre seus cumes, que costumam ser planos e em forma de altar, que as civilizações antigas costumavam elevar suas aras como pontos de energia positiva para recarregar de forças sobrenaturais quem ali subisse para orar às suas divindades. Esses lugares abundam em toda a geografia hispânica e muitos deles foram perpetuados ao longo do tempo graças aos Templários que não se furtaram em levantar igrejas e conventos nesses pontos de poder.

O altar – *ara* – representa o microcosmo catalisador de todo o sagrado, por meio do qual é possível transmitir aos fiéis as essências mais profundas do espírito, pois o altar é o lugar onde o sagrado se condensa com a maior intensidade. Todo o conjunto cósmico que representa arquitetônica, escultórica e espacialmente o tempo e o universo é reproduzido no altar, em miniatura. Sobre a lousa, ou perto dela, acontece o sacrifício ou a transformação no sagrado, o que simboliza o centro do mundo e está em contato estreito com o universo. É por isso que, na maioria dos casos, os altares encontram-se em lugares elevados, em relação à plateia.

Cientes da importância desses microcosmos sagrados e de como os altares eram erigidos nos tempos mais remotos, pelos povos tanto das civilizações do mundo mediterrâneo quanto da tradição celta e germânica, os Templários souberam muito bem fazer coincidir, nesses lugares de energia e poder, muitas de suas construções religiosas, sacralizando-as ainda mais. Numerosos são os exemplos que o confirmam, espalhados por toda a geografia hispânica, como veremos mais adiante no apêndice "A Geografia Esotérica da Espanha Templária".

Além disso, no altar concentra-se o início do movimento da espiral que, a partir do centro do mundo, move o Cosmos, simbolizando a espiritualização progressiva de todo o universo.

Desde os altares polilobulados de pedra do Egito Antigo (cerca de 2400 a.C.) até as construções judaicas concebidas como holocaustos (século VII a.C.), suas pedras regadas com azeite sagrado (*oleum*), muitos foram os modelos que serviram de inspiração para os Templários para conceberem suas aras sagradas, para as quais confluíam os espaços energéticos. Contudo, seus altares, longe da grandiosidade espacial, tiveram modelos muito mais modestos e baseados em pedras que, durante os tempos proto-históricos, os povos mediterrâneos e atlânticos ergueram para suas divindades, como é demonstrado ao vermos os altares que os Cavaleiros do Templo costumavam erguer, em forma de mesa de cinco apoios, em blocos ou tipo de arco.

No castelo de Valderrobres (Teruel), por exemplo, foram os Templários que no século XIII cercaram com muralhas uma colina que domina as sinuosidades do Rio Matarranha sobre a qual os povos da Antiguidade ergueram seu altar de adoração às divindades celestiais. Portanto, aproveitaram muito bem a rocha sagrada e, sem destruí-la, garantiram sua conservação como lugar sagrado com o recinto amuralhado. Ao lado do castelo, não é estranho o fato de que se construísse a igreja. Os calatravos, mais tarde (século XIV), seguidores dos Templários, também mantiveram o cercado de rocha como lugar sagrado. Ao norte dessa mesma comarca do nordeste de Teruel, no município de Calaceite, há outra lousa de poder energético, conhecida como a Rocha Cavaleira. Essa pedra singular, em forma de mesa, suspensa em uma rocha basculante superior, conserva nessa mesa uns dez orifícios que podem muito bem ter sido feitos para seguir as constelações astrais, assim com os equinócios e solstícios do Sol e da Lua e outros simbolismos ocultos. Essa pedra continuou sendo considerada sagrada, até o final do século XIV, pelos calatravos, continuadores das pautas estabelecidas por seus antecessores, os Templários, que celebraram missas nesse altar até seu banimento pela Igreja.

No altar da igreja templária de San Pedro de Caracena (Soria), depois da queda da Ordem do Templo, foi gravada uma inscrição condenatória pela Igreja: *Pertenebat ad malam sectam* ("Pertencente à seita má"), qualificando, dessa forma, os Templários como hereges. Isso fez também com que o Cristianismo, de certa forma, condenasse quem orasse nesse altar, considerado ímpio pelo ministério eclesiástico.

Conquezuela

Ao sul da província de Soria, nos limites de Conquezuela, onde coincidem numerosos elementos esotéricos e, é claro, onde os Templários também estiveram, temos outro exemplo de antigo altar sagrado digno de menção. Desde 1941, foram levados a cabo numerosos estudos sobre esse lugar mágico. Blas Taracnea Aguirre, Teógenes Ortego Frías, E. Ruano, A. Jimenez Martínez, Juan A. Gómez-Barrera, Alberto Manrique, Ángel Almazán de Gracia, etc. sentiram-se atraídos pelos mistérios insondáveis desse santuário pré-histórico.

A primeira coisa que chama a atenção do viajante é uma escadaria peculiar, com degraus esculpidos na rocha viva em formato ascendente. Trata-se de um antigo altar de sacrifícios e centro de adoração para as divindades de povos proto-históricos, como é possível avaliar pelas ranhuras abertas dos degraus pelos quais escorria o sangue dos animais sacrificados. Pela parte lateral da mesma escadaria chega-se ao andar superior e, de lá, uma trilha leva diretamente a uma igreja consagrada à Santa Cruz, onde dizem ter existido um oratório templário. A construção atual é do século XVI e em seus alicerces, segundo os arqueólogos, ocultam-se as ruínas de um templo dedicado a Santa Helena (247-327 d.C.), mãe de Constantino, o Grande, que tanto influiu na adoção da cruz como símbolo dos crentes. Confirma-se o culto templário que continua sendo mantido em forma de romaria no dia 18 de agosto de todos os anos.

Atrás desse templo, construído segundo o número áureo, há um caminho de iniciação com restos arqueológicos e, do lado oposto à abertura da gruta, encontra-se um abertura na parede rochosa que pode muito bem ter sido um forno para assar o pão (padaria rupestre), onde os frades Templários abasteciam-se do principal alimento, enquanto a água, como veremos em seguida, estava garantida a poucos metros de distância.

Blas Tarracena, o pioneiro na descoberta de Conquezuela, descreveu assim esse enclave esotérico: "Caverna em forma de greta pouco profunda que se abre atrás da ermida da Virgen de la Cruz, a nordeste de Conquezuela, e na qual há duas grandes superfícies cobertas de cavidades escavadas e de pequenas figuras humanas estilizadas dispostas em série." Essa formação irregular de arenito em tonalidades que mudam de acordo com os raios solares (do cinzento ao avermelhado), muito erodida, que remonta ao Triássico (primeiro período da Era Secundária Mesozoica), encontra-se a 1.187 metros de altitude.

A gruta é uma cavidade natural, de 11 ou 12 metros de profundidade, de cujo interior brota água, com uma pia trabalhada na rocha. A água, segundo a tradição popular, é salutar. Dos dois lados da cobertura natural de pedra são preservadas gravações rupestres pertencentes ao período intermediário do Bronze, final do Ferro (1500 a.C.), com centenas de corrimãos, cerca de 65 figuras antropomórficas, algumas serpentes e bailarinos. Na saída da caverna, no fim do século XII, prolongou-se o teto natural com um teto falso em abóboda com formato de dossel de pedra, que serve de pórtico para os paroquianos. A partir da porta da gruta, além do altar sagrado, é possível apreciar o amplo panorama natural de um extenso altiplano formado, outrora, por uma laguna esplêndida – a de Conquezuela – citada nos textos medievais de Afonso X, o Sábio, por seus valores cinergéticos que os Templários souberam muito bem apreciar. Sobre o espigão rochoso do conjunto, em cujas entranhas abre-se a gruta da água milagrosa, encontram-se dois túmulos antropomorfos, presumivelmente de Cavaleiros Templários que não puderam encontrar lugar mais sagrado para seu repouso eterno, enquanto suas almas viajavam pelo mítico rio de fogo, o Estige.

Veracruz – a verdadeira cruz de Cristo – serviu de nome para muitas construções religiosas que salpicam a geografia hispânica. Nome que lhes vem por dispor de um fragmento do crucifixo de Jesus. Muitas dessas igrejas têm planta octogonal (Segóvia, Torres del Río...) e estão estreitamente vinculadas aos Templários. Por outro lado, os rosa-cruzes constituem uma associação cultural que remonta à Escócia do início do século XIV, coincidindo, paradoxalmente, com o encerramento da Ordem do Templo e a chegada a essa terra celta da frota templária ancorada em La Rochelle (França), no outono de 1312.

28

Veracruzes

> "Lignum crucis *com que se praticam ritos singulares, cuja heterodoxia raia ao paganismo mais descarado, apesar de que, normalmente, se utilizavam tais cruzes em algo tão inocente, pelo menos em teoria, como era o ritual de admissão da Ordem do Templo; uma cerimônia simples, em que o aspirante a Cavaleiro Templário devia jurar fidelidade à Ordem e às suas regras diante do* lignum crucis *que o Mestre lhe apresentava.*"
> Rafael Alarcón Herrera

Os fragmentos retirados da cruz de Cristo são conhecidos como *lignum crucis* – ou cruz verdadeira –, os quais, distribuídos ao redor da bacia mediterrânea, são venerados pelos fiéis da Igreja Católica como parte da cruz em que Jesus morreu. O maior desses fragmentos encontra-se em La Liébana (Cantábria), conservado no interior do monastério de São Toríbio. Trata-se de um fragmento de 635 milímetros de largura, correspondente ao braço esquerdo da cruz. Nessas paragens tranquilas dos Picos da Europa, o santo do século VIII (Toríbio) encontrou a paz mais profunda e a inspiração para escrever *Beato de Liébana*, com base em seus *Comentarios al Apocalipsis*. Esse fragmento da cruz de Cristo logo seria protegido pelos Cavaleiros do Templo, e graças a eles hoje temos a sorte de contemplar essa cruz verdadeira, a relíquia mais valiosa para o Cristianismo. Em 1512, o pontífice da Capela Sistina, Júlio II, não vacilou em conceder o jubileu a esse santuário nos anos em que a festividade de São Toríbio (16 de abril) coincidisse com um domingo. E só nessa data o acesso lateral ao templo, conhecido como a porta do Perdão, é aberto de par em par aos paroquianos e peregrinos, ao mesmo tempo que eles passam a receber a graça jubilar.

Além do célebre *lignum crucis* de La Liébana, outras cruzes verdadeiras espalhadas pela geografia hispânica são conhecidas. Como a de Ponferrada, conservada no Museu Diocesano da cidade de Astorga, onde há todo um relicário templário feito em ouro sobre suporte de prata dourada. E no centro da cruz está incrustada uma lasca da cruz verdadeira. Os símbolos dos evangelistas aparecem gravados no interior de medalhões tetralobulados, nos extremos dos quatro braços. Também figuram a Virgem e São João, um dos santos prediletos do Templo, sobre o travessão menor e, no centro, o Cordeiro de Deus.

É preciso notar que a cruz templária de braço duplo foi aquela utilizada pela Ordem antes de o pontífice Eugênio III conceder-lhe o signo da cruz pátea. Esse crucifixo singular, que aparece em lugares de forte implantação templária, é formado por uma cruz grega, em sua parte superior, e um tau, na zona inferior, que, ao se unirem, formam a cruz verdadeira, ou cruz patriarcal. De aspecto mais simples, também é uma cruz verdadeira o crucifixo de Bagá, ao norte da comarca barcelonesa de Berguedá, que guarda uma relação estreita com o lendário Cavaleiro catalão Galcerán de Pinos, considerado um dos primeiros Templários.

Em Segóvia, e relacionada com a conhecida igreja de Vera Cruz, também existe outra cruz patriarcal cujo culto está ligado à festa da Apresentação no Templo, ou Candelária; uma festa que, misturada substancialmente com outros cultos pagãos, é mantida viva nas Alcaldesas. A origem dessa cruz verdadeira remonta ao ano 1224, segundo o documento *Breve* outorgado pelo pontífice Honório III, embora haja um formato mais atualizado e muito mais recente: o *lignum crucis* de Ponferrada é do início do século XVI e está guardado em um lugar secreto da cidade de Segóvia. Lamentavelmente, ele não pode ser apreciado.

Porém, a Veracruz mais famosa, sem dúvida, é a de Caravaca, em Múrcia, cujo santuário está envolto em uma lenda impressionante.

A cruz de Caravaca

"O nome oficial com o qual é denominada a Relíquia nos documentos é o de 'Vera Cruz', nome bem significativo e relacionado ao Templo, pois, o título Vera Cruz aparecia frequentemente onde houvesse a presença dos Templários. Em Segóvia existe a igreja de Vera Cruz e, em León, uma confraria do mesmo nome."

Pedro Ballester Lorca, La Vera Cruz de Caravaca

Coroando a colina de Caravaca, na província de Múrcia, ergue-se o santuário e o castelo que está em simetria com a praça-forte que os Templários edificaram nessa cidade, relacionada com os ritos da água. É aqui, no interior do Real Alcázar, no Museu de Arte Sacra do castelo, onde se encontra a mais celebre cruz patriarcal, o *lignum crucis*, a Santíssima e Vera Cruz, a mais venerada e milagrosa, sem dúvida, dentre as relíquias vinculadas aos Templários na Espanha.

Da Caravaca hispano-muçulmana, a qual corresponde ao Darietuka-at Todmir, ou Karietuca, a historiografia cristã permitiu conservar poucos testemunhos, apenas a fortificação superior não pôde ser apagada. A conquista cristã teve lugar em 1243 quando, em consequência do Tratado de Alcatraz, o reino Taifa de Múrcia foi incorporado a Castela, enquanto os Templários assumiam a responsabilidade do controle dessa praça estratégica, bem como de sua ampla área de influência, conservando-a até 1307. A primitiva alcáçova superior foi transformada pelos Templários em castelo e adaptada, paralelamente, como santuário.

Contudo, o lugar mais enigmático desse cenário mágico é o Conjugatório, cujo acesso é pelo altar-mor por meio de uma escada em caracol, aberta a partir da sala de ornamentos. Trata-se de uma espécie de capela exterior onde um sacerdote, da galeria de balcões, distribui bênçãos aos quatro pontos cardeais, seguindo tradições ancestrais, e, ao mesmo tempo, realiza conjuros contra as tempestades e as epidemias. Esse lugar está carregado de símbolos e aparições misteriosas, como umas estrelas que, por meio do balcão, entraram para postar-se sobre a cúpula que protege as relíquias.

Conta a lenda que em 1231, na época de Fernando III, o Santo, e o catalão Pere de Montagut, exercendo a função de Grão-Mestre do Templo, o governador da cidade de Caravaca (Darietuka-at Todmir), Ceyt-Abuceyt, dependente do rei de Múrcia, Mamad ibn Yusuf ibn Hud al-Mutawakil (1224-1237), interessou-se pela condição dos presos encarcerados nas masmorras tenebrosas da fortificação. Quando chegou a vez de um certo Ginés Pérez Chirinos, este não vacilou em responder que sua tarefa era a de oficiar a Santa Missa. Ao ouvir o ardor com que o preso apresentou sua resposta, Ceyt Abuceyt quis que ele lhe rezasse uma missa, mas o coitado respondeu precisar dos paramentos necessários para poder levar a cabo o processo da transmutação do vinho em sangue durante o sacrifício da missa. O *sayid* mandou que lhe trouxessem de Cuenca tudo o que fosse necessário. Alguns dias depois, Chirinos pôde iniciar a cerimônia diante de Ceyt-Abuceyt e de sua corte. Entretanto, ao elevar seu olhar para o Sol, ele verificou que lhe faltava o principal: a cruz. Instantes depois, um resplendor cegou a todos os presentes e anjos entregaram nas mãos de Ginés uma cruz patriarcal de quatro braços. Era 3 de maio de 1231. A Vera Cruz, relíquia templária, o objeto mais venerado de recordação da carismática Ordem do Templo, é correspondente ao crucifixo com que, naquele mesmo dia, o imperador alemão Federico II autoproclamou-se soberano da Terra Santa, entregando a cidade de Jerusalém aos sunitas, inimigos dos Templários. E, enquanto tomava em suas mãos a Vera Cruz, um anjo a arrebatou diante do assombro de todos, transferindo a relíquia, estelarmente, para Caravaca.

Esse milagre – a lenda amplia – fez com que o próprio Ceyt-Abuceyt e seu séquito se convertessem ao Cristianismo e fossem batizados pelo mesmo Chirinos.

Em 1934, a Vera Cruz de Caravaca foi roubada misteriosamente. A atual é uma cópia fidedigna que o pontífice Pio XI deu de presente a essa cidade murciana. A Santa Sé, em 1998, declarou Caravaca de la Cruz um lugar santo, ao mesmo tempo que concedia a essa vila a dignidade de *in perpetuum* com seu direito de jubileu estabelecido a cada sete anos, a partir de 2003, recebendo os peregrinos as mesmas indulgências plenárias daqueles que visitam Jerusalém, Roma, Santiago de Compostela e Santo Toríbio de Liébana (Cantábria). É surpreendente que três desses lugares sagrados se encontrem na Espanha – Santiago de Compostela, Caravaca de la Cruz e Santo Toríbio de Liébana – e todos eles relacionados com os Templários.

A cruz patriarcal de Caravaca de la Cruz gozou sempre de um fervor popular profundo graças à sua condição de ser milagrosa. As quadras bonitas que reproduzimos a seguir o confirmam:

> Desta cruz soberana
> Ouçam, senhores,
> milagres e prodígios
> com mil primores
> pois de tão grandes,
> que não há pena que possa
> enumerá-los bem.

> Dos céus baixaram
> com alegria
> os Anjos com coros,
> a conduzi-la;
> e pois são tantos
> os milagres que opera,
> que é um encanto.

> Homens, crianças e mulheres
> levam consigo
> a Cruz que foi baixada
> do céu Empíreo,
> para consolar e
> livrar-nos das garras
> do Dragão feroz.

Uma mulher aflita
Em momento de parto,
coloque sobre o ventre
esse retrato e,
com facilidade,
essa Cruz amorosa
o parto realizará.

Coxos, mancos, tolhidos,
cegos e surdos,
na Santa Cruz todos
encontram consolo;
é tão bonita
que Cristo a escolheu
para sua Esposa.

Do céu foi enviada
pelo Pai Eterno,
para que conheçamos
o Grande Mistério
que ela encerra,
e que assim nos conceda
Deus na Terra.

Todos os Serafins
cantam e alegram
essa Cruz soberana,
fino diadema:
porque no céu
é o leito de Cristo,
nosso consolo.

Ditosa Caravaca,
podes chamar-te,
pois gozas dos céus
o estandarte,
que é a Santa Cruz
onde nosso Jesus deu sangue
e sua vida.

Todos os andarilhos
e marinheiros
pelo mar e caminhos
andam sem medo,
pois valem-se
de portar no peito
a Cruz amada.

São grandes os mistérios
dessa relíquia,
e assim digamos todos,
que ela seja bendita:
para que temam
o inferno e as gentes
que dentro o têm.

De mortes repentinas,
incêndios, roubos,
e outros muitos perigos
nos livre a todos
a Cruz sagrada
que aos braços de Cristo
foi desposada.

Essa Vera Cruz, além de seu poder curativo, é um verdadeiro talismã contra raios, centelhas e tempestades.

O mito templário sobrepujou a história oficial e hoje, sete séculos depois de sua condenação pela Igreja, a Ordem mais enigmática do mundo medieval continua contando com uma grande riqueza lendária que foi capaz de superar as barreiras do tempo e do espaço. Muitas dessas lendas são bem conhecidas, algumas das quais, como veremos a seguir, estão bem próximas do sentimento popular das pessoas.

29

Lendas de Templários

"Em algumas lendas do Templo, acreditou-se perpetuar a verdade sobre a Ordem; no entanto, os poderes dominantes fizeram com que fossem alterados o desenvolvimento e a veracidade dessas histórias e transformaram-nas para condenar a memória dos cavaleiros."

Alain Desgris

A história da Espanha medieval, especialmente a correspondente aos territórios dos reinos cristãos, está carregada de mitos relacionados com a Ordem do Templo. Porém, a grande maioria dessas lendas foi escrita depois da condenação oficial dos Cavaleiros pela Igreja e são, portanto, testemunhos por parte daqueles que teriam como missão causar o maior descrédito social ao Templo. É fácil chegar a essa conclusão depois de ir ao fundo de algumas dessas *farsas* institucionalizadas pelos poderes fácticos dos séculos seguintes à eliminação da Ordem. Na França, por outro lado, as lendas vinculadas aos Templários – entre as quais se contam a do ouro do Diabo de Labouisse Rochefort, a do padre Béranger Saunière, na localidade occitana de Rennes-le Château, etc. – estão estreitamente relacionadas com a busca de um tesouro iniciático. Entre algumas dessas lendas hispânicas, destacamos a seguir duas dessas histórias: a do convento de Casarás (Casa Eraso), ao norte do porto de Fuenfría (Segóvia), e a do Cavaleiro Templário de Castillejo de Robledo (Soria). Ambas, como podemos ver, tiveram como cenário dois lugares próximos da geografia castelhana.

A caverna do monge

A primeira dessas lendas tem como protagonista um Cavaleiro Templário, Hugo de Marignac, cujo espírito – segundo o erudito Jesús García Jiménez

– ainda vagueia pelos caminhos frios dos passos de montanha da Serra de Guadarrama, ao sul da cidade de Segóvia, na zona que delimita o porto de Fuenfría e a vila de Valsaín.

A Rodovia CL-601, construída pela República (1933), que coincide em grande parte com uma estrada pavimentada romana, é o caminho tradicional de viajantes que, a partir de Madri, se dirigem para Segóvia e ao palácio de San Idelfonso ou La Granja. Os numerosos edifícios que ali são conservados, a maioria dos quais da época renascentista, como a Casa Eraso, são o resultado desse trânsito humano constante. A Casa Eraso corresponde ao antigo convento de Casarás, construção do ano 1571, concebida como residência de caça para Felipe II e batizada com o nome do secretário desse monarca, Francisco Eraso. Esse complexo monástico remonta ao século XIII e, em suas câmaras subterrâneas, algumas lendas de Cavaleiros Templários continuam vivas, porque, segundo crônicas oficiais, em suas masmorras alguns frades do Templo sofreram castigos ou penitências. Posteriormente, esse edifício converteu-se em uma casa de correios, mas dessa etapa só é conservado um arco quebrado em pé. Lamentavelmente, de todo esse conjunto pouco sobra, pois aguarda uma campanha de escavação. Os únicos testemunhos documentais nos são oferecidos por Pascual Madoz, em seu dicionário geográfico de meados do século XIX. As demais referências são testemunhais, transmitidas oralmente há 500 anos.

A Casa Eraso foi durante mais de dois séculos a residência ocasional dos reis Felipe II e Felipe III, bem como de Carlos II que, pelo caminho de Fuenfría, dirigia-se a Valsaín, ao palácio do Bosque, que foi tragado pelas chamas em 1686. Esse primeiro edifício, construído por Gaspar de Veja a pedido do segundo monarca da Casa da Áustria, supriu a escassez de lugares que faltavam à hospedaria de Fuenfría para hospedar os monarcas e seus séquitos. Sempre muito concorrida e bem movimentada, nessa hospedaria Cervantes coloca seu personagem Pedro Rincón, de *Rinconete y Cortadillo* (das *Novelas Exemplares*): "Eu, senhor fidalgo, sou natural de Fuenfrida, lugar conhecido e famoso por seus ilustres visitantes (...)."

Conta uma lenda da região sobre a alma condenada de um Templário, Hugo de Marignac, que vagueia por esses lugares e a quem se havia encomendado a guarda do ouro que lhe confiaram os Templários por meio de um Grão-Mestre da Ordem. Possivelmente, as ruínas do edifício tenham sua origem nos alicerces do que dizem ter sido uma missão templária, ou um convento de frades. Portanto, comecemos os Caminhos do Templo pela província de Segóvia.

Pinheiros, sarças e urtigas compõem uma vegetação que cresceu no solar que ocupava o edifício, com a natureza recuperando o que lhe foi arrebatado há séculos.

Em um exemplar da revista da Real Sociedade Espanhola de Arqueologia (Penhalara), correspondente ao ano de 1934, dentro de um apêndice intitulado *Leyendas de Castilla*, esse vilarejo conseguiu uma narrativa sobre a Caverna do Monge, próxima ao local que, dizem, pode evidenciar a presença de Cavaleiros Templários nessa região do Guadarrama:

"O antigo convento de Casarás do qual, atualmente, restam apenas ruínas sem importância, dissimuladas em uma curva da Estrada Pavimentada Romana de Fuenfría, é o eixo de diversas histórias curiosas e divertidas que perduram na Espanha. E, embora se mesclem com fatos e personagens, podemos fazer a separação precisa para situá-las com a devida independência.

O herói de todas, Hugo de Marignac, Senescal da Ordem dos Templários, o qual, embora tenha desaparecido deste mundo há sete séculos, dizem que sua alma em pecado ainda vagueia pela região do monastério. Há relatos de façanhas que lhe são atribuídas além da pretensão de que existem testemunhos atuais.

São excêntricos ou inocentes os que afirmam essas coisas? Para que não falte a característica do momento lendário era, em especial, em dias tempestuosos quando aparecia o fantasma desorientado do monge templário que, como uma centelha, cruzava os bosques de Fuenfría montado em um cavalo branco com rumo desconhecido. Levava na garupa de seu cavalo jovens e donzelas, raptados dos arredores, com ares de mistério e os quais cobria com seu manto quando gritavam para evitar que pudessem ser ouvidos. Esta é a visão que tiveram os estupefatos lenhadores do lugar, frequentadores do monte, que viram, quando o vento levantava a veste do Cavaleiro, uma cabeça horripilante com um bordado vermelho que cobria o peito de sua veste de guerreiro. Assim os camponeses atônitos o viram desfilar sobre o cavalo magnífico que, em galope louco, transpunha pedreiras e penhascos da montanha bruta quase sem tocar seus cascos no chão, como se roçasse suavemente um tapete fofo.

Por documentos encontrados no arquivo de Valsaín, sede urbana dos arredores, sabe-se, ao que parece, da missão não cumprida no caso do Senescal, na época de sua aparição no convento, quando a Ordem estava sendo ameaçada de ser encurralada pelo trono da França e no apogeu do monastério em um momento de grande atividade no trecho dessa estrada.

Tudo desapareceu pela ação do tempo, menos o Templário vertiginoso, que é o único habitante da misteriosa região de Casarás, vigilante perpétuo dos abismos onde foram escondidos os tesouros da comunidade, tão ameaçada anteriormente por turbas de cobiçosos.

Esse Cavaleiro ardia em amores por uma condessa, jovem dama da rainha castelhana, que em uma ocasião visitara o Palácio Real de Valsaín.

Querendo ter por todas as forças o que não lhe davam por agrado, já que a dama desdenhosa guardava com todo esmero as ausências de seu prometido, ele se entregou a práticas de mistério em uma gruta próxima, onde um ser maquiavélico, iniciado nas ciências secretas do Oriente, cultivava ritos extravagantes, que tinham por base o sacrifício de um adolescente.

Dizem que Marignac, na hora das vésperas, cavalgava para a Boca do Asno e, pelo arroio das Duas Irmãs, penetrava nos bosques da Penhalara, rainha da cordilheira, detendo-se diante de um grupo de enormes penhascos que se ergue a partir de uma pradaria isolada. Com a tranquilidade de saber que aquela solidão não seria interrompida por nada nem por ninguém, assistia aos ofícios preparados pelo mago, mestre em conjuros e feitiçarias, a quem em saudação efusiva chamava de Irmão. Aquele tipo era um homem depauperado, velho, de corpo encolhido pela natureza, pela ruína física e pelo peso de seus delitos, que pareciam retorcer sua ossatura, coberta apenas com um hábito de lã grosseira de aspecto desagradável e arruinado.

Por saberem da existência do habitante enigmático nesse local, chamado pela população de Caverna do Monge, as pessoas sempre fugiam de sua vizinhança por acreditarem que esse feiticeiro estava em conluio com o próprio Lúcifer: a ciência diabólica atribuída a ele era, no entanto, utilizada por muitos personagens importantes que, acreditando em sua eficácia, acudiam em muitas ocasiões procurando remédios para males de amor não correspondidos.

E esse também era o motivo das visitas frequentes do Templário soberbo que, desejando dominar por artes poderosas a jovem cortesã que resistia à sua paixão, tornou-se adepto do monge precário, senhor desse local, campo das magias aprendidas entre os sábios persas e que só ele conhecia em todo o território.

O monge, que esperava a visita de tão destacada figura do monastério, dispôs-se à cerimônia que pretendia arrancar de Marignac o segredo do local onde estavam escondidos os tesouros da Ordem, dos quais queria tomar uma boa parte para satisfazer seus desejos egoístas. Satisfeito com o acordo, o mago começou seu trabalho. Uma fogueira verde iluminava a pequena estância irregular, de decoração estranha, tingindo com uma auréola de tons lívidos a cabeça do deus Bafomé que presidia ao rito. A pequena vítima, que havia sido transportada na garupa do cavalo, sucumbiu ao sacrifício e seu sangue inocente tingiu as paredes de pedra como preparo indispensável: um forno de emanações fortes que aturdiam o visitante condensou seus fumos desenhando diabolicamente a estilizada figura da condessa esquiva, que surgiu ao conjuro das imprecações cabalísticas. Sobre uma redoma de águas negras que ocupava o altar, surgiu o belo reflexo da dama e, a um sinal do nigromante erguido em atitude de possuído infernal, momento culminante do ofício, o Templário cravou a espada no coração da amada, as águas do recipiente mudando para vermelhas no mesmo instante. Assim consumou-se o sacrifício da condessa inconsciente que, ferida de amor irresistível, teria de sucumbir.

O Cavaleiro dispunha-se a partir rapidamente, já em poder de sua vitória, quando o oficiante reclamou com soberba o pagamento de seu trabalho, a revelação do segredo acertada previamente. Diante da negativa enfática que obteve como resposta, gritou raivoso e triunfante: 'Eu previ a sua infâmia e me precavi! O trabalho que fizemos não foi para dar-lhe o amor que pretende e com razão lhe negam. Você mesmo matou essa possibilidade atravessando seu coração com a própria espada e nunca, jamais, obterá uma só carícia. Assim, portanto, não me enganaste, porque fui mais esperto que você.' O furor de Hugo estalou imponente ao saber de seu fracasso e, arremetendo com a espada ao monge caduco, que, sempre alerta, levantou rápido outra que guardava, entabulou um duelo escarniçado, que terminou pouco depois por esgotamento do velho feiticeiro, que acabou sendo atravessado e preso contra a parede.

Em galope furioso, o Cavaleiro cobriu a distância em direção ao convento, sem se preocupar com sua existência terrena, mas sua alma vagueia sem descanso pela serra em expiação de seus pecados e temerosa de que a alma do monge nigromante possa descobrir o esconderijo do tesouro do qual Marignac era um guardião zeloso.

O mago ficou petrificado pela ação do tempo e é fácil contemplar sua silhueta a partir de muitos pontos da cordilheira, em especial os que olham em direção à pradaria do lado noroeste de Penhalara, onde ainda existe a Caverna do Monge, denominada assim em lembrança de seus acontecimentos."

O Templário de Castillejo de Robledo

Na localidade soriana de Castillejo de Robledo, no extremo ocidente dessa província castelhana-leonesa, é mantida viva uma antiga lenda relacionada com um Templário que, depois de assassinar o superior do convento-castelo, empreendeu a fuga para o povoado vizinho de Valdanzo por um caminho conhecido como Vallejo-Caballero.

Castillejo de Robledo, a 983 metros de altitude, é um dos povoados típicos dos ermos sorianos que se ocultam aos olhos do viajante até que, a poucos metros de distância, aparecem de surpresa. Por cima dos telhados árabes marrons das casas erguem-se orgulhosos os restos do castelo templário de cujas ameias se divisa esse povoado enigmático, cujo aspecto fechado e misterioso foi mantido ao longo do tempo. Sob os alicerces das casas, correm numerosos veios de água fresca e cristalina que surgem em fontes e mananciais. Algumas delas, como a de La Salud, dizem que abrem o apetite ao se beber delas, e La Salud foi elevada à Categoria de sagrada pelos Cavaleiros do Templo.

A igreja paroquial, dedicada à Virgem da Assunção, declarada Monumento Nacional em 1974, também está vinculada aos Templários. Dizem que existe uma galeria subterrânea que comunica esse templo com os porões do castelo superior. O certo é que, nas mísulas externas da abside, abundam as cenas mais eróticas do românico castelhano, na opinião do professor Gaya Nuño. Ali são representados dois casais no momento de culminar o coito, em um clímax tântrico que, temos certeza, chegaria a ruborizar a sociedade cristã do mundo medieval, e que os Templários souberam transmitir muito bem em forma de imagens, sem pudor e muito diferentes daquelas que aparecem no românico de Cantábria e outros lugares de Leão e Castela. Também têm significado mágico as barricas de vinho que, como nos povoados vizinhos de Caracena e Ligos, são reproduzidas em outras mísulas. Muitas coincidências acontecem nesse povoado do ocidente Soriano. Castillejo de Robledo condensa boa parte dos mistérios insondáveis do Templo, desde o material até o espiritual, passando pela lenda.

Na própria frente da abside, em uma parede de ladrilho, adobe e pedra, ergue-se uma cruz que se torna surpreendente com os raios ardentes do crepúsculo. Nela se lê uma frase relacionada à afronta no campo de carvalhos de Corpes, quando, nos fins do século XI, as duas filhas do Cid Campeador, dona Sol e dona Elvira, foram ultrajadas por seus esposos, os condes de Carrión. Cena que aparece refletida também no interior do templo, em umas pinturas descobertas em 1933. Ao lado desses afrescos está o levantar de voo de um dragão duplo – um benévolo e outro malévolo, que, em forma de serpentes vorazes, nos levam à dualidade do bem e do mal –, cujos corpos estilizados espalham-se sobre um tabuleiro de xadrez, como jogo gnóstico, todo ele estreitamente ligado aos Templários.

É obrigatório visitar a paragem tenebrosa onde, segundo a lenda, teve lugar a morte horrível do Cavaleiro Templário, atravessado por um raio quando saía fugindo de Castillejo de Robledo, montado em um corcel negro brioso, depois de haver cometido o assassinato do superior do convento do castelo. Esse convento encontra-se próximo ao antigo caminho que leva à localidade vizinha de Valdanzo, chamado popularmente de caminho do Vallejo-Caballero, mas não espere que algum aldeão o acompanhe se houver ameaça de chuva, porque, segundo as crenças populares, a alma do Templário lhe pregará uma peça.

Castillejo de Robledo foi uma missão templária importante, porque os Cavaleiros souberam muito bem eleger esse local estratégico, especialmente rico em água potável e que coroa um território fértil sobre o curso do Rio Duero. Nos arredores, há uma ermida igualmente carregada de esoterismo, com a aparição de há uma imagem no cenóbio rupestre da Virgem da Conceição do Monte. Atualmente, a imagem é conservada no monastério de La Vid, já na província de Burgos.

Outros relatos

A histórica comarca de El Maestrazgo, ao norte da província de Castellón, também está envolta em lendas impressionantes de Templários. Nessa região, que muitos qualificariam de quase árida, os Cavaleiros, no entanto, demonstraram um interesse especial em controlar os desfiladeiros fechados e seus povoados. O caso da praça de Culla é bastante significativo. A fortaleza acabou sendo templária apesar do elevado preço que a Ordem teve de pagar para adquiri-la. A operação foi levada a cabo em 1303, coincidindo com o momento em que Jacques Bernard de Molay levou da Terra Santa o dinheiro que a Ordem possuía em seus feudos perdidos do Oriente. Nessa aquisição, que despertaria várias suspeitas, acredita-se que a ideia era converter esses territórios em zona de refúgio para os numerosos cátaros que chegavam do Languedoc francês, fugindo dos massacres e das perseguições.

Porém, os Cavaleiros Templários também não estavam livres do peso da lei, a lei estabelecida em seus preceitos religiosos, como confirma o fato consequente do convento El Veinte, próximo a Laguna Negra, no Monasterio de la Sierra (Burgos), nos sopés da serra mágica da Demanda, que se converteu em lugar de castigo para os frades que foram punidos por seus mestres e superiores. Ainda no século XXI, a tradição popular continua mantendo uma frase lapidar: "O que fizestes, que ao Veinte viestes."

A maior parte da geografia hispânica, tanto peninsular como insular, está relacionada com a Ordem do Templo. Contudo, existem lugares onde a sombra desses Cavaleiros manteve-se mais sólida, em grandes construções – civis e religiosas – ou em forma de símbolos enigmáticos gravados em pedra, ou em lendas surpreendentes perpetuadas pela cultura popular dos povoados. Em seguida, convidamos o leitor a viajar por esses enclaves, seguindo uma ordem alfabética dos lugares.

30

A Geografia Esotérica da Espanha Templária

> *"Os Templários sabiam que o ser humano pode ser capaz de transformar e até dominar as correntes – lugares de poder – mediante a elevação de estruturas que possam compensar ou alterar sua direção e o efeito de sua potência energética."*
>
> Juan García Atienza

A geografia espanhola, tanto peninsular como insular, está repleta desses enclaves mágicos construídos pelos Templários. Seguindo uma ordem alfabética – para facilitar a busca por parte do leitor – relacionamos, a seguir, os 351 mais célebres, indicando, em cada um desses lugares, os elementos esotéricos que ele contém, por meio de uma simbologia definida na tabela da página 269. Entre parênteses aparece o nome do patrono da igreja ou da fortaleza ou da missão, e em negrito os 55 enclaves que consideramos mais relevantes.

Lugar	Elementos esotéricos
– Aberín (Navarra)	⌘ ⊕ ⊘ ⌂ (São João) ⚲
– Acisa (Leão)	⊘ ⌂ (São Bartolomeu de Rueda) ⚲
– Adzaneta (Castellón)	⌘ ⌂ (São João) 📖 ⚲
– Agón (Zaragoza)	⌘ ⊘ ⋀
– **Ágreda** (Soria)	✠ ⊕ ⊘ ⊏ ⌂ (Virgem da Penha) ⋀ ≈

- Aiguaviva (Girona)
- Alba de Aliste (Zamora)
- Albendiego (Guadalajara) (Santa Colomba)
- Albentosa (Teruel)
- Alberite (Zaragoza)
- Albocácer (Castellón) (São João)
- Alcanadre (La Rioja) (Nossa Senhora de Aradón)
- Alcanhices (Zamora) (Ermida dos Templários)
- Alcolea del Cinca (Huesca)
- Alconchel (Badajoz)
- Alconétar (Cáceres)
- Alcover (Tarragona)
- Aldea de la Población (Navarra)
- Alesón (La Rioja)
- Alfambra (Teruel)
- Alfocea (Zaragoza)
- Algars (Tarragona)
- Almansa (Albacete)
- Almorchón (Badajoz)
- Almucatén (Teruel)
- Almunia de Dona Godina (Zaragoza) (Nossa Senhora de Cabanhas)
- Ambel (Zaragoza) (São Miguel Arcanjo)

- Amoeiro (Ourense)
- Ampudia (Palencia) (Villerías)
- Ansó (Huesca)
- Anhoza (Palencia)
- **Aracena** (Huelva)

- Aradón (La Rioja) (Nossa Senhora de Aradón)

– **Aralar** (Navarra)
(São Miguel)

– Arcentales (Álava)
– Ares de Maestre (Castellón) — (Ares) (Corbo)
– Argadonha (Álava) — (Santa Colomba)
– Arlanzón (Burgos) — (São Miguel)
– Artajona (Navarra) — (São Saturnino) (São Pedro)

– Artieda (Zaragoza)
– Ascó (Tarragona)
(São Miguel)

– Astorga (Leão)
– Astudillo (Palência)
– Avilés (Astúrias)
– Avós (Huesca)
– Ayllón (Segóvia) — (São João)
– Azut (Navarra)
– Baeza (Jaén) — (a Santa Cruz)
– **Bagá** (Barcelona)
(Santo Esteves)

– Báguena (Teruel)
– Balboa (Leão)
– Barbastro (Huesca) — (Castellón Cebollero)
(Santa Fé)

– Barberà de la Conca (Tarragona)
– Barbens (Lleida)
– Barcelona (Barcelona)
(Virgem das Vitórias)

–Barreda (Astúrias)
–**Batea** (Tarragona) (São Miguel)

–**Beceite** (Teruel) (São Bartolomeu)

–Bélmez de la Moraleda
 (Jaén)
–Belver (Huesca)
–Belvis (Leão) (Santa Maria)
–Bembibre (Leão)
–Bembrive (Pontevedra) (Virgem do Castro)
–**Benasal** (Castellón)

–Benavente (Zamora) (São João do Mercado)

–Benifaraig (Valência)
–Berdún (Huesca) (Biniés)
(Virgem do Poyo)
(Igreja do Salvador)

–Betanzos (La Corunha) (São Martinho de Tiobre)

–Boquinheni (Zaragoza)
–Borborás (Ourense)
(São Julião de Astureses)
(São Mamede)

–**Bordón** (Teruel)
(Nossa Senhora da Carrasca)
(São Blas)

—Borja (Zaragoza) ⊕ ⊏ ⌐ (Santuário da Misericórdia)
—Borrenes (León)
—Bot (Tarragona)
—**Brías** (Soria) (São João)

—Bueida (Astúrias)
(El Caserón)
(Ermida de Trubaniello)
—Bullas (Múrcia)
—Burgos (Badajoz)
—Burguillos del Cerro (Badajós) (Santa Maria da Azinheira)
(São João)
—Burriana (Castellón) (Gispert)
(Alqueria de Sesa)
—Bustasur (Cantábria) (Valdeprado del Río)
(São Julião)
—Cabeza de Buey (Badajoz) (Nossa Senhora de Belém)
—Cabeza del Esparragal (Cáceres) (Villa del Rey)
—Cabezón de Pisuerga (Nossa Senhora da Maçã)
 (Valladolid) (Cristo Templário)
—Cabuérniga (Cantábria)
—Cáceres (Cáceres) (Espírito Santo)
—Calatayud (Zaragoza)
—Caldes d'Estrac (Caldetas)
 (Barcelona) (Torre dels Encantats)
(Nossa Senhora do Remei)
—Camesa (Cantábria) (São Salvador)
—Cantalejo (Segóvia) (Virgem do Pinar)
—Cantavieja (Teruel) (Calvário)

- Capilla (Badajoz)
- **Caracena** (Soria)

(São Miguel) (Garlitos) ○ (Encarnação)

(São Pedro)

- Caracuel (Ciudad Real)
- **Caravaca de la Cruz** (Múrcia)

- Carbajales (Zamora)
- Carpesa (València)
- Carranque (Toledo) (Santa Madalena e São Dimas)
- Carrascosa del Campo (Cuenca)
- **Carrión de los Condes** (Palência)

(Santa Maria do Caminho)

- Castelló d'Empúries (Girona)
- Castelló d'Encús (Lleida)
- **Castellote** (Teruel)

- Castelnovo (Badajoz)
- Castielfabib (València) (Nossa Senhora)
- Castilblanco (Badajoz)
- **Castillejo de Robledo** (Soria)

(Nossa Senhora da Assunção)

- Castillo de Bayuela (Toledo) (Virgem do Castelo, Santo Estêvão)
- Castro (La Corunha) (Nossa Senhora do Minho)

-Castromembibre (Valladolid)   (Nossa Senhora do Templo; Santa Ana)
-Castronunho (Valladolid)   (Santa Maria do Castelo)
-**Castro Urdiales** (Cantábria)
-Catí (Castellón)
-Cebolla (Toledo)   (Villalba)   (Santo Illán)
-Cegama (Guipúzcoa)   (Santo Cristo)
-Cehegín (Múrcia)
-Ceínos de Campos (Valladolid)   (Santa Maria do Templo)
-Cervatos de la Cueva (Palência)   (Pago de los Templarios)
-Cervera (Lleida)   (Santa Madalena)
  (Sant Pere el Gros)
-**Chalamera** (Huesca)
-Cheles (Badajoz)
-Chivert (Castellón)   (São João Batista e Santa Madalena)
-Ciudad Rodrigo (Salamanca)
-**Consuegra** (Toledo)   (Cristo da Vera Cruz)
  (São João Batista)
-Corbera (Tarragona)
-Corbins (Lleida)   (Mediona)
-Corbo (Castellón)
-**Coria** (Cáceres)   (Argime)
-Cornatel (Leão)   (Ulver)
-Corullón (Leão)   (São Miguel)
-Coya, San Martín de (Pontevedra)
-Creciente (Pontevedra)

−Cuarte y Cadreta (Zaragoza)
−Cubillas (Valladolid)
−Cubillas de Cerrato
 (Palência)   (Santa Maria)
−Cuenca (Cuenca)   (São Pantaleão)
−Cuevas de Canhart (Teruel)   (três conventos Templários)
−Cuevas de Vinromà
(Castellón)   (São Miguel)

−Culla (Castellón)
−Daroca (Zaragoza)
−Denia (Alicante)
−Echano (Vizcaya)   (São Pedro)
−Echo/Hecho (Huesca)
−Ejea de los Caballeros   (São Salvador)
 (Zaragoza)   (Santa Maria)
−Encinacorba (Zaragoza)
−Esparragal (Cáceres)
−Esparragal (Múrcia)
−Espedolla (Navarra)
−Espluga (Tarragona)   (São Miguel)
−Estella (Navarra)
                                         (Rocamadour)

−Estervel (Navarra)
−Eunate (Navarra)
                                         (Santa Maria)

−Faro (La Corunha)   (Santa Maria do Templo)
−Flix (Tarragona)   (Virgem do Remei)
−Fregenal de la Sierra (Badajoz)

A Geografia Esotérica da Espanha Templária 259

	⌐ ⌂ (São Miguel dos Freixos) ≈ ☥
–**Fresneda, La** (Teruel)	⊓ ♁ ≈ ⊏⊐ ⌂⌂⌂ ⊕ ⊘ ⌐ ⌂ ▯ ⋀ ☥
–**Fresnedo** (Astúrias)	♁ ≈ ⊏⊐ ⊕ ⌂ (São Salvador de Alesga) ▯
–Fuente de Cantos (Badajoz)	⊘
–Fuentes de Valdepero (Palência)	⌂
–Galera, La (Tarragona)	⊏⊐
–Gallur (Zaragoza)	⊏⊐
–Gandesa (Tarragona)	≈ ◯ ⊕ ⌐ (La Fontcalda) ⌂ (La Assunción) ⋀ ≈
–Gardeny (Lleida)	⊏⊐
–Garlitos (Badajoz)	⌂ (Virgem de Nazaré)
–Garrovillas (Cáceres)	⊘
–Gatón de Campos (Palência)	≈ (Arroio de los Templarios)
–Gesalbiscar (Guipúzcoa)	≈ ⊕ ⌂ (Nossa Senhora das Neves) ⌂ (São João) ☥
–Gessa de Arties (Gessa dels Templers) (Lleida)	≈ ☥
–Grandas de Salime (Astúrias)	≈ ◯ ✠ ⊕ ⌂ (São Salvador)
–Granyena (Lleida)	≈ ⊏⊐ ⊘ ⌂ (Mãe de Deus do Caminho) ▯
–**Hervás** (Cáceres)	≈ ⊏⊐ ⊕ ⊘ ⌐ ⩫ ⌂ (Santa Maria da Assunção das Águas Vivas) ≈ ☥
–Higuera la Real (Badajoz)	⌂ (a ermida de Loreto)
–Hinojosa de San Vicente	

(Higares) (Toledo)

–**Horta de Sant Joan**
(Tarragona)

(Nossa Senhora dos Anjos)

(O Salvador)

–Huete (Cuenca)   (São Gil)
–Iglesuela del Cid, La (Teruel)
–**Iruela, La** (Jaén)
–Irunha (Álava)
–Izagre (Valladolid)   (Santa Maria)
–Jarandilla de Vera (Cáceres)   (Santa Maria da Torre)
– **Jerez de los Caballeros**
(Badajoz)
                                               (Nossa Senhora da Encarnação)
                                               (São Bartolomeu)
                                               (São Miguel)
                                               (Santa Catalina)

–Libros (Teruel)
–Liérganes (Cantabria)
–Linares de Mora (Teruel)
–Llames de Parres (Astúrias)
–Llanes (Astúrias)   (Colegiata de Santa Maria)
–Llers (Lleida)
–**Lluc** (Maiorca) (Baleares)

–Llucmajor (Maiorca) (Baleares)
–Lorcha (Alicante)   (Perputxent)

A Geografia Esotérica da Espanha Templária 261

–Luarcha (Asturias)
–**Luna** (Zaragoza)   (Virgem de Monlora)

–Macudiel (Valladolid)   (Santa Maria)
–**Maderuelo** (Segóvia)   (São Miguel)

–**Malamoneda** (Toledo)
–Mallén de Gállego (Zaragoza)
–Malpica (Toledo)
–Manquillos (Pontevedra)   (Santa Maria)
–**Martos** (Jaén)
–Masdéu, El (Girona)
–Matalbaniega (Palência)   (São Martinho)

–Mataporquera (Cantábria)   (São Salvador de Cervatos)

–Mayorga de Campos (Valladolid)
     (Santa Maria do Templo)
–Mazarulleque (Cuenca)   (Altomira)
–Medina del Campo (Valladolid)   (São Saturnino)
–Mediona (Barcelona)   (Riudebitlles)
–**Médulas, Las** (Leão)
–Mesones de Isuela (Zaragoza)
–Mezquita de Jarque (Teruel)   (Nossa Senhora do Pilar)
–Milano/Torremilana (Cáceres)   (La Moraleja)
–**Mirambel** (Teruel)
–**Miravet** (Tarragona)   (São Miguel)

–Miravete de la Sierra (Teruel)
–Monasterio de la Sierra (Burgos)   (El Veinte)

-Moncada (Valência)   ▢ (Santa Bárbara)
-Monforte de Lemos (Ourense)
-Mongay (Huesca)
-Monreal de Ariza (Zaragoza)
-**Monsacro** (Astúrias)   (La Magdalena)

-Montbrió del Camp
  (Tarragona)   (La Marca)
-Montornés del Vallès
  (Barcelona)
-**Monzón** (Huesca)

-Moral de la Reina (Valladolid)   (São Miguel)
-Mosteiro (Pontevedra)
-**Narros** (Soria)

-Navahermosa (Toledo)   (Duas Irmãs)
-Neira (Lugo)   (Santa Maria Madalena)
-Nonaspe (Zaragoza)
-Novallas (Zaragoza)
-Novillas (Zaragoza)
-Obano (Zaragoza)   (Luna)
-Olcoz (Navarra)
-Olea (Cantabria)
-Oza de los Ríos (La Corunha)   (São Pedro de Porzomillos)
-Padrón (Iria Flavia)
  (La Corunha)
-Pajares de Lampreana
  (Zamora)   (Nossa Senhora do Templo)

–Palacio de Valduerna (Leão)

–Palau Solitá i Plegamans
 (Barcelona)

–Palma de Maiorca (Baleares) (Santa Eulália)

–Paracense (Teruel)

–Paret Delgada (Tarragona) (Nossa Senhora)

–Paüls (Tarragona) (São Roque)

–Pedrís (Lleida)

–Penhalver (Guadalajara) (Nossa Senhora da Sarça)

–Penhiscola (Castellón)

–Pieros (Leão) (São Martinho)

–Pinell de Bray (Tarragona)

–Pollensa (Baleares) (O Forte dos Templários)

–**Ponferrada** (Leão)

–**Pontedeume** (La Corunha) (São Miguel de Breamo)

–Porreres (Maiorca) (Baleares)

–Portezuelo (Cáceres)

–Pozuelo de la Orden
 (Valladolid)

–Prullans (Lleida)

–**Puente de la Reina** (Gares)
 (Navarra)

–Puigcerdà (Girona) (Santa Maria)

–Puigreig (Barcelona) (Torre Merola)

–Pulpis (Castellón)

–Rabanal del Camino (Leão) (Santa Maria da Assunção)

–**Ráfales** (Teruel)

–Rasquera (Tarragona)

–Remolins (Lleida) (Torres de Segre)

–Retuerta (Zamora) (São Facundo)

–Ribaforada (Navarra)

–Ribarroja d'Ebre (Tarragona) (Santa Margarida)

–Ricla (Zaragoza)

–Riodeva (Teruel)

–Rocabruna (Navarra)

–Rubielos de Mora (Teruel) (Igreja Velha)

–Salamanca (Salamanca) (São Marcos)

–Salinas de Anhana (Álava) (Casarejos) (São João de Jerusalém)

–**Sangüesa** (Navarra) (Santa Maria a Real)
(Santo Adriano)

–**San Bartolomé de Ucero** (Soria) (Ucero)

–San Esteban de Aramil (Astúrias)

–San Juan de Pie de Puerto (Navarra)

–San Martin de Montalbán (Toledo)

- San Martín de Pusa (Toledo)   (Santo Estevão)
- **Sant Mateu** (Castellón)

- San Munhoz del Valle (Salamanca)
- **San Pantaleón de Losa**   (São Pantaleão)
  (Burgos)

- San Pedro de Latarce (Valladolid)
- San Pedro de Pozomillos (Córdoba)
- San Pedro Manrique (Soria)
- San Salvador de Alesga (Astúrias)
- Sant Celoni (Barcelona)   (São Emérito e São Celidônio)

- Sant Sarduní de Collsabadell (Barcelona)   (Nossa Senhora da Boa Sorte)
- Santa Maria de Sequeros (Cáceres)
- Santa Maria del Temple (La Corunha)
- Santiago del Burgo (Córdoba)   (Santa Maria do Templo)
- Santolea (Teruel)
- Santorcaz (Madri)   (São Torquato)
- Santullano (Astúrias)   (São Pedro de Nora)
- Sarracín (Zamora)   (Veja de Valcárcel)
- Segóvia (Segóvia)   (Vera Cruz)

- Sepúlveda (Segóvia)   (São João)

- Siruela (Badajóz)   (Los Paredones)
- Somahoz (Cantábria)
- **Soria** (Soria)   (São Polo)

–Tábara (Zamora)
–Talamantes (Zaragoza)
–Talavera de la Reina (Toledo)
–Támara (Palência)
–Tarazona (Zaragoza)

–Teverga (Astúrias)
–Toledo (Toledo)

–Tona (Barcelona)
–Tordera (Barcelona)
–Toro (Zamora)
–Torquemada (Palência)
–Torregamones (Zamora)
–**Torrejón el Rubio** (Cáceres)

–Torrequemada (Cáceres)
–Torres de Segre (Lleida)
–**Torres del Río** (Navarra)

–Tortosa (Tarragona)
–Trevejo (Villamiel) (Cáceres)
–Trigueros (Huelva)
–Tronchón (Teruel)
–Turienzo de los Cavalleros
  (Leão)

(São Saturio)
(São Salvador)
(Monte de la Silla)
(Nossa Senhora do Templo)
(São Hipólito)

(São Atilano)
(São Pedro)
(São Servando)
(São Miguel)

(São Ponce)
(São Salvador dos Cavaleiros)
(Convento de Santa Cruz)
(Virgem do Templo)
(Monfragüe)

(Nossa Senhora da Salor)

(Santo Sepulcro)

(La Zuda)

(Nossa Senhora de Tremedal)

A Geografia Esotérica da Espanha Templária 267

– Uncastillo (Zaragoza)

(Santa Maria)
(São Miguel) (São João)

– Val de Santo Domingo
 (Toledo)

(Santa Ana)

– Valdeprado del Rio (Cantábria)

Valderrobres (Teruel)

– Valdesaz (Leão)

(Santa Ana)

– **Valência** (Valência)

– Valladolid (Valladolid)

(Convento de São João)

– **Vallespinoso de Aguilar**
 (Palência)

– Vallmoll (Tarragona)

– Vallvert (Tarragona)

(Montbrió)

– Vic (Barcelona)

(Santa Maria)

– Vilatorta (Barcelona)

(Convento de São Julião)

– Villafranca de Montes de
 Oca (Burgos)

(Nossa Senhora de Montes de Oca)

– Villafranca del Bierzo
 (Leão)

(Santiago)

– Villalba del Alcor (Huelva)

(São Bartolomeu)

– **Villalcazár de Sirga** (Palência)

(Santa Maria)

– Villalpando (Zamora)

(São Miguel)

−Villamuriel de Cerrato
 (Palência) ⬡ ⊕ 🏰 (Santa Maria a Maior)

−Villanueva de la Serena
 (Badajoz) ⌐¬ (da Missão)
−Villapalmaz (Leão) ⊘ (Toral de los Guzmanes)
−Villarluengo (Teruel) ⌐¬ 🏰
−Villar del Saz de Arcas
 (Cuenca) ⌂ ✠ ⊕ ⊘ 🏰
−Vilavellid (Valladolid) 🏰 (Santa Maria) 🏰 (São Miguel)

−Villel (Teruel) ⌐¬
−**Vinebre** (Tarragona) ⛰ ⊕ 🏰 (Sant Miquel) 📖 🐏
−Vinrobí (Castellón) ⌐¬ (Torre d'Embessora)
−Yébenes, Los (Toledo) ⌐¬ (Guadalerzas)
−Yermo (Soria) 🏰 (Santa Maria)
−Zamora (Zamora) ～ ⬡ ✠ ⊕ ⊘ 🏰 (Santo Sepulcro) 🏰 (Santa Maria de Orta) 📖 ⚶(I)

−Zaragoza (Zaragoza) ⬡ 🏰 (Santa Maria do Templo)
−Zorita de los Canes
 (Guadalajara) ⌐¬ 🏰 🏺 (de la Sorretanha)
−Zucaina (Castellón) ⊘ ⛰ (Penyagolosa)

A Geografia Esotérica da Espanha Templária

- Ara, altar
- Árvore sagrada
- Bafomé
- Caminho iniciático
- Castelo fortaleza
- Construção octogonal
- Cruz pátea
- Caverna sagrada
- Elementos esotéricos
- Missão
- Fonte milagrosa
- Gigantes
- Grafites
- Graal
- Hidras
- Igreja, ermida
- Labirinto
- Lendas
- Montanha sagrada
- Gansos
- Rio subterrâneo
- Santo templário
- Serpentes e dragões
- Símbolos eróticos
- Tau/Cruz Verdadeira/Cristo Templário
- Tesouros ocultos
- Túmulos
- Virgem Negra

Os Templários iniciaram sua caminhada histórica no coração da França, porém foi em Ultramar (Terra Santa) onde passaram para a lenda, ao interessarem-se pelos temas mais ocultistas da história do Cristianismo. Em suas viagens constantes, tanto pelo Mediterrâneo como pelo Oceano Atlântico (Mar das Trevas), os Cavaleiros desenvolveram um comércio florescente com os territórios e povos de sua época, de todas as culturas e religiões, graças, também, a uma frota marítima influente que tinha pontos de embarque muito bem localizados tanto na geografia hispânica como na da França, como veremos a seguir.

31

O Comércio

"Os Templários buscaram, conquistaram, obtiveram, compraram e exigiram aqueles enclaves, descartando a coincidência, e não sendo seu interesse estritamente econômico, mas a importância do substrato espiritual do lugar."

Juan B. Simó Castillo

Os Templários não vacilaram em pactuar com qualquer grupo de poder, praticaram a diplomacia e se anteciparam ao conceito atual de globalização, ao terem a convicção de que a religião como modelo de ordem moral e a economia como forma de poder estavam acima de qualquer fronteira. Foi onde tentaram basear toda a sua força e, talvez, tenha sido o mais substancial de seu legado. Graças a seus conhecimentos profundos, a seus imensos recursos e à diplomacia que souberam desenvolver, os Templários não só controlaram muitas fontes da economia de sua época, como também os bancos de bacalhau e arenque no Atlântico, as salinas do Levante hispânico, os pedágios das grandes vias de peregrinação (Caminho de Santiago), financiando até reis, papas e nobres... Também podem ter sido os primeiros exploradores que, com caráter científico, alcançaram o Novo Mundo pelo *Mar das Trevas* (Oceano Atlântico), como se depreende de diferentes informações que analisaremos em seguida.

Entre 1272 e 1294, os Templários, que em Portugal tomariam o nome de Ordem dos Cavaleiros de Cristo, buscaram refúgio nesse país ibérico após a ordem de perseguição ditada pelo monarca francês, que contava com a bênção do papa. Os Templários redigiram nesse país alguns documentos que relatam sua chegada à América.

Na França, os Templários dispunham de três bases marítimas de operações: o porto de La Rochelle, na costa Atlântica, e Saint-Raphaël e Colliure, no litoral mediterrâneo de Provença e Catalunha, respectivamente. Porém, foi a primeira, La Rochelle, a que albergou a frota de navios Templários mais importante. O objetivo de suas navegações, como confirma Juan de Varende, continua sendo um dos inumeráveis enigmas da Ordem do Templo. Esse escrupuloso historiador assegura que os Cavaleiros iam com regularidade ao Novo Mundo, de onde traziam barcos cheios de prata; razão pela qual o povo francês afirmava *qu'ils avaient de l'argent* (que tinham prata), uma expressão que se manteve, significando dispor de muita riqueza. Podemos deduzir, não sem sagacidade, que a partir dos portos franceses de Colliure, Marselha e Saint-Raphaël os Templários navegavam para a Terra Santa e também, a partir de La Rochelle, se aventuravam em travessias pelo mar Oceano, em busca das minas de prata, como assegura o historiador francês Louis Carpentier. Igualmente, utilizaram os portos hispânicos de Denia, Palma de Mallorca e Caldes d'Estrac, para viagens à Terra Santa e os de Bilbao, Avilés, Faro e Huelva na travessia para o Novo Mundo, como veremos em seguida.

O Comércio

Os portos Templários hispânicos

Divididas pelos três mares que banham o litoral hispânico, os Templários dispunham de bases de operações importantes, que podemos ver assinaladas no mapa e que descrevemos a seguir:

1. Bilbao: na desembocadura do Nervión, um porto de embarque onde os navios estabeleciam um contato marítimo estreito com La Rochelle (França), principal porto dos Templários no Ocidente. Também nessa cidade basca, os Templários asseguravam o fluxo de peregrinos, em sua maioria procedentes da Inglaterra, de onde já iniciavam a pé o caminho para Compostela, seja pela rota interior, até a ligação com o grande Caminho de Santiago, em terras castelhano-leonesas, ou então pelo ramal da costa, que atravessava Cantábria e Astúrias.

Os portos templários hispânicos

1. Bilbao
2. Avilés
3. Faro
4. Huelva
5. Denia
6. Palma
7. Caldes d'Estrac
8. Collioure
9. Marselha
10. Saint-Raphaël
11. La Rochelle

2. Avilés (Astúrias): porto pesqueiro utilizado pelo Templo, de onde partiam as embarcações para a pesca de atum, bacalhau, arenque, algumas das fontes mais importantes de riqueza da Ordem.
3. Faro (La Corunha): sobre a foz de Viveiro, ao norte de Celeiro. Aqui se encontrava a mais importante das missões templárias da Galícia. A partir desse porto, onde dispunham de uma excelente base de operações, asseguravam todo o intercâmbio com Portugal pelo mar e acredita-se que de Faro partiam as embarcações templárias para o Novo Mundo. Nesse porto, também, ficava estacionada a frota militar do Templo.
4. Huelva: a tradição templária de Huelva, e sua província no extremo ocidental de Andaluzia e ao sul de Extremadura, era muito importante, em todos os sentidos. Não foi por acaso que séculos depois, em 1492, partiu de Palos de Moguer (Huelva) a expedição dirigida pelo almirante Cristóvão Colombo que, nas velas das caravelas, levava a cruz pátea do Templo.
5. Denia (Alicante): nessa vila estratégica da Marina Alta, os Templários, desde 1244, por doação do monarca Jaime I, o Conquistador, dispunham não só de um porto seguro, mas também de frotas militares importantes. A partir daí assegurava-se o comércio do sal com a ilha vizinha de Formentera (Pitiusas). Recordemos que o sal – o ouro branco – converteu-se em moeda de troca durante muitos séculos; e os Templários tinham o monopólio desse alimento necessário, tanto humano quanto animal.
6. Palma (Mallorca): a capital baleárica era o ponto de partida das embarcações templárias na travessia para a Terra Santa. Essa ilha, encontro de judeus (marranos), muçulmanos, alquimistas, cistercienses e Templários, dispunha de uma base de operações para todas as navegações templárias hispânicas pelo Mar Mediterrâneo. A partir desse porto e em um navio templário, Raimundo Lúlio empreendeu a travessia para a Terra Santa, durante a qual foi vítima de envenenamento por seus próprios criados, pagos pelo papa para envená-lo. Porém, o Doutor Iluminado, graças à sua fortaleza física e aos médicos do Templo, já em Acre, conseguiu se salvar.

> 7. Caldes d'Estrac (Caldetes): pequeno povoado barcelonês, ao norte da comarca de Maresme, famoso por suas águas termais, já exploradas pelos romanos e mantidas pelos Templários nos séculos medievais. Tratava-se de um porto abrigado, onde o Templo contava com uma torre de defesa, a torre Dels Encantats, uma torre vigia que também servia de farol. Fazia parte da fortaleza-convento que a Ordem possuía nesse povoado catalão.
>
> Os números 8, 9, 10 e 11, além de Colliure (Rosellón), Marselha, Saint-Raphaël e La Rochelle, eram praças em território francês; esta última, a mais importante, na costa atlântica.

Devemos destacar algumas ideias que, a título de dicas, confirmariam, embora não se conte com provas, como aconteceu o fato de os Templários terem chegado à América dois séculos antes de Cristóvão Colombo. Dentre essas dicas, caberia assinalar: a importante frota de que dispunham em La Rochelle; que à frente de cada embarcação deveriam ter navegantes especializados, muitos deles, seguramente normandos, descendentes daqueles *vikings* que, nos tempos de Eric, o Vermelho, chegaram à costa atlântica da América do Norte. E também bretões famosos por sua perícia no conhecimento das estrelas e sua relação íntima com a navegação em alto-mar. Entre os Templários teria de haver pessoas que conheciam muito bem o fato de o globo terráqueo ser redondo, como já o sabia Silvestre II, o papa beneditino do tenebroso ano 1000, formado no *Scriptorium* de Ripoll (Catalunha), e também o mestre da Catedral de Chartres – lembram-no o labirinto e o compasso, demonstração da exatidão das proporções de nosso planeta. Os Cavaleiros do Templo, por sua relação íntima com os povos e culturas da Palestina, haviam consultado os documentos dos fenícios, conservados no Líbano, os grandes navegantes da Antiguidade. Por outro lado, o estranho mapa do turco Piri Reis, de alguns séculos depois, é um testemunho bastante eloquente. Depois da dissolução da Ordem, os Templários da Península Ibérica optaram por se dispersarem, ingressando em outras ordens militares: Calatrava, Montesa, etc., na Espanha, e na de Cristo, em Portugal. Diante de tudo isso, não seria nada estranho que os Templários houvessem chegado à América e, concretamente, à península mexicana de Yucatán, região especialmente rica em minas de prata.

É preciso acrescentar, no que diz respeito à prata, que esse mineral era muito escasso no mundo ocidental da Alta Idade Média. As cunhagens de moedas eram, fundamentalmente, em ouro e bronze. Por outro lado, no Oriente (Terra Santa), a prata tinha mais valor que o ouro. Contudo, no outono medieval, a moeda de prata – o *branco* – era de uso corrente na maioria dos países da Europa.

Há uma questão que chamou a atenção de todos: de onde veio o dinheiro que tornou possível a construção, a partir de meados do século XII até o início do XIV, de tantas e monumentais catedrais góticas, pois o Ocidente era pobre, um continente cujos recursos ainda não haviam começado a ser explorados, e as epidemias, a fome, a penúria e os desequilíbrios sociais freavam qualquer apogeu. Diante de tudo isso, não é difícil chegar à conclusão de que só um "milagre" poderia mudar essas limitações, e esse milagre pode muito bem ter sido a importação da prata da América por parte dos Templários.

Diz-se que Cristóvão Colombo consultou documentos valiosos quando, antes de vir a Castela para pedir ajuda aos Reis Católicos, passou por Portugal. O Almirante mostrou-se sumamente interessado pelo conteúdo de tais pergaminhos, atribuídos aos calatravos, herdeiros do Templo. Provavelmente, a leitura de tais documentos animou ainda mais Colombo a empreender a aventura da viagem para as Índias pela rota do Ocidente. Depois de partir de Palos de Moguer (Huelva) e fazer escala nas Ilhas Afortunadas, apesar dos amotinamentos que suportou por parte das tripulações, não alteraria absolutamente a travessia – o que é suspeito –, cuja rota foi escrupulosamente fixada de antemão pelo Almirante, seguindo o paralelo 28 para aproveitar melhor os ventos alísios até alcançar a primeira ilha. Na volta para a península, preferiu subir para o norte e aproveitar as correntes cálidas do golfo do México. Se não houvesse conhecido de antemão a existência desses documentos, lidos em Portugal e atribuídos aos Templários, muito dificilmente Colombo teria estabelecido com tanta exatidão os trajetos de ida e volta para o Novo Mundo, sem necessitar, em absoluto, consultar qualquer mapa. Não é por acaso, portanto, que estivesse a cruz pátea nas velas do Almirante, em uma homenagem justa aos Cavaleiros do Templo. Por outro lado, o Almirante assinou com os Reis Católicos um documento pelo qual esse navegante tomaria posse de todas aquelas ilhas e demais territórios que descobrisse ao longo de sua travessia, e não para encontrar uma rota mais curta que levasse à conquista das Índias, como havia sido dito oficialmente.

Glossário de Termos

Abóboda: as construções megalíticas (dólmenes) guardam uma relação estreita com o domo (abóboda celeste) cósmico. Portanto, não é por acaso que numerosos vãos jacobeus atravessem lugares carregados de testemunhos megalíticos, onde não faltam os aras (altares), que são centros de energia, de poder sobrenatural. Lugares, todos eles, cuja existência os Templários conheciam muito bem.

Abraxas (*abrasax*): selo iniciático que representa o conhecimento, ao relacionar-se com a gnose dos gregos antigos, bem como símbolo da divindade entre os judeus antigos. A primeira escultura desse selo esotérico se atribui a Basilides, considerado um dos sábios mais notórios da gnose. Trata-se de um corpo humano com cabeça de galo e duas serpentes como pernas. O galo – símbolo dos construtores –, com seu canto matutino, expulsa as trevas da noite e faz com que o Sol triunfe. A serpente, por sua parte, representa o movimento ondulatório original, além do princípio feminino do universo.

Ad nauseam: corresponde a um dos rituais obrigatórios exigidos para entrar no Templo, que supunha a renúncia formal de todas as crenças religiosas oficialmente estabelecidas.

Alquerque: recinto triplo. Trata-se da espiral que gera três estados iniciáticos em curva interior, que aparece em muitos labirintos medievais. Busca suas raízes na simbologia céltica. Por tais motivos, muitas fortalezas templárias têm um triplo recinto de muralhas.

Alquimia (do árabe *al-chymea*): mistura de líquidos. Arte da transmutação dos metais para obter ouro. A alquimia simboliza a própria revolução do ser humano, de um estado em que predomina a matéria para outro espiritual: transformar em ouro os metais equivale a converter o homem em espírito puro.

Amus: espécie de eremitas impregnados de gnose alexandrina.

Anatólia: território do Oriente Próximo, que corresponde à península asiática do atual estado da Turquia. O nome, dado pelo rei Constantino, o Grande, é um termo do antigo grego, que poderíamos traduzir como "o país onde nasce o Sol".

Ancara: festividade de São João Batista, para os muçulmanos.

Assassinos (de *Assaisis* ou *Ashassim*, de onde provém a palavra assassino): era uma seita militar fanática, dirigida por Asan Sabah – mais conhecido como o Velho da Montanha –, que tinha como centro de operações o castelo de Alamur, ao sul da Anatólia. Os membros dessa seita cobriam a cabeça com o gorro frígio de cor vermelha, que usavam nos mistérios pagãos diante dos altares de Cibele e Mitra. Eram ismaelitas xiitas, que veneravam Ismael, o sétimo descendente de Fátima, filha do profeta. Sob o reinado de **Abadia**, descendente de Ismael, primeiro califa egípcio da dinastia Fatimida, os Assasssinos que, agrupados em sociedades secretas, contavam com um número elevado de adeptos na Síria e Pérsia, fundaram na cidade de El Cairo a primeira Grande Loja iniciática.

Bafomé: *Baphomet*, em francês, corresponde a uma simples deformação occitana de *Mahomet* (Maomé), pela desesperada convicção da Igreja de Roma de os muçulmanos serem idólatras. Os Templários foram acusados de render culto ao Demônio em forma de cabeça barbuda. Esses rostos singulares, sem corpo, aparecem em numerosos lugares do mundo ocidental em geral, e da Península Ibérica em particular, em locais relacionados aos Templários.

Baphometo: símbolo templário em que o número 15 (1 + 5 = 6) do tarô egípcio volta a nos lembrar do Diabo (*Tiphon, Baphometo*).

Baussant: estandarte branco e negro dos Templários, que evoca os pilares de acesso aos templos do Egito Antigo. Curiosamente, Joana d'Arc – a donzela de Orleans –, ao morrer queimada na fogueira, 117 anos depois do desaparecimento do Templo, mostrou o *baussant* com orgulho.

Belenos: divindade céltica que guarda uma equivalência estreita com Mercúrio/Hermes das mitologias da Roma e Grécia clássicas. Deidade recuperada em seguida pelos ideários medievais cristãos sob o nome de São Miguel Arcanjo, um dos santos prediletos do Templo.

Bodega: a bodega – *celler* em catalão – é um lugar fechado, onde são guardados o vinho e as provisões. No sentido místico, a bodega designa a câmara do tesouro e também a câmara secreta onde a alma deve penetrar a fim de se recolher, adquirindo consciência das graças recebidas. Ao longo do Caminho de Santiago existem inúmeras bodegas subterrâneas (Castrogeriz, Mahamud, Castillejo de Robledo, Landa de Duero, etc.), que têm interpretações utilitárias e simbólicas diferentes. Em muitas igrejas templárias que margeiam o Caminho de Compostela, é fácil ver uma barrica de vinho esculpida em suas mísulas ou capitéis.

Cabala (*Qabbalah, Kabbalah*, em hebraico): a Cabala, ou tradição recebida, na antiga literatura judaica corresponde ao corpo total da doutrina religiosa recebida, com exceção do Pentateuco.

A Cabala só entrou no mundo do esoterismo no século X. Por meio dela, como ciência secreta, pode-se explicar a criação *emanacionista* do universo pelo Ser definido como Um e Absoluto. Para o místico hispano-hebreu Salomão Ibn Gabirol, é um ensinamento que passa de boca para ouvido, a transmissão direta de uma sabedoria espiritual intemporal. Como todas as tradições espirituais, não se pode transmitir por escrito ou com o discurso, mas, realmente, é necessário experimentá-la. Para alguns pesquisadores, a Cabala, na tradição antiga, deriva da inspiração que Deus transmitiu a todos os que constituem o círculo místico dos últimos profetas, entre os quais estão Adão, Abraão, Esdras, Moisés, etc. Este último, segundo o *Cronicón* de Christiano Adricomio Delfo, no ano 2453 a.C., foi o primeiro a receber a mensagem divina no cume do Sinai, uma das montanhas sagradas da Terra Santa, onde foi receptor da Ciência das Ciências, além de receber as chaves para a construção do Templo, a arca da Aliança, o tabernáculo, a mesa, o candelabro, os altares divinos, etc., e tudo quanto estava relacionado com o templo, de onde derivam a ideia das proporções divinas e a concepção áurea do universo (1,618), utilizadas, posteriormente, pelos Templários em numerosos edifícios, tanto civis como religiosos.

Caronte (Charon): gênio do mundo infernal de origem egípcia e, para os etruscos, relacionado à morte, filho de Érebo (as Trevas) e da Noite. Representado como um ancião, barbudo, de aspecto triste e com um remo.

Ele era o barqueiro dos Infernos que devia atravessar as almas dos defuntos para o outro lado do Rio Estige – rio dos Infernos cujas águas tinham propriedades mágicas e fatais –, sempre e quando houvessem recebido sepultura decente e portassem a moeda – o óbolo –, previamente colocada na boca do defunto no momento de seu enterro. Também podia levá-la na mão para entregá-la ao barqueiro mítico para que este fizesse a travessia sem dificuldade pelo tenebroso rio de fogo. Porque, na mitologia da Grécia clássica, a visão tradicional do inferno era aquática e não de fogo. Em Caracena (Soria), à entrada do pórtico da igreja de San Pedro, encontrou-se um túmulo templário com dois Cavaleiros ali enterrados com óbolos em suas mãos.

Caverna: nas tradições iniciáticas gregas, o antro representava o mundo. "A caverna pela qual Ceres desce aos Infernos buscando sua filha chama-se mundo." Portanto, a gruta ou caverna encontra-se muito relacionada com a peregrinação, e são muitos os lugares subterrâneos que o Caminho de Santiago atravessa. Muitos deles eram utilizados pelos Templários para render uma homenagem justa às forças subterrâneas da Terra, especialmente quando ali brotava uma fonte de água milagrosa, ou havia ocorrido a aparição de uma Virgem Negra. A vila de Estella (Navarra) seria um desses enclaves carregados de força cósmica.

Chesed (Jesed): é o quarto *sefirot* das tradições judaicas. Ocupa o braço direito na árvore cósmica, no mundo arquetípico é a Criação, a Graça. Ao mesmo tempo é o símbolo da misericórdia. Sua cor é o branco, a cor das vestimentas do Cavaleiro Templário.

Círculo: representa a unidade da matéria, a harmonia universal. Por isso, os Templários utilizaram as rosáceas para transmitir mensagens cabalísticas. No que diz respeito à igreja de San Bartolomé de Ucero, no desfiladeiro do Rio Lobos (Soria), é bem patente a representação do pentágono inscrito no centro dos cinco corações que formam a decoração da rosácea. Por meio dele se ilumina o altar.

Cisne: símbolo da brancura. Esse palmípede, segundo representações da Antiguidade, tem a carne negra, o sangue vermelho, além da brancura, o que reúne as cores fundamentais da alquimia e do Templo.

Comnenos: nome da dinastia bizantina que durante 128 anos (1057-1185) reinou em Constantinopla. Manuel I, o quarto dessa dinastia, é considerado um dos imperadores bizantinos mais importantes.

Compagnonnage: termo francês que designa as associações de companheiros, um movimento corporativo do país vizinho que funda suas raízes na Ordem do Templo; baseava-se em um cerimonial iniciático secreto, desenvolvido por meio de signos e palavras-chave, que só os iniciados podiam interpretar.

Cosmogramas: reproduções espirituais da ordem do mundo, utilizadas pelos Templários para transmitir mensagens por meio de mandalas cabalísticas ou rosáceas, como a empena da igreja de San Bartolomé de Ucero (Soria).

Crismón: é um dos símbolos mais importantes da Igreja Cristã primitiva. Trata-se de uma figura com as iniciais gregas de Cristo, inscrita em um círculo, com seis ou oito raios. Tratava-se de uma espécie de código cujas mensagens os Templários sabiam interpretar muito bem.

Crux Cismarina: cruzada por terra continental.

Crux Transmarina: cruzada pelo mar.

Cygnatus: Cavaleiros do Cisne. Aqueles Cavaleiros portadores do signo ou sinal, que cavalgavam para o Ocidente pela Via Láctea, a Rota das Estrelas.

Dáleth: uma das sete letras duplas do arcano hebraico, idealização do poder e da autoridade.

Essênio: seita judaica do tempo de Jesus Cristo que praticava a divisão comunitária dos bens e a simplicidade de costumes. Em Qumran, a noroeste do Mar Morto, foram encontrados pergaminhos, ocultos dentro de ânforas de cerâmica, no interior de cavernas. Por meio de suas leituras pôde-se reconstruir boa parte das origens do Cristianismo e dos primeiros ritos da Terra Santa.

Feng'shui: nome que recebe no Oriente a ciência que estuda as energias da terra e o modo como, segundo as escolas modernas, é possível delas beneficiar-se ou mesmo contrapor-se a elas, caso sejam prejudiciais.

Os Templários, nos séculos medievais, conheciam muito bem essa ciência, aprendida em seus intercâmbios com os povos da Palestina.

Finis Terrae: durante milênios foi o fim do mundo conhecido, em tal extremo ocidental da Galícia, onde se iniciavam as brumas do desconhecido, o inominável poente para os celtas. É onde, realmente, termina o Caminho de Santiago, ao qual se acede a partir de Padrón (Iria Flavia), diante da aterrorizante Costa da Morte. Ali se eleva um dos templos mais enigmáticos do Templo: San Miguel de Breamo.

Fonsada: chamada do senhor feudal para a guerra, em que deviam intervir todas as tropas; à cuja frente se situava seu chefe caudilho.

G: corresponde ao Iod, o G aspirado hebraico, que tem como símbolo o 10, a década, e também ao G enigmático do pentagrama ou estrela flamífera dos maçons.

Geburah (Gheborá): assim chamado o quinto *sefirot* das tradições judaicas. Ocupa o braço esquerdo da árvore cósmica, símbolo da fortaleza, justiça e rigor. Sua cor é vermelha, a cor da cruz peitoral dos Templários.

Gematria: arte cabalística da especulação entre números e letras. Recordemos que tanto as letras gregas como as hebraicas possuem valor numérico.

Gonfanon, Baussant: o estandarte dos Templários.

Hakim e Boaz: nome das duas colunas que flanqueavam o acesso à sala onde se encontrava o *Sancto Sanctorum* do Templo de Salomão. Dizem que no século I d.C., de suas madeiras lavrou-se a cruz com o qual Jesus Cristo foi martirizado, as quais, por sua vez, procediam da árvore do Bem e do Mal do Paraíso.

Hermes: nome grego de Mercúrio, mensageiro ou intérprete dos deuses do Olimpo, mestre da oratória e mestre psíquico da cerimônia. Aparece na *Odisseia*, na qualidade de arauto das almas. Portanto, foi relacionado com o arcanjo São Miguel, pesador de almas, e considerado pelo Templo como um dos santos prediletos da Ordem.

Hermes Trimegisto: ser mitológico, surgido da fusão entre Thot e Hermes. Desde a época ptolomaica foi considerado o patrono dos buscadores de segredos, alquimistas e bruxos, cabalistas e nigromantes; ou seja, o protetor de todas aquelas pessoas interessadas nas ciências herméticas.

Hierogamia: mescla das cores que constituem a extremidade da gama cromática: branco e negro, resultando no cinza médio, que representa o homem, o centro do universo na esfera cromática.

Hiram: o grande mestre fenício construtor do Templo de Salomão em Jerusalém.

Hvergelmir: origem das águas que correm em todos os rios do mundo. A terceira das fontes que acalmam a sede de Yggdrassil, o freixo mítico dos povos germânicos. Essa fonte se encontra no país dos Gigantes, onde canta Mimir, a fonte da sabedoria.

IHVH: tetragrama inexprimível substitui o *Abraxas* na Cabala.

Ísis: divindade egípcia, filha de Saturno e Rea, esposa de Osíris, símbolo da semente, do trabalho nos campos, da colheita que assegura a vida do lar. Vinculada às umidades fecundas e com as águas, recebeu por isso a invocação e devoção dos marinheiros do antigo Mediterrâneo, para que os conduzisse a bom porto. O nó do laço de Ísis produz a união dos contrários, do fogo e da água.

Isopsifia (*Thémourah*): princípio esotérico que leva à concepção de que os nomes com valores alfanuméricos iguais relacionam-se entre si. Por exemplo: *Abraxas-Meithras*. Também os arcanjos, Gabriel, Rafael e Miguel – este último muito venerado pelos Templários – têm valor numérico igual.

Jinas: são os espíritos da Terra – seres elementais que se manifestam como personificações de potências e de energias procedentes da natureza – dos arcanos das tradições mais ancestrais das diferentes culturas de toda a bacia mediterrânea. Esses seres foram separados pelas religiões institucionalizadas. Contudo, seus cultos foram mantidos além do tempo e do espaço, na memória coletiva dos povoados e dos povos.

Karmatas: espécie de corporações de artesãos, seguidores da doutrina hermética e neoplatônica. Estes, do mesmo modo que os *assassinos* e os próprios Templários, buscavam afanosamente o equilíbrio interior.

Lago: é o "olho da terra" pelo qual os habitantes do mundo subterrâneo podem olhar os homens, os animais, as plantas. Considerados também como palácios subterrâneos de onde surgem fadas e bruxas que atraem os homens para a morte. É por isso que os Templários, bons conhecedores dessas crenças, evitavam ao máximo os traçados das vias de comunicações e de peregrinações que passassem próximos a um lago ou pântano. Essa circunstância pode ser comprovada se olharmos no mapa o percurso do Caminho de Santiago. Por outro lado, o rio, como fluxo de água, expressa a fertilidade, a morte e a renovação; os quatro rios do paraíso terrestre.

Lanterna: símbolo de iluminação e de clareza de espírito. É frequente em algumas regiões francesas do Caminho de Santiago – especialmente nas regiões de Limousin e de Périgord – ver lanternas com figuras de mortos iluminando os cemitérios de peregrinações. Também são conservadas algumas na geografia hispânica (El Catllar, Tarragona), inclusive a forma octogonal de Eunate (Navarra) a respeito da qual dizem que cumpria uma missão de farol transmissor de luz por tratar-se de uma igreja concebida pelos Templários como templo funerário.

Lapis exilis (*lapis excoellis*): assim era chamada a pedra preciosa que, de acordo com a mitologia medieval, fornecia o alimento espiritual para os Templários. Mediante a virtude dessa pedra, a mítica ave fênix se consome e converte-se em cinzas, para renascer de novo para a vida.

Leviatã: monstro marinho a que se refere a Bíblia no Livro de Jó.

Lignum crucis: fragmento ou lasca de um pedaço de madeira de cipreste pertencente ao lenho onde Jesus Cristo foi crucificado no Gólgota. São conhecidos os de São Toríbio, em La Liébana (Cantabria), e a Cruz Verdadeira de Caravaca. Esta última, estreitamente ligada aos Templários.

Madraça: centro cultural islâmico, ao modo de universidade alcorânica, onde se lecionavam todas as ciências, especialmente a humanística e teológica.

Magia: o conde de Lamardie, em sua obra *Magie et Religion*, define esse termo como a racionalização, o estudo sistemático do manejo de forças (captação, condensação, aplicação) e correspondências.

Magister militie Templi in Hispania: era como denominavam os Templários em Castela.

Malebolge: fossas malditas.

Mandala: círculo, em sânscrito. Estruturas que transmitem estados cíclicos em constante movimento e rotação em torno de um eixo central. A rosácea da empena da igreja de San Juan de Duero é uma mandala em forma de estrela de cinco pontas.

Mandorla: figura geométrica em forma de amêndoa em cujo interior se alojam os personagens sagrados para sua glória imortal. O Pantocrátor românico é visto inscrito em uma mandorla para glorificar os homens.

Marabut: assim era chamado o eremitério onde se abriga o morabito encarregado de cuidar da mesquita de orações dos arredores da cidade.

Melquisedeque: monarca do mítico reino de Salém chamado "rei do mundo". Constitui a base do tronco comum das culturas-chave do esoterismo medieval que, desde o Centro Supremo, é desenvolvido em três formas de interpretar a religião: Judaísmo, Islamismo e Cristianismo. Melquisedeque bebeu o copo místico de seu contemporâneo Abraão, depois de ser ungido por este para a celebração da Unção mística. Esse copo ou cálice da imortalidade é um dos símbolos mais antigos da história da humanidade.

Missão: exploração agropecuária que abastecia a Ordem do Templo. A sobra era comercializada. Nela não faltavam estábulos, moinho de azeite, padaria, chiqueiros de porcos, estábulos de gado, galinheiros e pombais, bem como aposentos dos Cavaleiros, capela e cárcere. É famosa a missão de Murugarren (Navarra) próxima a Puente de la Reina (Gares).

Nêmesis: segundo Pausânias, é filha do Oceano; de acordo com Amiono Marcelino, é filha da Justiça; segundo Eurípedes, é filha de Júpiter; e segundo Hesíodo, é filha da Noite. Divindade temível que, elevada aos céus, olhava do alto de uma eternidade oculta tudo o que se passava na Terra e a observava para castigar os malvados, a quem atormentava com castigos severos, porém justos.

Niflheim: país dos gelos. A segunda das três fontes de cujas águas bebiam as raízes de Yggdrassil, o freixo da mitologia germânica.

Nihil: advérbio latino que quer dizer "não, nada". *Nihil sum*: não sou nada. Extraído do versículo 1,3 de João, *nihil sum*, que se traduz como "sou o nada". Santo Agostinho, bem como os cátaros, o interpreta como *nihil facio*, "faço o nada" (o nada como pecado). E também *factus sum nihil sine* como "fora de Ti, sem Ti, me converti em um nada". O termo *nihil*, para os cátaros, estava relacionado aos espíritos malignos e todas as coisas más do mundo, ou seja, tudo aquilo que não houvesse sido criado pelo Ser Supremo; questões com as quais os Templários concordavam.

Ordem de Cavalaria: essencialmente era uma entrega pessoal por parte de um cavaleiro a um modo de vida que lhe exigia: valor sem limite, lealdade a seu senhor, benevolência para com o inferior e jogo limpo com seu adversário. Quem, descumprindo seu juramento, não ajustasse sua conduta à própria de um cavaleiro, era sancionado com a degradação e a infâmia de ver suas esporas e armas quebradas. O beato maiorquino

Raimundo Lúlio, em seu *Libro del Orden de Caballeria*, define muito bem o perfil do cavaleiro: "O mais leal, forte, valente e nobre, eleito entre mil para ser Cavaleiro." E quanto às funções para as quais o cavaleiro deve ser instruído e ensinado desde a meninice, não se exige só aprender as artes da equitação e da guerra "porque a Cavalaria é algo mais, é preciso que sua ética e sua ciência se ponham por escrito e deve haver escolas onde se instrua em Cavalaria como aquela onde os clérigos aprendem sua doutrina". E acrescenta: "é ofício do Cavaleiro manter e defender a Santa Fé Católica. O Deus da glória deu Cavaleiros que, por força das armas, vençam e se apoderem dos infiéis que se esforçam para destruir a Igreja. É ofício do Cavaleiro manter e defender a seu senhor terreno, e também é cavalgar e fazer gestas, fazer távolas redondas, esgrimir e caçar... porque com essas coisas o Cavaleiro acostuma-se aos feitos e às armas, e a manter a Ordem da Cavalaria".

Ouroboros (Uroboros): assim era chamada no Egito Antigo a serpente que morde sua própria cauda. Símbolo do infinito, do renascimento, da eternidade, além de uma representação cíclica do mundo e da renovação integral do ser humano. Aparece representada em numerosos capitéis Templários.

Palíndromo: era chamado assim o código secreto formado por 25 letras que, em cinco grupos de cinco letras, têm a peculiaridade de poder ler-se o mesmo ao contrário. O mais conhecido é o palíndromo formado pelas palavras

S	A	T	O	R
A	R	E	P	O
T	E	N	E	T
O	P	E	R	A
R	O	T	A	S

gravado sobre uma pedra exterior da igreja de São Lourenço, na localidade francesa de Rochemaure-en-Vivarais, no início do século XIII, e atribuído ao Templo. Esse prisma pentagonal, inscrito em um hexagrama, é conhecido como "Chave do Grande Arcano" e P. A. Kircher (século XVII) não vacilou em vinculá-lo a Satanás.

Pastorelas: movimentos encaminhados à confirmação de certos ideais de salvação, em forma de peregrinações massivas, desarmadas, com pessoas de todas as idades, que caminharam em orações e cânticos para libertar os Lugares Santos da Terra Santa. Essas manifestações sociorreligiosas tiveram lugar em duas ocasiões: 1251 e 1320.

Pater Noster: Pai Nosso.

Pentagrammon: ao adotar o pentágono, a forma estrelada se converte em um *pentagrammon* que designa a harmonia universal.

Pentalfa: estrela de cinco pontas ou pentágono, signo de reconhecimento entre os pitagóricos e que devia ser traçado com um único risco, e em cujo interior cabe o homem com suas extremidades abertas, expressão do microcosmo, o antagônico do macrocosmo. Símbolo que os Templários utilizaram em numerosos de seus enclaves (San Bartolomé de Ucero, etc.).

Ponte: por permitir passar de uma margem a outra, a ponte é um dos símbolos universais mais amplos. Nela se observam dois elementos: o simbolismo da passagem e o caráter frequentemente perigoso dessa passagem. Os Templários, sabedores da importância das pontes, foram grandes guardiões delas, cobrando para isso um pedágio com o qual garantiam sua conservação e também a segurança dos peregrinos e viajantes que as utilizavam.

Qabâlâh: palavra hebraica que significa tradição. A Cabala nasce no Egito Alexandrino no mesmo tempo que a gnose, o hermetismo e os números. Isso porque tudo acontecia por uma ordem estabelecida pela matemática. Daí o valor que os Templários deram aos números sagrados.

Quintessência: o éter, para o ensaísta Ángel Almazán, é a totalidade do ser, representado no plano do simbolismo alquímico pelo pentágono – pentalfa – do qual surgem os quatro elementos e, de sua combinação, o mundo da manifestação. Para René Guénon, a quintessência é a base do conhecimento: "Primeiro na ordem de desenvolvimento da manifestação e por fim na ordem inversa que é da reabsorção ou do retorno à homogeneidade primordial."

Regra secreta: assim chamada a essência mais hermética da gnose templária, a qual nenhum iniciado deveria romper, expondo-se por tal rompimento à morte. A regra secreta fazia parte dos mitos da Ordem, somente compreendidos pelos Filhos do Vale.

Rex Deus: Reis de Deus. Sociedade secreta que, desde os tempos de Moisés, é a encarregada com seus arcanos de conter as forças do Mal. Essa sociedade, à qual podia ter pertencido o próprio Jesus Cristo, herdeira direta dos segredos egípcios que Moisés trouxe a Jerusalém, pode ter perdurado até nossos dias graças às escavações que, entre 1118 e 1128, nove Cavaleiros Templários executaram nos alicerces do segundo templo. Entre eles estava o fundador da nova Ordem, Hugo de Payns, criada pela iniciativa de São Bernardo de Claraval.

Rito: estreitamente ligado ao símbolo, segundo Lamardie, o rito é um aparato de ação dos símbolos. Também o ritmo guarda uma grande relação com o rito e, amiúde, com o encantamento. Não é por acaso que, no Egito Antigo, a religião estivesse especificamente baseada na magia ritual.

Rosslyn: é o nome do povoado da Escócia estreitamente ligado à Maçonaria, onde, no início do século XIV, um grupo de Cavaleiros Templários, fugindo da Inquisição francesa, chegou portando um manuscrito secreto. Diz-se que o nome desse povoado escocês foi inspirado pelas palavras *ross* ("conhecimentos ancestrais") e *lynn* ("geração"). Daí é fácil deduzir que *Rosslyn* se traduz como os conhecimentos antigos transmitidos geracionalmente.

Santuário: significa o lugar dos segredos. A entrada para o santuário designa a penetração nos mistérios divinos. O nome do santuário tem parentesco com o céu e com a abóbada, a luz, a árvore sagrada... Os santuários ou conventos Templários estão carregados de energia, porque concentram as forças cósmicas e telúricas dos enclaves onde se assentam.

Sefirot (*sephirot*): na linguagem da cabala (*Qabâlâh*), é como são conhecidas as emanações divinas. Trata-se das dez manifestações das criações de Deus: 1) *Kether* (Coroa), 2) *Chokmah* (Sabedoria), 3) *Binah* (Razão), 4) *Chesed* (Graça), 5) *Geburah* (Força), 6) *Tipareth* (Beleza), 7) *Netzach* (Constância), 8) *Hod* (Majestade), 9) *Yesod* (Fundamento) e 10) *Malkuth* (Império).

Selo de Salomão: também conhecido como nó de Salomão, é um símbolo muito antigo, que pode ser visto em mosaicos romanos (Villa Verde, Marbella), em castelos califais (Gormaz, Soria) e em uma infinidade de capitéis e impostas relacionados com o Templo. Representa o símbolo da sabedoria mais gnóstica, resgatado dos saberes antigos pelos Cavaleiros Templários como talismã defensivo contra as forças negativas do Além da Morte.

Shemsou Hor: estirpe a que são atribuídos os fundamentos do Egito esotérico, aos que muito deveu o hermetismo templário. Por isso, os Cavaleiros do Templo nunca lutaram em terras egípcias, arremetendo contra Damasco.

Stupa: igreja funerária, normalmente de planta octogonal, também conhecida como Árvore da Vida, a serviço dos peregrinos. Costumava contar com uma Lanterna dos Mortos.

Tanatos: gênios masculinos alados que, de acordo com a mitologia grega clássica, estão vinculados à Morte. Homero, na *Ilíada*, os cita como irmãos de *Hipnos* (divindade do sono), e Hesíodo como filhos da Noite.

Tarîqa: via esotérica da filosofia sufi.

Tasawwuf: o esoterismo islâmico, segundo a mística muçulmana.

Teofania: manifestação de Deus, aparição, epifania.

Tetragrammaton: nome inexprimível do Deus supremo.

Tetrakys (*Tetractys*): nome com que os antigos pitagóricos designavam a dezena, o mais sagrado dos números, símbolo da criação universal, desenhado na forma de triângulo de dez pontos dispostos em pirâmide de quatro pisos. Os pitagóricos elevavam ao céu a seguinte oração: "juro pelo que revelou nossa alma a *tetrakys*, na qual se encontram a fonte e a raiz da natureza eterna". O 10 foi outro dos números esotéricos para os Templários, como podemos ver nos dez corações entrelaçados que configuram a rosácea, ou mandala sagrada, que ilumina o altar da igreja de San Bartolomé de Ucero (Soria).

Thoth: senhor das palavras divinas para os antigos egípcios, associado à divindade Ísis, sua filha, no domínio da magia. Para Platão, Thot foi também o inventor da lógica, da aritmética, do xadrez, da geometria e da escrita. Deus da razão, do número e do verbo. Na Grécia antiga, Thot, como deus da eloquência, tinha o qualificativo de *Logos*. Igualmente, essa divindade encontra outra relação em outro nível, o satânico, como o chefe do protocolo infernal.

Tiferet: assim era chamado Bartolomeu, o apóstolo número seis, segundo a tradição judaica, que aparece na árvore da vida sefirótica. Tiferet, que se traduz como beleza e autoconsciência, fisiologicamente se relaciona com o coração.

Triângulo: é o símbolo dos três princípios. Na rosácea que ilumina a capela lateral do colegiado de Valderrobres (Teruel), é reproduzido um triângulo equilátero (Olho de Deus, símbolo do Grande Arquiteto do Universo) que envolve em seu interior 16 pequenos triângulos equiláteros. Simboliza o octógono duplo, acentuando a escala dimensional intermediária entre o céu e a terra ou a cruz das Oito Beatitudes, traduzida na forma de triângulo equilátero.

Triângulo sefirótico: é uma dezena triangular ou escala ascendente que se compõe de dez nomes divinos. Essa figura geométrica enigmática substitui na Cabala os abracadabras da gnose.

Trisquélion: forma de decoração dos vitrais circulares que, em forma de cadeia cíclica com base no três, vai girando como os ponteiros do relógio. Esse tipo de decoração aparece com muita abundância em igrejas templárias como a do santuário de Caravaca, por onde, de acordo com a lenda, passou o anjo vindo da Terra Santa portando a cruz. Também vemos um *trisquélion* em um vitral – hoje obscurecido – do claustro da catedral de Tortosa. As origens dessa forma de conceber os redentes dos vitrais circulares têm seu fundamento na cultura céltica, muito apreciada pelos Cavaleiros Templários.

Urd: uma das três fontes de onde bebem água as raízes da Yggdrasil, o freixo mítico dos povos germânicos. A fonte está guardada por uma das Nornas, que são as donas do destino. Na província de Toledo, em plena Mancha, há um povoado chamado Urda que foi dos Templários. Em sua fronteira, curiosamente, brota um manancial de águas milagrosas, junto a um freixo milenar.

Vox in Excelso: bula pontifícia da Igreja Católica que, ao modo de dogma de fé, condena tudo o que está relacionado com a Ordem do Templo.

Wuivres: serpentes subterrâneas celtas.

Yantras: expressão indiana utilizada como recurso para a meditação no próprio sentido, as imagens contidas no interior da mandala.

Yggdrasil: traduz-se como "corcel de Ygg" – Ygg é o Odin escandinavo, deus da guerra, que corresponde ao Wotan da mitologia germânica. Era o eixo do mundo, concebido como o freixo, a árvore sagrada dos Templários.

Cronologia

546	Começa a Alta Idade Média no mundo ocidental.
999	Fim da Alta Idade Média e, depois do fatídico ano 1000, inicia-se a Baixa Idade Média.
1009	É destruído o Santo Sepulcro, consequência da invasão muçulmana dos Lugares Santos.
1071	Em 26 de agosto, o sultão seljúcida Alp-Arslan derrota em Manziquerta (Anatólia oriental) o imperador bizantino Diógenes.
1077	Os seljúcidas de Rum ocupam todo o amplo planalto da Anatólia.
1092	Os filhos do sultão Alp-Arslan dividem o império em três reinos independentes: Pérsia, Ásia Menor e Síria. O da Anatólia, chamado sultanato de Rum, foi o único capaz de conseguir o respeito de seus vizinhos.
1095	Em 27 de novembro, o pontífice Urbano II prega a Cruzada na cidade francesa de Clermont-Ferrand (Auvérnia).
1097	Em 21 de outubro, os cruzados tomam Antioquia (hoje Antalya), ao sul da península da Anatólia, no litoral mediterrâneo.
1118	Fundação da Ordem do Templo com o nome de Ordem dos Pobres Cavaleiros de Cristo. O ato de fundação teve lugar nos porões do Templo de Salomão – hoje mesquita islâmica de Al Aksa. As normas da Ordem foram redigidas por Bernardo de Claraval e ele as intitulou: *Elogio de la nueva milicia*. Seus

	princípios evocam a regra do Cister, outra criação de São Bernardo.
1127	Guillaume Ricard, graças à intervenção da rainha dona Teresa, é nomeado o primeiro Mestre do Templo em Portugal e Galícia.
1128	A Ordem do Templo recebe o respaldo oficial da Igreja no Concílio de Troyes (França). O papa Honório II e Santo Estevão, patriarca de Jerusalém, lhe prescrevem a Regra do Cister. Os Cavaleiros, por seu lado, deviam nesse mesmo momento fazer votos de castidade, pobreza e obediência, comungar e dar esmola aos pobres três vezes ao dia.
1130	O conde barcelonês Ramón Berenguer III entrega a praça de Granyena de la Segarra (Lleida) aos Templários. São Bernardo escreve *De Laude Novae Militiae*.
1131	O conde de Barcelona Ramón Berenguer III oferece-se para cumprir os preceitos da Ordem do Templo por toda a vida.
1134	O monarca aragonês Afonso I, o Batalhador, morre sem deixar descendência, não sem antes ceder seu reino em testamento para os Templários e Hospitalários. Porém, nem a Igreja nem a nobreza aprovaram tal testamento.
1139	Em 29 de março, o pontífice Inocêncio II, cedendo à demanda de Robert de Cranon, publica a bula *Omne datum optimum*, cujo texto fundamental significava a grande carta da Ordem do Templo.
1142	Frei Glisón, primeiro Comendador do Templo em Navarra, manda construir a igreja do Crucifixo na aldeia de Murugarren (hoje Puente la Reina/Garés), famosa por seu Cristo inquietante em uma cruz com forma de pata de ganso. O Templo recebe seu emblema definitivo.
1143	Uma carta da rainha de Aragão, Petronila, concede à Ordem do Templo a quinta parte dos territórios conquistados dos muçulmanos.
1146	Os Templários começam a se fazer presentes na província de Soria, por outorga de Afonso VII na pessoa do mestre provincial de Castela, Aragão e Provença, Pere de Rovira.

1147	O pontífice beato Eugênio III autoriza os Templários a exibirem a característica cruz grega de oito pontas, de cor vermelha.
1156-1169	O Mestre Bertrand de Blanchefort introduz na Ordem o ábaco de Mestre, como elemento singular que recorda o báculo pitagórico, utilizado pelos Mestres Construtores como vara de medição, acrescentado, em seguida, à Cruz Templária.
1172	Os Templários ficam livres de cumprir qualquer jurisdição episcopal.
1176	Em 17 de setembro, o sultão seljúcida Kilij-Arslan II vence o imperador bizantino Manuel I Comnemo, em Microcéfalo.
1178	O Mestre Guido de Garda recebe para os Templários, das mãos do monarca leonês Fernando II, a fortaleza de Ponferrada.
1187	Em 13 de julho, o exército templário é derrotado por Saladino nos altos de Hattin, por uma imprudência tática. Renaud de Châtillon é executado e Raymond de Trípoli é feito prisioneiro, com outros 15 mil Cavaleiros. Toda a cristandade fica estupefata diante da tragédia. Em outubro, Saladino entra na Cidade Santa e procede à purificação dos lugares sagrados do Islamismo: a cruz de ouro que coroava a cúpula de A Rocha foi desmontada para converter-se na mesquita de Omar. O Templo de Salomão não demorou a ser adaptado como a mesquita de Al-Aqsa; e toda a região do Harran – a antiga colina do templo de Jerusalém – foi purificada com água de rosas. Os Templários constroem a capela de San Miguel de Breamo (La Corunha) para honrar os Cavaleiros falecidos na terrível batalha de Hattin – conhecida no Ocidente como a de Casal-Robert, como aparece gravado nos muros interiores da igreja.
1191	Em 15 de junho, Ricardo Coração de Leão, depois de conquistar Chipre, vende a ilha aos Templários. Porém, aquele contrato duraria poucos meses, em razão da sublevação do povo cipriota contra os Cavaleiros na Páscoa do ano seguinte.

1199	Por bula pontifícia é confirmada a criação da Ordem dos Cavaleiros Teutônicos, mais bem conhecida como Ordem Teutônica.
1204	Em 19 de abril, os cristãos conquistam e saqueiam Constantinopla, capital do Império Bizantino, a cidade mais rica do mundo na época.
1207-1273	O místico seljúcida Mevlana Djebal funda a confraria dos dervixes dançantes na cidade de Konya.
1212	Em junho, milhares de crianças de diferentes países da Europa, dirigidas por Estevão, pastorzinho francês, empreendem uma Cruzada para a Terra Santa movidas por uma visão. Os poucos que conseguiram chegar foram vendidos como escravos pelos comerciantes no norte da África. Dezessete anos depois, alguns conseguiram, milagrosamente, a liberdade em Cairo e Bagdá.
1214	Jaime I é levado para Monzón (Huesca) com os Templários, saindo dessa fortaleza três anos depois para encarregar-se de seu reino.
1215	Durante o Concílio Lateranense, e por iniciativa dos dominicanos, a Igreja põe em marcha a Inquisição.
1216-1272	O monarca inglês Henrique III introduz os Cavaleiros Templários em seu país, os quais, depois da consagração da Igreja do Templo em Londres – construída nos fins do século XII – a tornam sede da Ordem do Templo nas Ilhas Britânicas.
1219-1237	Reinado do sultão seljúcida Alâeddin Keykubâd I, conhecido no Ocidente como Aladino.
1229	Os cruzados recuperam Jerusalém, por um tratado firmado entre o imperador alemão Federico II – que havia sido excomungado pelo papa – e o sultão Malik al-Kamil. Fruto do mesmo tratado, os cristãos ficaram com o Santo Sepulcro e os muçulmanos com a mesquita de Omar, garantindo a ambas as partes o livre acesso de peregrinos. Contudo, os Templários não puderam recuperar a colina do Harran, que continuava sendo o símbolo vital da Ordem.

1231	Em 8 de julho, o monarca aragonês Jaime I, depois de conquistar as Ilhas Baleares, permite aos Templários instalar 30 famílias de criados muçulmanos em seu território de Inca.
1232	Em 3 de maio, durante a Sexta Cruzada, estando em Terra Santa o imperador alemão Federico II, e por iniciativa do bispo de Jerusalém, a Cruz Verdadeira Templária chega a Caravaca (Múrcia), como relíquia.
1243	Em 2 de julho, o exército seljúcida de Giyâseddin Keyhusrev II é derrotado em Kosedagi, perto de Sivas (Anatólia), pelos mongóis.
1244	Em 17 de outubro, 300 Templários e o Mestre Armand de Périgord morrem diante de Gaza. Os cruzados têm de abandonar Jerusalém e se transferir para Acre, último território cristão na Terra Santa.
1245	Os Templários criam a Confraria de Andujar.
1250	A Ordem do Templo conta na ocasião com 20 mil Cavaleiros.
1253	Com os privilégios concedidos pelo monarca Afonso X, o Sábio, os Templários são autorizados a aparecer atrás dos bispos.
1255	O pontífice Alexandre IV concede aos Templários de Castela a faculdade de serem absolvidos nos casos reservados aos bispos pelo próprio Prior do Templo.
1256-1273	Acredita-se que Thomas Béraud, 19º Grão-Mestre do Templo, tenha sido o fundador da corrente que recebeu o nome de *Templo Interior*, na qual os Filhos do Vale desempenharam um papel de grande destaque.
1258-1259	Os mongóis destroem as guaridas fortificadas dos Assassinos e conquistam as cidades de Bagdá, Damasco e Aleppo.
1260	Os Templários constroem em Provença, perto de Niza, a pirâmide de Falicon, com escala 1/32 em relação à de Quéops.
1261	Fim do Império Latino de Constantinopla.
1265	O último dos 22 Grão-Mestres, Jacques Bernard de Molay, ingressa na Ordem do Templo, oriundo da Alta Saona. A cerimônia aconteceu na cidade de Beaune (Borgonha).

1266-1271	O sultão Baïbars apodera-se das principais praças-fortes da Terra Santa: Safed, Beaufort, Chastel-Blanc, o Castelo dos Cavaleiros na Síria...
1268	Em 18 de maio, Baïbars conquista a Antioquia, pondo fim a 171 anos de domínio franco dessa cidade.
1270	Em 12 de janeiro, os Templários começam a construção do Monastério de San Polo, na cidade de Soria.
1271	Em fevereiro, os Templários perdem Safita, sua fortaleza branca, ante o exército de Baïbars. Outras cidadelas, como el Krak dos Cavaleiros, Akkar e Monfort, de Hospitalários e Teutões, respectivamente, também são tomadas pelos muçulmanos, ficando os francos sem nenhuma outra fortaleza no interior da Terra Santa.
1289	Segundo um inventário dessa data, os Templários de Monzón (Huesca) contavam com 49 escravos muçulmanos trabalhando no castelo.
1291	Em 28 de maio, com a queda da cidade de Acre, acabam as Cruzadas na Terra Santa. A sede dos cruzados no Mediterrâneo oriental devia passar, finalmente, da ilha de Chipre para uma província da Europa. A comarca de El Maestrazgo, ao norte do País Valenciano, seria o território peninsular a acolher uma das missões mais importantes de Templários no Ocidente.
Marco Polo regressa à Europa, depois de percorrer o Oriente durante 17 anos.
Em 3 e 14 de agosto, os Templários decidem abandonar as fortalezas de Tortosa e Pélerin, completando-se a evacuação dos francos na Terra Santa. Na Ilha de Rodas, ao sul da Anatólia, apesar da falta de água potável, os Templários conseguem resistir até 1303, tendo de abandonar o local em pouco tempo.
1294	O Templo troca a cidade de Tortosa por Penhiscola, Coves de Vinromà, Ares del Maestre e Albocácer, criando-se, a partir de então, o território de El Maestrazgo, ao norte da província de Castellón.

1298	Jacques Bernard de Molay é nomeado Grão-Mestre.
1299	Os Templários de Castela são ignorados pelo monarca Fernando IV, o Emprazado.
1300	Raimundo Lúlio assegura haver descoberto o segredo da pedra filosofal ou, o que dá no mesmo, a chave da transformação do chumbo em ouro.
1304	O Templo conta com 30 mil Cavaleiros.
1305	O humanista maiorquino Raimundo Lúlio empreende a viagem de peregrinação à Terra Santa, saindo do porto da cidade de Palma. Foi envenenado durante a travessia pelos próprios criados que tinham sido subornados pelo pontífice Bento XI. Contudo, graças à sua saúde vigorosa e à intervenção dos médicos Templários, já em Chipre, conseguiria salvar sua vida. O Grão-Mestre do Templo, Jacques B. de Molay, e Raimundo Lúlio reúnem-se em segredo na ilha de Chipre. Como resultado daquela entrevista, poderia haver surgido a ideia da unificação das ordens militares; um projeto que seria abortado de imediato pela Igreja.
1306	Jacques Bernard de Molay, com a idade de 60 anos, regressa à capital da França, muito cansado por tantos combates, à frente de um séquito de 15 mil Cavaleiros e portando um imenso tesouro de 150 mil florins de ouro e dez mulas carregadas de prata, o que atraiu as invejas do mundo de sua época e os olhos envenenados do monarca Felipe IV, o Belo.
1307	Em 13 de setembro, a esquadra templária ancora no porto francês de La Rochelle, na costa atlântica, e parte para rumo desconhecido. Na madrugada de 13 de outubro, o monarca francês Felipe IV, o Belo, ordena a detenção em massa dos Cavaleiros do Templo, com a aprovação do pontífice Clemente V. Em 21 de novembro, o pontífice Clemente V, pela bula papal *Pastoralis Praemeninciae*, ordena a todos os príncipes cristãos que prendam os Templários de seus feudos, baseando-se em uma lista de 13 acusações.

1308	Com a morte do sultão Masud II acabam os 231 anos do Império Seljúcida.
1309	O pontífice Clemente V envia ordens aos arcebispos de Toledo e Santiago para que levem a cabo o processo dos Templários.
1310	Em 11 de maio inicia-se o Concílio de Sens (França), com o objetivo primordial de derrubar a Ordem do Templo. Os prelados ignoraram a apelação em que Pedro de Bolonha havia recorrido ante o papa. Um total de 54 Cavaleiros são queimados vivos na fogueira de Paris. Apesar de tudo, no Concílio de Salamanca, os Templários de Castela e Portugal são absolvidos.
	Em 17 de novembro, o procurador-geral da Ordem do Templo na corte de Roma, Pedro de Bolonha, alma da defesa posterior dos Templários, desaparece em circunstâncias misteriosas. Todos os indícios apontam para o pontífice. Philippe de Marigny condena 54 Templários à fogueira.
	Um total de 638 Templários são interrogados e torturados pela comissão pontifícia durante os processos inquisitoriais, de acordo com a Ordem (entre 22 de novembro de 1310 e 26 de maio de 1311).
	O Monastério de San Polo, de Soria, juntamente com suas posses, é confiscado dos Templários depois da queda em desgraça pela Ordem.
1312	No Concílio de Vienne (França), a Ordem do Templo é suspensa (no dia 22 de março), e seus impostos em terras castelhanas transferidos para a Ordem de Santiago, mas a maior parte dos bens do Templo passa ao dispor de Fernando IV, o Emprazado.
	O pontífice Clemente V outorga o imenso patrimônio do Templo para os Hospitalários (28 de março).
1312-1314	Dante Alighieri escreve *O Inferno*, visão de uma Europa dissolvida pelo ódio, assassinatos e vícios. O drama templário também está implícito nessa obra imortal.
1313	Na primavera desse ano, Guillermo de Nogaret, cúmplice do inquisidor geral, Guillermo Imbert, falece em circunstâncias

	inexplicáveis. O monarca Fernando IV, o Emprazado, tem o mesmo fim, como castigo divino por seu julgamento da vila de Martos, segundo alguns cronistas. Inicia-se o processo contra o último Grão-Mestre do Templo.
1314	Em 18 de março, Jacques B. de Molay, depois de sofrer os mais horrendos tormentos nas masmorras da torre de assalto de Domme (Périgod) e na cidadela de Chinon (Turena), é queimado vivo na cidade de Paris junto com outros destacados membros da Ordem, entre eles Hugo de Pairaud, Godofredo de Gonneville e Godofredo de Charney.
	Em 20 de abril morre o pontífice Clemente V, consequência, igualmente, de uma maldição divina, de acordo com a concordância de algumas crônicas medievais.
	Em 2 de novembro, Guillermo Imbert, o inquisidor geral, morre ao cair do cavalo.
	O monarca capeto Felipe IV, o Belo, depois de sofrer um acidente em uma caçada, falece em 29 de novembro, vítima de apoplexia cerebral, segundo o relatório médico, sendo sucedido por seu filho Luís X.
1315	Morte do místico e alquimista maiorquino Raimundo Lúlio, um dos homens mais sábios da Idade Média.
1317	O pontífice João XXII, em Avinhon, ordena que todos os que tivessem participado da fabricação de ouro alquímico deviam ser desmascarados como homens sem honra.
1319	Fundam-se as ordens de Montesa, com capital em Sant Mateu (Castellón), sob a obediência de Calatrava e a dos Cavaleiros de Cristo, em Portugal. Em ambos os casos, quase todos os Cavaleiros eram ex-Templários. O pontífice João XXII, na cidade de Avinhon (França), outorgou os bens do Templo em sua totalidade para os Hospitalários, com exceção dos bens entregues a essas duas novas ordens surgidas na Península Ibérica.
1717	Em 24 de junho, na festividade de São João Batista, o santo predileto dos Templários, funda-se a Grande Loja da Inglaterra.

1891	François Bérenger Saunière, cura da localidade francesa de Rennes-le-Chateau (Languedoc), depois de cinco anos de descobertas sensacionais, juntamente com outros confidentes, começa a enriquecer de forma muito estranha, como consequência de alguns tesouros que havia descoberto. Entre suas descobertas se encontravam alguns pergaminhos que confirmavam a localidade do túmulo de Jesus Cristo, enterrado ali seguindo as coordenadas pitagóricas já estabelecidas na Antiguidade.
1935	Em fevereiro, a Cruz original de Caravaca é roubada, no povoado murciano citado. A cruz, de braços duplos, era guardada em uma urna de ouro e pedras preciosas, e foi presente de um marquês dos Vélez. Portanto, a que é venerada na atualidade não é a original. Entretanto, os fiéis lhe rendem culto e devoção como se fosse.
1945	São descobertos alguns evangelhos gnósticos em Naga-Hammadi, onde se lê que Cristo nomeou a São João, e não Pedro, como seu sucessor.
1979	O erudito Juan García Atienza demonstra a equidistância da igreja templária de San Bartolomé de Ucero (Soria), no despenhadeiro do Rio Lobos, entre o Cabo de Creus (Girona) e Finisterre (La Corunha), de 527,127 quilômetros, estabelecida pelo Templo (século XIII), além de permitir o traçado de um tau perfeito (T) em um raio de 40 graus, encerrando em seu interior o paralelo 42.
1986	Em julho desse ano, os arqueólogos Fernando Morales Hernández e María Jesús Borobio Soto descobrem no subsolo da igreja templária de San Pedro de Caracena (Soria) dois esqueletos portando em suas mãos moedas, com as quais pudessem atravessar, no Além, o mítico Rio Estige.
1990	A Universidad Complutense dedica um seminário, dentro dos cursos de verão do El Escorial, aos mistérios da grandeza e queda da Ordem do Templo.
1994	Os arqueólogos descobrem o esqueleto de um Templário junto com o de seu cavalo durante as escavações levadas a cabo

na fortaleza cruzada de Mezad Ateret, sobre o curso do Rio Jordão. Esse baluarte estratégico, com a missão de controlar as duas rotas principais que uniam Jerusalém e Damasco, pela Galileia, foi arrasado em 30 de agosto de 1179 pelas tropas de Saladino. Em sua defesa desesperada participaram um total de 1.500 cruzados, 80 dos quais Templários.

1995 O erudito Soriano Ángel Almazán de Gracia descobre no interior da igreja de San Bartolomé de Ucero, no coração do despenhadeiro do Rio Lobos, a cruz esotérica de Oito Beatitudes do Templo, gravada no interior de um círculo do capitel esquerdo do pórtico de acesso.

2001 A historiadora Bárbara Frale descobre um pergaminho, nos fundos do Arquivo Secreto do Vaticano, no qual vem à luz parte do processo contra os Templários, com data do verão de 1308 e assinado pelo papa Clemente V, no qual aparece a única confissão do Mestre Jacques Bernard de Molay. O importante do documento é que restitui a absolvição com fórmula plena conferida pelo citado pontífice ao Mestre do Templo e aos grandes dignatários da Ordem que haviam feito contrição e reforma, conseguindo assim o perdão da Igreja.

Os grandes pontífices das Cruzadas

Papa	*Nome civil*	*Pontificado*
São Gregório VII	Hildebrando (1020-1085)	(1073-1085)
São Vítor III	Desiderio (1027-1087)	(1086-1087)
Santo Urbano II	Eudes de Chatillon († 29/7/1099)	(1088-1099)
Pascoal II	Rainiero († 21/1/1118)	(1099-1118)
Honório II	Lamberto dei Fiagnano († 13/2/1130)	(1124-1130)
Inocêncio II	Gregório Papareschi († 24/9/1143)	(1130-1143)

Beato Eugênio III	Bernardo Aganelle de Montemagno († 8/7/1153)	(1145-1153)
Adriano IV	Nicolás Breakspeare (1114-1159)	(1154-1159)
Alexandre III	Rolando Bandinelli († 30/8/1181)	(1159-1181)
Inocêncio III	Lotario de Segni (1160-1216)	(1198-1216)
Honório III	Censio Savelli († 18/3/1227)	(1216-1227)
Gregório IX	Hugolino de Segni (1170-1241)	(1227-1241)
Inocêncio IV	Sinibaldo Fieschi († 7/12/1254)	(1243-1254)
Alexandre IV	Reinaldo de Ienne († 25/5/1261)	(1254-1261)
Urbano IV	Santiago Pantaleón († 2/10/1264)	(1261-1264)
Clemente IV	Guido Foulquois († 28/11/1268)	(1265-1268)
São Gregório X	Teobaldo Visconti (1210-1276)	(1271-1276)
Martinho IV	Simón de Brion († 28/3/1285)	(1281-1285)
Nicolau IV	Girolamo de Áscoli († 4/4/1292)	(1288-1292)

São Celestino V	Pedro de Morrone	
	(† 19/5/1296)	(1294-1296)
Bonifácio VIII	Benedicto Gaetani	
	(† 11/10/1303)	(1294-1303)
Beato Benedito XI	Nicolás Boccasino	
	(† 7/7/1304)	(1303-1304)
Clemente V	Bertrand de Got	
	(† 20/4/1314)	(1305-1314)

Os Grão-Mestres da Ordem do Templo

Nome	Região de origem	Mandato
1. Hugues de Payns	Champanhe	1118-24/5/1137
2. Robert de Craon	Maine (região de Vitré)	1137-13/1/1149
3. Everard des Barres	Champanhe (Meaux)	1149-1152
4. Bernard de Trémelay	Franco Condado	1152-16/8/1153
5. André de Montbard	Borgonha	1153-17/1/1156
6. Beltrán de Blanchefort	Berry (ou região dos Burdeos)	1156-2/1/1169
7. Philippe de Naplouse	Terra Santa	1169-1171
8. Eudes de Saint-Amand	Provença	1171-8/10/1179
9. Arnaud de Torroja	Aragão	1180-30/9/1184
10. Gerard de Ridefort	Flandres	1185-4/10/1189
11. Robert de Sablé	Maine	1191-28/9/1193
12. Gilbert Erail	Aragão (ou Provença)	1194-21/12/1200
13. Philippe de Plessis	Anjou	1201-12/2/1209
14. Guillaume de Chartres	Chartres	1210-25/8/1219

15. Pedro de Montaigú	Aragão	1219-28/1/1232
16. Armand de Périgord	Périgord	1232-17/10/1244
17. Richard de Bures	Terra Santa (ou Normandia)	1244-9/5/1247
18. Guillaume de Sonnac	Rouergue	1247-11/2/1250
19. Renaud de Vichiers	Champanhe	1250-20/1/1256
20. Thomas Béraud	Inglaterra (ou Itália)	1256-25/5/1273
21. Guillaume de Beaujeau	Beaujolais	1273-18/5/1291
22. Thibaud Gaudin	Chartres-Blois	1291-16/4/1293
23. Jacques B. de Molay	Franco Condado	1294-18/3/1314

O erudito francês René Lachaud descarta Richard de Bures da lista e estabelece uma estreita relação entre os 22 Grão-Mestres e as 22 cartas dos arcanos maiores do Tarô.

Até o ano de 1838, é conhecida outra cronologia de Grão-Mestres que, em nossos dias, são considerados como continuadores dos Templários. A partir de então, surgiram outras correntes que preconizavam a autoria do Templo, mantenedoras, ao mesmo tempo, da Regra. Torna-se curioso, como se pode observar, que durante um ano o primeiro Grão-Mestre dessa lista manteria ou alternaria o Mestrado com Jacques Bernard de Molay; ou, talvez, fosse outra corrente, algo que não podemos afirmar nem desmentir.

1313-1324	John Marc Lamenius
1324-1340	Thomas Theobald de Alexandria
1340-1349	Arnaud de Braque
1349-1357	Jean de Claremont
1357-1381	Bertrand du Guesclin
1381-1392	Bernard Arminiacus
1419-1451	Jean Arminiacus
1451-1472	Jean de Croy

1472-1478	Bernard Imbault
1478-1497	Robert Leononcourt
1497-1516	Galeatius de Salazar
1516-1544	Phillippe Chabot
1544-1574	Gaspard de Galtiaco Tavenensis
1574-1615	Henri de Montmorency
1615-1651	Charles de Valois
1651-1681	Jacques Ruxellius de Granceio
1681-1705	Jacques Henri, duque de Duras
1705-1724	Phillippe, duque de Orleans
1724-1737	Louis Augustus Bourbon
1737-1741	Louis Henri Bourbon Conde
1741-1776	Louis-Francois Bourbon Conti
1776-1792	Louis-Hercule Timoleon, duque de Cosse Brissac (executado na guilhotina pelos revolucionários)
1792-1804	Claude-Mathieu Radix de Chavillon
1804-1838	Bernard Raymond Fabre Palaprat

Bibliografia

ABELLA, Ignácio. *La Magia de los Árboles*. Integral-RBA Libros 2000, Barcelona, 1999.

ALARCÓN HERRERA, Rafael. *A la Sombra de los Templarios (Los Enigmas de la España Mágica)*. Ediciones Martínez Roca, S.A., Barcelona, 2001.

ALIGHIERI, Dante. *La Divina Comedia*. Juventud, S.A., Barcelona, 1968.

ALMAZÁN DE GRACIA, Ángel. *Guia Templaria Soriana y el Enigma del Río Lobos*. Sotabur, S.L., Soria, 2000.

_____. *Los Códices Templarios del Río Lobos. Los Custodios del Grial*. Sotabur, Soria, 1997.

ÁLVAREZ, Arturo. "El Mito de Ísis." *Historia – 16*, 35 (1980), p. 65-72.

ÁVILA GRANADOS, Jesús. "Los Seljúcidas." *Historia y Vida*, 186 (1983), p. 46-59.

_____. "El Laberinto (Un viaje hacia el interior de uno mismo)." *Offarm*, (1992), p. 126-129.

_____. "La tau, la cruz mágica de las civilizaciones mediterráneas." *Offarm*, (1993), p. 84-87.

_____. "La oca." *Offarm* (1994), p. 98-101.

_____. "*Mazmorras que Han Hecho Historia.*" Planeta DeAgostini, Barcelona, 1997.

_____. *El Libro Negro de la Historia de España*. Robinbook (Colección Hermética), Barcelona, 2001.

_____. "El último refugio templario (La Baja Extremadura y la sierra de Tentudía)." *Fomento*, 506, (2002), p. 70-76.

_____. *Enclaves Mágicos de España*. Planeta, Barcelona, 2002.

_____. *Las Sombras del Terror (cárceles secretas de España)*. Corona Borealis, Madrid, 2003.
BALLBÉ I BOADA, Miquel. *Las Vírgenes Negras y Morenas de España*, vols. I e II. Diputación de Barcelona, Barcelona, 1999.
BALLESTER LORCA, Pedro. *La Vera Cruz de Caravaca (Una Historia, un Símbolo, una Fe)*. Real e Ilustre Confradia de Santa y Vera Cruz de Caravaca, Caravaca de la Cruz, Murcia, 1996.
BARBER, Malcolm. *Templarios, la Nueva Caballería*. Ediciones Martínez Roca, S.A., Barcelona, 2000.
BECK, Andreas. *El Fin de los Templarios*. Península, Barcelona, 1996.
BECKER, Udo. *Enciclopedia de los Símbolos*. Ediciones Robinbook, Barcelona, 1996.
BIEDERMANN, Hans. *Diccionario de Símbolos*. Ediciones Paidós Ibérica, S.A., Barcelona, 1989.
BONNASSIE, Pierre. *Vocabulario Básico de la Historia Medieval*. Crítica (Grijalbo), Barcelona, 1983.
BORDONOVE, Georges. *La Vida Cotidiana de los Templarios en el Siglo XIII*. Temas de Hoy, Madrid, 1989.
CIRLOT, Juan-Eduardo. *Diccionario de Símbolos*. Labor, S.A. Barcelona, 1982.
CLERC GONZÁLES, Gastón. "Consideraciones cabalísticas al románico y protogótico Soriano." *Revista de Soria*, 22 (1998), p. 55-70.
CHAMPEAUX, Gerard de. *Introducción al Mundo de los Símbolos*. Juventud, Barcelona, 1972.
_____. STERCKX, O.S.B., Dom Sébastien. *Introducción a los Símbolos*, vol. 7 de la serie Europa Románica. Ediciones Encuentro, Madrid, 1984.
CHARPENTIER, Louis. *Los Misterios Templarios*. Apóstofre, Barcelona, 2001.
CHEVALIER, Jean; ALAIN GHEERBRANT. *Diccionario de los Símbolos*. Herder, Barcelona, 1986.
DE LA CIERVA, Ricardo. *Templarios: la Historia Oculta*. Fénix, Madrid, 2000.
DELLA TORRE, Horacio A. *Hechos, Supuestos e Misterios*. Página web <www.ciudadfutura.com/actosdeamor/temple.htm>.

DEMURGER, Alain: *Vie et Mort de l'Ordre du Temple*. Éditions du Seuil, Paris, 1989.

DESGRIS, Alain. *Misterios y Revelaciones Templarias*. Belacqua de Ediciones y Publicaciones, S. L., Barcelona, 2003.

DE TORO-GARLAND, Fernando. "La arquitetura, las matemáticas y su incidencia esotérica." *Revista de Soria*, 22, (1998), p. 71-84.

DEL OLMO GARCÍA, Ángel; BASILIO VARAS VERANO. *Románico Erótico en Cantabria*. Lifer, Palencia, 1988.

DEVOUCROUX, M. *Études d'archéologie traditionelle*. Paris, 1952-1957.

D'YGÉ, Claude. *Nouvelle Assemblée des Philosophes Chymiques*. Dervy, Livres, Paris, 1954.

EÁLO DE SÁ, Maria. *El Románico de Cantabria en sus cinco colegiatas*. Institución Cultural de Cantabria, Diputación Provincial de Santander, Centro de Estudios Montanheses, Santander, 1978.

ECO, Umberto. *El péndulo de Foucault*. Plaza & Janes, Barcelona, 1997.

EL ZOHAR (*El Libro de lo Esplendor*). Ediciones Obelisco, Barcelona, 1996.

FLUGUERTO MARTÍ, Fernando. *Expediciones al Golfo de San Matías, Patagonia, Argentina* (comunicación personal) Web: <www.delphos.com.ar>.

FULCANELLI. *El Misterio de las Catedrales (La Obra Mestra de la Hemética en el siglo XX)*. Plaza & Janes Editores, Barcelona, 1967.

GARCÍA ATIENZA, Juan. *La Mística Solar de los Templarios*. Ediciones Martínez Roca, S.A., Barcelona, 1983.

_____. *Guia de la Espanha Templaria*. Arín (Ariel), Barcelona, 1985.

_____. Juan. *El Santoral Diabólico*. Ediciones Martínez Roca S.A., Barcelona, 1988.

_____. *Los Enclaves Templarios (La España Mágica de la A a la Z)*. Ediciones Martínez Roca S.A., Barcelona, 1988.

_____. *La Nueva Guía de la España Mágica (Las rutas secretas de la sabiduría)*. Huellas Perdidas, Grijalbo, Barcelona, 2002.

GARCÍA GUINEA, Miguel Ángel. *El Románico en Palencia*. Diputación Provincial de Palencia, Palencia, 1988.

GEBELEIN, Helmut. *Alquimia (Orígenes, Enigmas, Doctrinas, Símbolos, Rituales y Misterios del Mundo Alquímico)*. Ediciones Robinbook (Colec. Hermética), Barcelona, 2001.

GHYKA, Matila C. *El Número de Oro* (vol. I, los ritmos; vol. II: los ritos). Poseidón, Barcelona, 1968.

GORDILLO COURCIÉRES, J. L. *Castillos Templarios Arruinados en el Sur de La Corona de Aragón*. Valencia, 1974.

GRAN SANTA CRUZ DE CARAVACA. *Tesoros de Oraciones*. Daniel's Libros Editor, Barcelona, 1986.

GRIMAL, Pierre. *Diccionario de Mitologia Griega y Romana*. Paidós, Barcelona, 1982.

GUÉNON, René. *Le Symbolisme de la Croix*. SFCS, Paris, 1931.

GUIA DEL PEREGRINO MEDIEVAL (Codex Calixtinus), traducción castellana de Millán Bravo Lozano. Centro Estudios Camino Santiago, Sahagún (León), 1989.

GUIJARRO, Josep. *El Tesoro Oculto de los Templarios*. Ediciones Martínez Roca, S.A., Barcelona, 2001.

GUINGUAND, Maurice. *El Oro de los Templarios*. Apóstofre, Madrid, 2002.

HEER, Friedrich. *El Mundo Medieval*. Ediciones Guadarrama (Historia de la Cultura), Madrid, 1963.

HEERS, Jacques. *Historial de la Edad Media*. Labor, Barcelona, 1984.

JULIEN, Nadia. *Enciclopedia de los Mitos*. Ediciones Robinbook, Barcelona, 1997.

KOESTLER, A. *Los Sonámbulos*. 2 vols., Salvat, Barcelona, 1982.

LACHAUD, René. *Templarios, Caballeros de Oriente y de Ocidente*. Apóstrofe (Grupo Laberinto), Madrid, 1998.

LEDESMA, María Luisa. *Templarios y Hospitalarios en el Reino de Aragón*. Zaragoza, 1982.

LEHMANN, Johannes. *Las Cruzadas (Los aventureiros de Dios)*. Ediciones Martínez Roca, S.A. (Enigmas del Cristianismo), Barcelona, 1989, 360 p.

MARTÍNEZ DIEZ, Gonzalo. *Los Templarios en los Reinos de España*. Planeta (Historia y Sociedad), Barcelona, 2001, 463 p.

MELVILLE, Marion. *Nosotros los Templarios*. Tikal, Girona, 1995.

MORALES HERNANDEZ, Fernando; BOROBIO SOTO, María Jesús "Resultado de las excavaciones de San Pedro de Caracena (Soria)." *Celtiberia* (CSIC), 81-82, (1991).
MUSQUERA, Xavier. "Tras las huellas del Temple, Enigmas de la Arqueología." Revista *Enigmas*, Madrid, 2002.
_____. *La Espada y la Cruz (Las huellas de los Templarios em España)*. Ediciones Nowtilus, Madrid, 2002.
NELLI, René. *Los Cátaros (?Herejía o democracia?)*. Ediciones Martínez Roca, S.A., Barcelona, 1989.
NOEL, Jean François M. *Diccionario de Mitologia Universal*. Tomos I e II, Edicomunicación, S.A., Barcelona, 1991.
PÉREZ RUIZ, Mario M. *Masonería. Una Introducción al Tema*. Enrique Marín Editor, Barcelona, 1996.
PERNETY, Dom Antoine-Joseph. *Diccionario Mito-Hermético*. Indigo, Barcelona, 1993.
PORTAL, Frédéric. *Des Coleurs Symboliques, dans l'Antiquité, le Moyen-Age et les Temps Modernes*. Paris, 1837.
SEDE, Gérard de. *El Misterio de Rennes-le-Château*. Ediciones Martínez Roca, S.A., Barcelona, 1991.
SIERRA, Javier. *Las Puertas Templarias (¿Qué Se Escondia Tras la Última Puerta?)*. Ediciones Martínez Roca, S.A., Barcelona, 2002.
SHAIJ KHALED BENTOUNÈS, Bruno; SOLT Romana. *El Sufismo, Corazón del Islam*. Obelisco, S.L., Barcelona, 2001.
SIMÓ CASTILLO, Juan B. *El Maestrat, para Andar y Ver*. Librería Els Diaris, S.A., Vinaròs, 1986.
VARGAS, Laurent de. *El Libro Negro de los Templarios*. Ediciones Robinbook (Colección Hermética), Barcelona, 2001.
VAZQUEZ ALONSO, Mariano José. *Enciclopedia del Esoterismo (Guia del Ocultismo y El saber Hermético)*. Ediciones Robinbook, Barcelona, 2001.
VV.AA. *El Simbolismo Templario. En el Cañon del Río Lobos*. Artec, Segovia, 1995.

Endereços de interesse

–Jesús Ávila Granados: jesusavilagranados@hotmail.com. Página web: http://www.jag.es.vg

– Cercle d'Investigació i Documentació Medieval de Catalunya (CI-DOMCAT), Caixa Postal 36.112; 08080 Barcelona, Tel. e Fax: 933.521.275.

– Correios eletrônicos de associações e centros de estudos argentinos, especializados na história dos Templários: restemplialta@elistas; argenteple@hotmail.com; restempli@hotmail.com; osmth@hotmail.com

– Fondazione dei Templari (Prior General de Italia); Via Crescenzio, 20, 00193, Roma, Itália, Tel: 39 06 68135303; Fax: + 39 06 6864574. Correio eletrônico: an_paris@hotmail.com

– Orden Soberana y Militar del Temple de Jerusalén.

– Priorado General de Argentina. C.C. 08 (Suc. 28), Belgrano, 1.428, Buenos Aires, Argentina, Preceptor: fr. Horacio A. Della Torre.

– página web: www.blason.virtualave.net/temple.html

– página web: www.intermega.globo.com

– página web: www.ciudadfutura.com

ARACATA (Associación para el Estudio de las Relaciones Culturales y las Promociones Turísticas de les Terres de l'Ebre y el Bajo Aragón). Sor Eulalia de Anzizu, 38-46, 080034, Barcelona. Tel. 932 051 060, Fax: 932 043 499. Correio eletrônico: imc@alphacom.es

---

Nota do Editor

A Madras Editora não participa, endossa ou tem qualquer autoridade ou responsabilidade no que diz respeito a transações particulares de negócio entre o autor e o público.

Quaisquer referências de internet contidas neste trabalho são as atuais, no momento de sua publicação, mas o editor não pode garantir que a localização específica será mantida.

Índice Onomástico

A

Abraão 176, 281, 287
Abu-Hamid 59
Adricomio Delfo, Christiano 281
Afonso II, o Casto 75, 185
Afonso I, o Batalhador 34, 294
Afonso IX 36, 179
Afonso V de Leão e Castela 144, 184
Afonso VII 34, 294
Afonso VIII 36
Afonso V, o Magnânimo 144, 184
Afonso X, o Sábio 37, 42, 86, 87, 222, 234, 297
Alâeddin Keykubâd I (Aladino) 296
Alarcón, Herrera, Rafael 13, 43, 77, 81, 111, 209, 216, 222, 235
Alberto Magno, São 13, 144, 149, 161, 233
Alexandre III 35, 304
Alexandre IV 297, 304
Alexandre Magno 55
Allendy 158
Almazán de Gracia, Ángel 13, 73, 95, 112, 205, 233, 303
Alp-Arslan 7, 26, 27, 28, 293
Antonino 60
Antonio de Güimar 93
Ariadne 80
Armand de Périgord 297, 306
Arnau de Castellnou 37

Artur 182
Asan Sabah 46, 280
Astiagés 55
Avicena 145, 155, 157
Ávila Granados, Jesús 3, 16, 314
Aymerich, Bertran 222

B

Bacon, Roger 144
Baïbars 298
Ballester Lorca, Pedro 237
Bartolomeu 7, 20, 52, 53, 54, 55, 56, 57, 58, 113, 122, 123, 130, 153, 154, 251, 254, 260, 267, 291
Basilides 51, 279
Bayard, C 11
Bayaud, Jean Pierre 119
Becker, Udo 103, 167, 191
Begg, Ean 83
Béraud, Thomas 49, 297, 306
Bergson 169
Bernardo de Claraval 17, 18, 32, 33, 34, 43, 173, 189, 290, 293
Biedermann, Hans 159, 162, 164
Bioque Aguilar, Bartolomé 13
Blanchefort, Bertrand de 118, 295, 305
Borobio Soto, Maria Jesús 302, 313
Bors 182
Bures, Richard de 306

C

Callejo Cabo, Jesús 13
Carington 169
Carlos V 107
Ceyt-Abuceyt 238
Champdor, Albert 174
Champeaux, Gérard de 104
Charpentier, Louis 43, 80, 110
Chevalier, Jean 101, 152, 155, 156, 159, 165, 231
Ch'in 167, 168
Chrétien de Troyes 182
Cid Campeador 249
Cirlot, Juan Eduardo 127, 153, 155, 156
Ciro II, o Grande 119
Clemente de Alexandria 122
Clemente V 33, 38, 45, 299, 300, 301, 303, 305
Clemente XII 85
Clerc, Gaston 109
Colombo, Cristóvão 274, 275, 276
Confúcio 124
Conrado III 30
Constantino, o Grande 23, 233, 280
Craon, Robert de 305

D

Dagda 70, 186
Dante Alighieri 117, 300
Daza, J. C., 152
Dédalo 77, 80
Demócrito 168
Desgris, Alain 243
Devoucroux 71
Diógenes 27, 293
Dioscórides 105
Djebal, Mevlana 23, 296
Dom Antoine-Joseph Pernety 203
Doménech, padre 53, 54
Durão, São 53, 54
D'Yge, Claude 41

E

Elpha 204, 205
Eric, o Vermelho 275
Ermengol, VI 34
Eschembach, Wofram von 111
Escoto, Miguel 144
Estevão, Santo 205, 256, 265, 294, 296
Eugênio III 236, 295, 304
Evans, Arthur 82
Evola, Julius 181
Ezequiel 67

F

Farragó 222
Fátima 280
Federico II 238, 296, 297
Felipe IV, o Belo 45, 299, 301
Fernando II de Leão 107, 179, 295
Fernando III, o Santo 37, 238
Fernando IV, o Emprazado 38, 39, 57, 299, 300, 301
Fournier 218
Frale, Bárbara 303
Fulcanelli 68, 71, 80, 111, 211
Fu-Shi 167

G

Galahad 182
Galcerán de Pinós 36
García Atienza, Juan 53, 56, 62, 74, 184, 213, 215, 221, 228, 229, 251, 302
García Guinea, Miguel Ángel 200
García Ramirez 14, 53, 56, 62, 74, 184, 200, 213, 215, 221, 228, 229, 243, 251, 302
García, VII 14, 53, 56, 62, 74, 184, 200, 213, 215, 221, 228, 229, 243, 251, 302
Gasson 177
Gaudí, Antonio 154

Gautama 122
Gaya Nuño, Juan Antonio 197, 248
Gengis Khan 32
Gérard de Ridefort 61
Gérard de Sède 111
Gheerbrant, Alain 101, 152, 155, 156, 165, 231
Ghyka, Matila C., 154
Giyâseddin Keyhusrev 31, 297
Glisón, frei 215, 294
Godofredo de Charney 301
Godofredo de Gonneville 301
Goethe, Johann Wolfgang von 90
Gordoud de Piquigny 43
Gregório IX 37, 304
Guaccio 113
Gualdim Pais 35, 226
Guénon, René 72, 152, 163, 289
Guido de Garda 35, 179, 295
Guifré II Borrel 90
Guillaume d'Auvergne 144, 294, 305, 306
Guillem Durán 53
Guillén d'Aryllach 36
Guillermo de Nogaret 300

H

Heer, Friedrich 33
Heers, Jacques 23
Henrique III 296
Hesíodo 105, 287, 291
Hipócrates 155, 192
Hiram 115, 118, 119, 120, 157, 285
Hitler, Adolf 90, 183
Homero 291
Honório II 294, 303
Honório III 37, 236, 304
Hugo de Marignac 243, 244, 245
Hugo de Payns 290

I

Ibn Hassul 26, 145, 281
Ibn Sina 26, 145, 281
Imbert, Guillermo 300, 301
Inocêncio II 294, 303
Inocêncio III 183, 304
Isaac 176
Isaakios Komminos 28
Isaías 100, 115
Izzeddin Keykâvûs 31

J

Jaime I, o Conquistador 36, 37, 57, 274, 296, 297
Jiménez Martínez, A 14, 243
Joana d'Arc 158, 161, 280
João Evangelista, São 7, 20, 39, 48, 49, 52, 53, 54, 55, 59, 60, 62, 63, 73, 84, 88, 100, 105, 106, 121, 124, 145, 164, 183, 204, 222, 227, 236, 251, 252, 253, 254, 255, 257, 259, 264, 265, 267, 280, 287, 301, 302
João XXII 39, 121, 124, 301
José de Arimateia 179, 181, 182
Juan Pérez, frei 53, 56, 72, 74, 75, 101, 127, 134, 156, 183, 184, 197, 200, 214, 221, 222, 228, 233, 251, 264, 271, 272, 286, 302, 310, 311, 313
Júlio César 211
Júlio II 235
Jung, Carl Gustav 71, 75, 127, 169

K

Kirschner, Gottfried 112, 225
Koestler, A 149
Kublai Khan 32
Kutalmis Bey 27

L

Lachaud, René 41, 45, 158, 162, 306
Laguna, Andrés 107, 250
Lao 77, 78
L'Archent, Raynier de 109
Larmandie 225
Leonor de Castela 36
Li Shih 168
Lucas de Tuy 90, 91, 92, 173
Luís VII 30
Luís X 301
Lúlio, Raimundo 38, 39, 125, 145, 146, 274, 288, 299, 301

M

Malby, Andrés 228
Mamad ibn Yusuf ibn Hud Al-Mutawakil 238
Manrique, Alberto 72, 233, 265
Manuel I 30, 283, 295
Marco Polo 152, 298
Martínez, Martín 4, 233, 309, 310, 311, 312, 313
Martín I, o Humano 184
Masseron, A., 62
Mateus 39, 55
Mauro, Rábano 149
Mevlana 23, 97, 296
Meyer, Ernst von 124
Miriam 145
Moisés 100, 117, 145, 281, 289, 290
Molay, Jacques Bernard de 33, 37, 38, 39, 73, 124, 145, 158, 161, 250, 297, 299, 301, 303, 306
Morales Hernández, Fernando 221, 302
Musquera, Xavier 14, 156

N

Nabucodonosor II, o Grande 115, 120
Napoleão 90
Nelly, René 218
Nêmesis 70, 287
Nero 154
Nicolau de Cusa 68, 69
Noballas, Jean de 85
Nöel, Jean François M., 204

O

Onésimo, São 91
Ortego Frías, Teógenes 233
Osman I 32

P

Palacios, Concha 13, 229
París, Mathieu 158
Parsifal 90, 111, 182, 183, 185
Pedro Arnaldo 35
Pedro de Albito 36
Pedro III 42
Perabsen 78
Percival 182
Pere de Montagut 238
Pere de Rovira 294
Pérez Carrasco, Francisco Javier 199, 200
Pérez Chirinos, Ginés 238
Pérez de Andrade, Fernán 227
Petronila 34, 294
Philippe de Marigny 300
Pierret, Paul 175
Piertgstall, Hammer 110
Pio XI 149, 238
Piri Reis 275
Pitágoras 149
Platão 150, 291
Portal, Fédéric 165, 198
Prisciliano 214
Prometeu 127
Psellos, Miguel 113

R

Rahn, Otto 183
Ramón Berenguer III 34, 294

Ramón Berenguer IV 34, 294
Raymond Capt, E. 119, 295, 307
Raymond de Trípoli 119, 295, 307
Reis Católicos 276, 277
Renaud de Châtillon 295
Ricard, Guillaume 294
Ricardo Coração de Leão 295, 310
Rodrigo Díaz de Vivar 107, 204
Rodrigo, mestre 20, 87, 88, 107, 204, 257
Ruano, E., 233
Ruith, Mag 70
Ruiz Barrachina, Emílio 14, 49, 50, 95
Rükneddin Kiliç-Arslam IV 31, 32

S

Salâhaddin Eyyúbi (Saladino) 30
Salomão 8, 21, 51, 80, 98, 115, 118, 119, 120, 129, 137, 138, 153, 154, 281, 284, 285, 290, 293, 295
Sancar 30
Sancho IV 38
Sargão II 115
Satúrio, São 72
Saunière, Béranger 243, 302
Schiller, Friedrich von 90
Sierra, Javier 14, 37, 86, 101, 106, 135, 185, 189, 205, 250, 258, 261
Silésio 150
Silvestre II 275
Simó Castillo, Juan B 271
Süleyman-Sah 28, 29, 31
Süleyman-Sah I 28
Sunyer 90

T

Takko, Moisés 117
Tertuliano 100
Teseu 80
Tomás de Aquino 144
Trismegisto, Hermes 123

U

Urbano II 293, 303, 304

V

Valéry, Paul 74
Varende, Juan de la 272
Vespasiano 51
Vitrubio Polión, Marco 152

W

Wagner, Richard 4, 90, 182

Y

Yang, Gonzalo 9, 77, 78, 167, 169
Yin 9, 77, 167, 169

Este livro foi composto em Minion Pro, corpo 11/15.
Papel Offset 75g
Impressão e Acabamento
Orgráfic Gráfica e Editora — Rua Freguesia de Poiares, 133
— Vila Carmozina — São Paulo/SP
CEP 08290-440 — Tel.: (011) 2522-6368 — orcamento@orgrafic.com.br